신정일의
新택리지

신정일의 新택리지 북한

신정일

쌤앤파커스

추천사

강과 길에 대한 국토 인문서

"필드field가 선생이다." "현장에 비밀이 숨겨져 있다!" 책상과 도서관에서 자료를 뒤적거리기보다는 현장에서 직접 발로 뛸 때 새로운 사실을 발견할 수 있다는 말이다. 이 말은 문화답사 전문가들이 가슴에 품은 신념이기도 하다. 그 현장정신의 계보를 추적하다 보면 만나게 되는 인물이 있다. 18세기 중반을 살았던 사람, 이중환이다. 이중환은 집도 절도 없이 떠돌아다니면서 마음 편하게 살 곳을 물색했고, 환갑 무렵에 내놓은 그 결과물이 《택리지》이다. 그가 쓴 《택리지》는 무려 20년의 현장답사 끝에 나온 책이다. 좋게 말해서 현장답사지 정확하게 표현한다면 정처 없는 강호유랑이었다. 현장답사, 즉 강호유랑은 아무나 하는 게 아니다. 등 따습고 배부르면 못하는 일이다. '끈 떨어진 연'이 되었을 때 가능한 일이다. 고금을 막론하고 인생은 끈이 떨어져 봐야 비로소 산천이 눈에 들어오는 법이다.

《택리지》는 《정감록》과 함께 조선 후기에 가장 많이 필사된 베스트셀

러였다. 현장에서 건져 올린 생생한 정보가 많이 담겨 있었기 때문이다. 장사하는 사람들은 각 지역의 특산물과 물류의 흐름을 파악할 수 있었고, 풍수를 연구하는 사람들은 전국의 지세와 명당이 어디인지를 알 수 있었으며, 산수 유람가에게는 여행 가이드북이 되었다.

그러한《택리지》의 현장정신을 계승한 책이 이번에 다시 나오는《신정일의 신 택리지》다. 이 책의 저자인 신정일 선생은 30년 넘게 전국의 산천을 답사한 전문가이다. 아마 이중환보다 더 다녔으면 다녔지 못 다닌 것 같지가 않다. 우리나라 방방곡곡 안 가 본 산천이 없다. 1980년대 중반부터 각 지역 문화유적은 물론이거니와, 400곳 이상의 산을 올랐다. 강은 어떤가. 한강, 낙동강, 금강, 섬진강, 영산강, 만경강, 동진강, 한탄강을 발원지에서부터 하구까지 두 발로 걸어 다녔다. 어디 강뿐인가. 영남대로, 관동대로, 삼남대로를 비롯한 우리나라의 옛길을 걸었고, 부산 오륙도에서 통일전망대까지 동해 바닷길을 걸은 뒤 문광부에 최장거리 도보답사 코스로 제안해 '해파랑길'이 조성되었다. 그의 원대한 꿈은 그것으로 그치지 않고 원산의 명사십리를 거쳐 두만강의 녹둔도에 이르고 블라디보스토크를 지나서 러시아를 돌아 아프리카의 케이프타운까지 걸어가겠다는 것이다. 낭인팔자가 아니면 불가능한 성취(?)이다.

신정일 선생의 주특기는 '맨땅에 헤딩'이다. 이마에 피가 흘러도 이를 인생수업으로 생각하는 끈기와 집념의 소유자다. "아픈 몸이 아프지 않을 때까지 가자"라는 김수영 시인의 시를 곧잘 외우는 그는 길 위에 모든 것이 있다고 설파한다. 두 갈래 길을 만날 때마다 그가 선택한 길은 남들이 가지 않는 길이었다. 왜냐하면 스스로를 강호江湖 낭인이라고 생각했기 때문이다. 강호파는 가지 않는 길에 들어가 보는 사람이다.

《주역周易》에 보면 '이섭대천利涉大川'이라는 표현이 여러 번 나온다. '큰 내를 건너면 이롭다'라는 이 말은, 인생의 곤경을 넘는 것이 큰 강을 건너는 것만큼이나 힘들다는 뜻이다. 그런데 신정일 선생은 이 강을 무서워하지 않았다. 높은 재를 넘는 것도 두려워하지 않았다. 인생의 수많은 산과 강과 먼 길을 건너고 넘고 걸었으니 무슨 두려움이 남아 있겠는가. 그는 자기 앞에 놓인 인생의 강과 산을 넘은 것이다. '이섭대천'이라 했으니 큰 강을 건넌 신정일 선생에게 행운이 깃들기를 바란다.

조용헌(강호동양학자)

머리말

대동강 물은 출렁이는데 아득하구나!

'사람이 살 만한 곳', 아니 '살고 싶은 곳'은 도대체 어디를 말함인가? 《논어》에는 "마을이 인仁하다는 것은 아름다운 것이다. 스스로 골라 인한 곳에 살지 않는다면 어찌 지혜롭다 하겠는가"라는 글이 있다. 《택리지》에도 이와 비슷한 내용의 복거卜居, 즉 살 곳을 점쳐서 정한다는 개념이 있다. 이처럼 살 곳을 정하는 문제는 단순히 생활의 윤택함을 도모하는 것을 넘어서 인仁을 추구하고 지혜를 추구하며 인간다운 삶을 살고자 하는 의지의 차원이라고 볼 수 있다. 나는 1980년대 중반부터 우리나라 전 국토를 두 발로 걸었다. 크고 작은 400여 개의 산을 오르고 남한의 팔대 강과 영남대로, 삼남대로, 관동대로 등을 따라가며 곳곳에 있는 문화유산과 그 땅에 뿌리내린 삶을 만났다. 그 길에서 느낀 것은 산천이 나만의 것이 아닌 우리 모두의 것이라는 사실과 그 길들을 올곧게 보존해서 후세에 물려주어야 한다는 사실이었다. 한 발 한 발 걸으며 내가 발견한 것은 바로 나였고, 처연하도록 아름다운 우리 국토였으며, 그 국토를 몸서리치도록 사랑하고 있다는 사실이었다.

나는 이 책을 이중환의 《택리지》에 기반을 두고 인문 지리 내지 역사 지리학의 측면에서 '지금의 택리지'로 다시 쓰고자 했다. 이중환이 살다 간 이후 이 땅에 얼마나 많은 일들이 일어났고 얼마나 많은 인물들이 태어나고 사라졌는가. 그것을 시공을 뛰어넘어 시냇가에서 자갈을 고르듯 하나하나 들추어내고 싶었고, 패자 혹은 역사 속으로 숨어들었던 사람들을 새롭게 조명하고자 했다.

1945년 동서 냉전 체제의 산물로 남북이 분단된 이래 70년이 넘는 세월이 흘렀다. 백두산에서 비롯한 백두대간이 가열하게 금강산으로 이어지고 대동강, 두만강, 압록강이 흐르는 북한은 지금 우리 민족 구성원에게 그리움과 설렘으로 남아 있는 미지의 땅이다.

지금 우리 땅에는 250년 전 이중환이 살 만하다 했던 계곡이나 강가는 물론 살기에 척박한 곳이라 했던 바닷가에 별장과 콘도를 비롯한 숙박업소와 음식점 등이 빼곡하며 곳곳에는 골프장이 들어섰다. 온 나라 산에 묘지가 넘쳐 몸살을 앓고, 강은 강대로 환경 오염과 직강화 작업 및 댐 건설로 예전의 모습이 아니다. 수많은 길이 콘크리트로 뒤덮인 채 거미줄처럼 얽혀 자동차와 기차는 다녀도 정작 사람이 마음 놓고 걸을 수 있는 길은 어디에도 없다. 나그네와 보부상들, 신경준과 이중환 그리고 김정호가 걸었던 길은 사람이 다닐 수 없는 길이 되었고, 불과 20여 년 전만 해도 사람의 왕래가 잦았던 강 길은 그 흔적조차 찾을 수 없게 되었다.

일찍이 성호 이익은 "정신이란 모습 속에 있는 것인데, 모습이 이미 같지 않다면 어찌 정신을 전할 수 있겠는가?"라는 말로 변해 가는 세태를 꼬집었다. 나보다 앞서 이 길을 걸었던 매월당 김시습과 이중환, 김정호 등 옛사람들에게 우리 국토는 어떤 모습이었을까? 지금처럼 도처에 숲처럼 펼쳐진 아파트나 강가에 즐비하게 늘어선 매운탕집과 '가든' 그리고 바닷가를 에워싼 저 수많은 횟집들은 없었을 것이다. 무서운 속도로 시시각각 다가오는 자동차들이 없으니 걸어가면서 충분히 자유로웠을 것이다.

영남대로를 같이 걸었던 모 방송국 PD 신현식 씨는 문경새재를 넘어서면서부터는 영남대로가 걸어 다닐 만한 길이 아니라고 했다. '살 제 진천, 죽어 용인'이라는 말과 달리 지금의 용인 일대는 살아 있는 사람들이 이런저런 이유로 몰려와 불야성을 이루고 있다. 용인을 지나 성남의 판교에 접어들면 말 그대로 우리나라 전역이 땅 투기장으로 변한 느낌이었다.

삼남대로는 또 어떤가! 차령을 넘어 천안에 접어들면 길이 대부분 도회지를 통과하기 일쑤였다. 옛 모습을 그나마 간직하고 있는 관동대로 역시 개발의 바람이 불어 하루가 다르게 산천의 모습이 달라지고 있다. 중국 시인 두보가 "나라는 깨져도 산과 강은 그대로"라고 노래했던 것과는 달리, 경제 개발의 여파 속에서 고개며 산이며 내를 건너 길에서 길로 이어지던 그 옛길이 자꾸 사라져 가고 있는 것이다.

근래에 생명 사상과 환경 문제가 대두되면서 산과 강이 새롭게 조명되고 《택리지》가 여러 형태로 논의되지만 이 시대에 맞는 《택리지》는 다시 쓰이지 않았다. 이러한 것들이 미흡하지만 이 땅의 산과 강을 오랫동안 걸어 다닌 나에게 《택리지》를 다시 쓰도록 부추겼다.

30여 년간 우리 땅 구석구석을 두 발로 걸어온 결과물을 총 11권으로 완결하게 되었다. 역사와 지리, 인문 기행을 더해 수백 년 전과 현재의 모습을 비교하고 선조들이 자연과 조화를 이루며 살았던 흔적을 고스란히 담으려 노력했다. 빌딩이 산의 높이를 넘어서고, 강의 물길이 하루아침에 바뀌는 시대에 살고 있지만, 여전히 산수와 지리는 우리 삶의 근간이다. 우리가 바로 지금 두 발로 선 이 땅을 자연과 사람 모두가 더불어 사는 명당으로 만드는 것은 다름 아닌 우리 자신일 것이다.

마지막으로 독자들과 함께 간절한 기도를 전하고 싶다.

"간절히 원하노니, 청화자靑華子 선생이여! 지금 이 땅에 살고 있는 상처 입은 사람들이 더불어 조화롭게 살 수 있도록 그대가 꿈꾸었던 이상향을 보여 주십시오!"

온전한 땅 전주에서

신정일

함경도
: 조선왕조의 꿈을 품은 곳 021

개요 023

1 철령관 북쪽에 있어 관북 028
백두산에서 시작된 백두대간 028
우리 백성과 오랑캐가 섞여서 농사짓던 곳 029
국토의 끝자락에 있는 온성 036
오랑캐의 피리 소리는 나그네를 근심케 하고 040
세 나라의 국경을 흐르는 두만강 043
두만강이 휘감아 돌아가는 은덕군 049
나진에서 강원도 철원 월정리역까지 731킬로미터 052

사람들이 모두 말을 타고 활을 쏘고 054

고말반도를 중심으로 발달한 청진항 057

2 관모봉엔 흰 눈이 덮여 있고 059

나라 안에서 두 번째로 높은 관모봉 059

칠보산, 개심사를 품은 함북의 금강산 063

이시애 난의 진원지 길주 066

백무고원 일대에 자리한 무산군 069

3 봄도 넘기 어려운 함관령 073

함주군에 있는 용흥강 073

천불동 골짜기에는 부처들이 서 있고 075

북청 물장수 081

단천과 북청 사이에 자리한 이원군 086

한백겸의 고향 단천 089

허천사과의 고장 095

4 삼지연에서 백두산을 바라보다 097

새로 만들어진 양강도 097

산의 혜택으로 살아간다 098

김일성과 보천보 전투 105

삼수갑산의 고장 108

허천강이 발원하는 김형권군 115

이순신의 첫 부임지 삼수 117

5 이성계의 태 자리 함흥 122

조선왕조의 발상지 122

함흥차사의 고향 함흥 126

함남에서 가장 넓은 농업 지대 131

산봉우리는 북으로 여진성에 의지하고 133

한적한 고갯길이 된 운령 135

평안도
: 조선 팔도에서 제일가는 인심 139

개요 141

1 평평하고 아늑한 땅 평양 146

대동강변에 자리한 평양 146

모든 것을 우리식대로 150

사촌이 논을 사도 배가 안 아프다? 159

평양의 진산 금수산 164

성은 강가에 있고 167

을밀대야, 부벽루야 174

대동강변 평양 시내 177
김부식과 정지상 185
일천년래 제일대사건 묘청의 난 190
평안 감사 박엽 195
평양 동쪽에 있는 성천군 198
높은 산이 호위하듯 빙 둘러 있고 202

2 청천강 물은 가슴 시리게 푸르고 204
살수대첩의 현장 204
바다는 서쪽 벽에 연이어 남국으로 향하고 208
백 가지 경치를 볼 수 있는 백상루 209
열두삼천리벌 213
고구려의 무덤이 있는 대동군 219
땅은 향산에 닿았고 220
평안남도 중앙부에 자리한 고을 순천 224
함종 어씨의 고장 함종 226

3 산빛 물빛 고운 강계부 228
미인의 고장 강계 228
위원군에서 날아온 위원산 233
나라 안에서 가장 추운 중강진 234
이여송의 조상 묘소가 있다는 위원군 237

김굉필의 유배지 희천시 239

4 천하의 큰 강 압록강의 하류 243

압록강 이천 리는 서러운 눈물 243

서희 장군의 흔적이 남은 의주 247

압록강 가운데 자리한 섬 위화도 251

인물의 고장 의주 256

귀주대첩의 현장 260

곽산고개 아래 운흥역에서 낮 밥을 먹고 267

인물이 많은 정주 270

진실로 맑지 않은 것이 없도다 274

청천강과 대령강변의 박천군 278

하늘이 만들어 낸 견고한 당아산성 285

영변의 약산 진달래꽃 288

약산에 세운 철옹성 292

천리장성의 중심지였던 맹산군 293

그윽한 향기를 풍기는 묘향산 295

마음속으로 상원암에도 올라 보시고 301

청남정맥이 대동강으로 빠져들고 307

미인과 인재의 고장 평안도 309

황해도
: 산천에 쓴 신화 313

개요 315

1 단군이 도읍을 정했던 구월산 319
서도의 요긴한 지방 황주 319
봉산탈춤의 고장 322
서흥군에 자비령이 있다 327
관청이 한가한 수안군 328
산이 높고 물이 아름다운 곡산 331
평산 신씨의 고장 평산 334
멸악산 자락에 있는 금천군 337
임꺽정의 난 진원지 청석골 340
연암 박지원이 살던 곳 342
한석봉이 호를 지은 금천의 석봉산 347
자비령 넘어가는 길 351

2 교통의 요충지 사리원 353
그리운 사리원 353
단군이 신이 된 구월산 360
탈춤의 고향 은율 365

〈몽금포타령〉이 들려오는 곳 370
원나라 태자의 귀양지 대청도 373

3 용수산 자락에 해주가 있다 376
관서의 큰 고을이었던 해주 376
벽성군에 석담구곡이 있다 383
해서 지방 제일의 고을 연안군 387
예성강에 인접한 배천 391

4 500년 왕업의 터는 만월대로만 남아 393
옛 시절 장단도호부 393
개성의 어제와 오늘 395
왕후장상의 씨가 따로 있겠는가 403
두문동 72인 404
왕씨들은 자취를 감추고 406
500년 사직의 터 만월대 410
서경덕과 황진이 414
만수산 드렁칡은 얽히고 또 얽혀서 427
개성상인들의 고장 429
예성강 푸른 물에 433
국방의 요충지 강령군 436

강원도
: 모든 길이 빽빽한 숲속 그리운 땅 439

개요 441

1 높고 높은 금강산 일만이천봉 445
추가령 지구대 445
강원도에서 함경도로 바뀐 안변 449
총석정이 있는 통천 460
금강과 회양에 걸친 금강산 464
금강산의 이름 온 천하에 드높아 466

2 휴전선 이북, 분단과 평화의 땅 480
세조의 자취가 남은 김화군 480
회양의 서쪽에 있는 금성 482
창도군 동북쪽의 단발령을 넘어서 486
온종일 푸르고 빽빽한 산속을 뚫고 간다 487
평강의 서쪽에 있는 이천군 490
이천에 편입된 안협 494

함경도

조선왕조의 꿈을 품은 곳

개요

한반도에서 가장 북동쪽에 길게 자리 잡은 함경도咸鏡道는 함경북도와 함경남도를 통칭하는 지명으로, 1952년 북한에서 행정 구역을 개편할 때 새로 만들어진 양강도를 포함한다. 《연려실기술燃藜室記述》〈지리전고地理典故〉에서는 "철령관鐵嶺關 북쪽에 있으므로 관북關北이라 부르며", 이중환李重煥의 《택리지擇里志》에는 "오랑캐 땅과 잇닿았으므로 백성이 모두 굳세고 사나우며"라고 한 곳이 바로 함경도다.

우리 민족의 성산 백두산에서 흘러내리는 압록강과 두만강 상류 지역을 동서로 양쪽에 끼고 있다 하여 양강도라는 이름이 붙었으며, 이 지역을 관북 지방이라고 부른다. 평안도와 양강도의 동쪽이 함경도인데, 옛 옥저 지역이다. 남쪽은 철령이 한계이고, 동북쪽은 두만강이 한계다. 남북의 길이는 2000리가 넘으나, 동서로는 바다에 접해 있어 100리도 못 된다. 함경은 함흥과 경성의 첫 자를 따서 만든 지명으로, 《세종실록지리지世宗實錄地理志》를 편찬할 당시에는 함흥과 길주를 합한 함길도咸吉道였다.

고대에는 송화강 유역에 있던 숙신국肅愼國의 땅으로, 일명 읍루挹婁, 물길物吉, 말갈靺鞨, 여진女眞 등으로 불리던 이 지역(함흥 부근)에 기원전 2세기경 한漢나라가 현도군을 설치했다. 그 뒤에 옥저국이 설치되었는데 동옥저(개마고원 동쪽 지방), 남옥저(함흥평야 지방) 등이 있었다. 태조 4년(56)에 고구려가 동옥저를 멸한 뒤 영토를 넓혔고 3세기경에는 신라의 영토가 영흥평야에까지 미쳤다. 7세기에는 발해의 영토가 영흥에서 신라와 경계를 이루었고 신라 말기에 함경도 땅은 여진족의 근거지가 되었다.

고려 성종 때는 정평 이남이 삭방도朔方道(강원도의 고려 때 이름)에 들었고, 정종 때 동계東界로 바뀌었으며, 여진족의 침입에 대비해 세 개의 관문과 장성을 축조했다. 문종 때 이 지역을 동북면東北面이라 고쳐 불렀고, 예종 때 윤관尹瓘이 17만 대군을 거느리고 가 여진족을 몰아내고 동만주의 선춘령까지 차지한 뒤 9성을 두었다가 2년 후에 되돌려 주었다. 인종 때는 금나라의 영토가 되었으며 뒤에 원나라가 다스렸다. 공민왕 5년(1356)에 원나라가 지배하던 8개 주를 회복해 함경도 동쪽 해안의 칠보산 남쪽이 고려의 영토가 되면서 강릉삭방도江陵朔方道라 했으며, 우왕 14년(1388)에 삭방도를 따로 분리했다. 조선시대에 들어와 태종 13년(1413)에 관내에 영흥과 길주가 있다 하여 영길도永吉道라 했으나, 태종 16년에 영흥은 강등해 화주목으로 하고 함주는 승격해 함흥부라 한 뒤 관찰사 본영을 함흥에 두고 함길도로 고쳤다. 《세종실록지리지》의 기록을 보자.

동쪽은 큰 바다에 임하고, 남쪽은 철령에 닿고, 서쪽은 황해도와 평안도에 접하였다. 준령이 백두산에서부터 시작되어 남쪽으로 철령까지 뻗어 있어 1000여 리에 이른다. 북쪽은 야인의 땅에 연하였는데, 남쪽 철령으로부터 북쪽 공험진公險鎭에 이르기까지 1700여 리다. 동쪽과 서쪽으로 큰 산과 큰 바다 사이에 끼여 있어서 그 땅의 넓고 좁은 것이 같지 아니하여, 어떤 데는 수백여 리가 되고 어떤 데는 60~70리가 되는데, 오직 갑산甲山만이 큰 산의 서북쪽 바깥으로 쑥 들어가 있다.

이긍익李肯翊의 《연려실기술》에는 "함경도는 철령관 북쪽에 있으므로 관북이라 부르며, 평안도는 철령관 서쪽에 있으므로 관서라고 부른다"고 기록되어 있다.

세종 때는 김종서金宗瑞에게 명하여 함경도에 6진六鎭을 설치하게 했다. 성종 1년(1470)에 함흥을 강등하고 본영을 영흥으로 옮겨 영안도永安道로 고쳤다가 중종 4년(1509)에 함흥부 및 관찰영을 복구하고 함경도로 개칭했다. 1895년에 23부제로 개편하면서 함흥부, 갑산부, 경성부의 3부로 나뉘었다가 1896년에 13도제로 개편하면서 함경남도와 함경북도로 나뉘었으며 1954년에 삼수군, 혜산군, 갑산군, 풍산군, 무산군, 백암군 일부를 양강도로 분리했다. 《세종실록지리지》와 이익李瀷의 《성호사설星湖僿說》에는 함경도의 명산과 강, 특산물에 대하여 다음과 같이 각각 기록되어 있다.

명산은 비백산이 정평부 서북쪽 100리쯤에 있고, 백산이 경성군 서쪽에 있으며, 오압산이 안변부 동쪽에 있다. 대천은 두만강이 경원부 동쪽에 있고, 용흥강이 영흥부 동쪽에 있다.

함경도는 북관北關이라 한다. 함흥과 북청 이북以北은 여러 번 숙신에게 함락되었으나, 지금은 모두 우리의 군현이 되었으며, 100여 년 동안 국경에 난리가 없어 백성이 편히 살며, 자기 일에 열심히 종사하고 있다. 이 고장에서는 담비, 수달, 영양각羚羊角, 녹비鹿皮, 인삼, 통포筒布와 여러 해산물이 생산된다. 이리의 꼬리털로 만든 붓은 천하에 유명하다. 서예가들이 중히 여기는 북황모北黃毛가 바로 이 고장에서 만든 붓이다. 삼수와 갑산 사이의 물은 모두 북쪽으로 흘러 압록강으로 들어가는데, 쌀과 소금이 없는 별개의 구역이다. 육진은 서울과의 거리가 2000여 리인데, 어린아이들이 말을 타고 달리며 여자들이 강궁强弓을 당긴다. 겨울이면 썰매를 타고 곰이나 범 사냥을 한다. 때로 숙신과 서로 물화를 교역하는데, 소와 철기를 가지고 많은 이익을 얻는다. 아교와 저지楮紙(닥종이)가 없고 칼처럼 예리한 돌과 화살 만들기에 알맞은 나무가 있기로는 서수라西樹羅가 유명하다. 이것은 옛날에 호시楛矢나 석노石砮라고 칭하던 것인 듯하다. 그러나 대나무 살과 쇠로 만든 촉鏃에는 미치지 못한다. 기후가 차므로 개를 길러 그 가죽으로 옷을 만들어 입는데, 어린 개의 가죽으로 만든 갖옷은 서울의 귀족들이 귀히 여기는 것이다. 남자들이 날마다 머리를 감아 가며 머리털을 기르는데, 그 머리가 자라면 잘라서 다리(예전에 머리숱이 많아 보이라고 여자들이 덧대던 딴머리)를 만든다. 오늘날 여자들이 쓰는 다리는 모두 북쪽 지방에서 생산한 것이라고 한다.

삼지연

삼지연은 함경북도 무산군에 있는 호수로, 흘러들거나 나가는 강하천 없이
눈과 비, 샘물에 의해 채워지며 물맛도 좋다.

1

철령관 북쪽에 있어 관북

백두산에서 시작된 백두대간

평안도와 양강도 동쪽에 있는 백두산에서 비롯된 백두대간이 대연지봉과 소연지봉, 간백, 소백, 허항령을 거쳐 북포태산을 지나면 장백정간이 갈라지는 설령봉 아랫부분에 닿는다. 고지도 연구가 이우형은 백두대간과 장백정간이 나뉘는 지점을 관모봉冠帽峯이라 했고, 산악인 박기성은 만탑봉萬塔峯이라 부른다. 이 산에서 두만강 끝자락까지 이어지는 장백정간과 갈라진 백두대간은 함경북도와 함경남도를 가르며 마대산과 두류산을 지나 추가령까지 내려와 철령에서 휘돌아 남으로 내려가는데, 그 바로 윗부분이 명사십리明沙十里로 유명한 원산이다.

두류산頭流山은 천내군·법동군과 평안남도 양덕군의 경계 지역에 있는 해발 1323미터의 산으로, 평양과 원산 사이를 오가는 아호비령 산줄기의 북쪽 끝에 솟아 있다. 산비탈이 비교적 급하며 좁고 깊은 골짜기들이 많은데, 식물상이 풍부해 식물 분포에서 수직적대성이 뚜렷하다.

《신증동국여지승람新增東國輿地勝覽》〈함경도〉 회령도호부 산천조에 "백두산은 곧 장백산이다. 부의 서쪽으로 7~8일 걸리는 거리에 있다. 산이 모두 3층으로 되어 있는데 높이가 200리요, 가로는 1000리에 뻗쳐 있다. 그 꼭대기에 못이 있는데, 둘레가 80리다. 남쪽으로 흐르는 것은 압록강이다. 북쪽으로 흐르는 것은 송화강과 혼동강, 동북으로 흐르는 것은 소하강과 속평강, 동쪽으로 흐르는 것은 두만강이다"고 기록되어 있다.

우리 백성과 오랑캐가 섞여서 농사짓던 곳

《증보문헌비고增補文獻備考》에 "본래는 여진의 알목하斡木河다. 1895년에 군으로 고쳤다"고 되어 있는 함경북도 회령시會寧市는 원래 고구려의 영토로, 조선 초기에 김종서가 개척한 6진의 한 곳이다. 여진족이 이 지역에 거주할 때 알목하, 아목하阿木河, 오음회五音會라 불렀다. 세종 15년(1433) 여름에 회령진이었다가 겨울에 회령도호부로 승격했고, 회산 또는 오산으로도 불렸다. 이곳은 만주로부터의 외침이 잦아 강변에 성터와 봉수대가 많다. 1952년에 군이 되었고 1991년 7월에 시로 승격된 회령은 북쪽으로 길림성과 마주하고 있다. 회령에는 백사봉, 슬봉, 민사봉, 가라지봉 등의 산과 회령시 및 중국의 경계를 흘러가는 두만강 그리고 이곳으로 흐르는 회령천을 비롯한 크고 작은 하천이 있다.

《신증동국여지승람》〈함경도〉 회령도호부 풍속조에 "바람이 매우 차가우며 검소와 용맹을 숭상한다. 여행하는 사람은 식량을 가지고 다니지 않는다"고 기록되어 있는 회령의 진산은 오산이다. 신숙주申叔舟는 그의 시에서 "우리 백성과 오랑캐가 섞여서 농사를 지어 가며 사는 곳, 풍속은 활과 칼만 알았지 책은 알지 못하였네. 100년 전 옛 땅이 지금은 진鎭이 되었는데, 알목하의 물은 흘러서 옛 터전으로 잇달아 내려가누나"라고 했고, 조선 전기 문신 윤자운尹子雲은 "객지에 아무도 찾아 주는 사람 없고, 시간을 보내려니 때로는 옛사람의 글을 읽노라. 느지막이 다시 성 위에 올라 보니, 한 가닥 밥 짓는 연기가 오랑캐의 터전에 잠겨 있도다"라고 회령을 노래했다. 이곳의 특산물로는 백살구와 오지그릇이 이름 높다.

회령시에는 고구려 때의 석성 운두산성雲頭山城이 있는데, 《택리지》는 다음과 같이 적고 있다.

숙종 정유년(1717)에 청나라 황제 강희제가 목극등穆克登을 시켜 백두산에 올라 두 나라의 경계를 살펴 정하게 하였다. 목극등은 두만강을 따라 회령의 운두산성에 왔다가 성 바깥 큰 언덕에 여러 무덤이 있는 것을 보았는데, 그 지방 사람에게 누구의 무덤이냐고 묻자 황제의 능이라 하였다. 목극등이 사람을 시켜 무덤을 파헤치다가 무덤 곁에서 작은 비석을 발견했는데, 비석에는 '송제지묘宋帝之墓'라는 네 글자가 새겨져 있었다. 목극등은 묘의 봉축封築을 크게 쌓게 하고 갔다. 그런 연유로 하여 금나라 사람이 말하던 오국성五國城이 곧 운두산성인 줄을 비로소 알게 되었다. 그러나 다만 '송제'라고만 적혀 있어 이 무덤이 휘종徽宗(송나라 8대 황제)의 무덤인지, 흠종欽宗(송나라 9대 황제)의 무덤인지는 알 수 없다.

운두산성은 동해와 겨우 200리 거리이고 고려와는 바닷길로 아주 가깝다. 또 고려의 전라도와 중국 항주抗州는 작은 바다를 사이에 두고 있어 바람만 잘 만나면 뱃길로 7일 만에 통할 수 있다. 만약에 송나라 고종이 비밀리에 고려를 후하게 대접한 다음 고려를 시켜 동해에 배를 띄우고 군사 1000명으로 운두산성을 습격하여 휘종과 흠종, 황후를 탈출시킨 후 바닷길로 고려 땅에 오르고, 다시 전라도에서 배편으로 중국 절강성의 항주에 닿게 하였더라면 이것은 천하에 기이한 사건이 되었을 것이다. 그렇지만 애석하게도 고종은 아비를 염려하는 마음은 없고 서호西湖에서 놀이하는 즐거움에만 정신이 빠져 있었으니 그 불효한 죄는 하늘에 사무쳤다 하겠으며 천고에 유감스러운 일이다.

그러나 고종은 죽은 지 100년이 못 되어 도둑 승려에게 무덤이 파헤쳐지는 화禍를 만났고, 휘종은 비록 타향에서 죽어 묻혔지만 지금까지 무덤이 보존되고 있으니, 하늘 이치의 돌아감을 어찌 알 수 있겠는가? 이곳에 살고 있는 사람들은 언덕 위의 밭을 갈다가 옛 제기祭器, 술항아리, 솥, 화로 등을 발견하였는데, 아마도 이것은 선화릉宣化陵(송나라 휘종의 능) 같으며 나머지는 궁인과 모시던 관원의 무덤인 듯하다. 두만강 북쪽 10여 리쯤에 또 황제의 능이 있다고 지방 사람들이 말하니, 이것은 흠종의 능인 듯하나 분명히 알 수는 없다.

《택리지》의 기록을 보면 물살이 좋을 때는 동해 뱃길로 남해나 서해에 닿는 데 시간이 그리 오래 걸리지 않았던 듯싶다. 운두산성은 회령시 성북리의 두만강변에 높이 솟은 험한 산세를 이용해 쌓은 석성으로, 둘레는 약 6킬로미터다. 운두산은 두만강과 접한 서쪽과 북쪽이 절벽이고 동쪽과 남쪽은 산등성이라 성 쌓기에 좋은 지형이다. 동쪽과 남쪽의 산등성이

ⓒ이종원

백두산 천지 설경

백두산에서 맑은 날 천지가 열리는 광경을 보려면 3대가 덕을 쌓아야 한다는 말이 있다.
그야말로 맑은 날 천지를 보는 일은 하늘의 별 따기다.

에 성벽이 남아 있는데, 성의 돌은 모두 잘 다듬어진 사각형이며 이곳 성벽의 높이는 현재 3~5미터다. 운두산성은 고구려 성의 배치와 국토방위 체계를 연구하는 데 중요한 자료가 되고 있다. 계속해서 이중환은 백성들의 살림살이에 대해 이렇게 설명한다.

함흥 이북은 산천이 험악하고 풍속이 사납다. 기후가 춥고 토지도 메말라 곡식은 조와 보리뿐이며, 찹쌀과 멥쌀은 적고 면화와 솜이 나지 않는다. 주민들은 개가죽을 입고 추위를 막으며 굶주림을 견디는 것은 여진족의 처지와 똑같다. 산에는 잘(담비)과 산삼이 많이 난다. 따라서 백성은 잘 가죽과 산삼을 남쪽 장사꾼의 무명과 바꾸어야만 비로소 옷을 입게 된다. 그러나 이것도 살림이 넉넉한 자가 아니면 그렇게 하지 못한다. 바다가 가까워서 생선과 소금이 많이 난다. 그러나 바닷물이 맑고 사나우며, 바다 밑에는 바위가 많아 생선과 소금 맛이 서해 것보다 못하다.

기축옥사己丑獄事로 화를 입어 회령에 유배를 온 김우옹金宇顒은 이곳에서 많은 사람들을 가르쳤다. 훗날 함경 감사로 온 한준겸韓浚謙이 선비들의 여론을 받아들여 위패를 모시고 제사를 지냈다.

나그네의 한恨이 해를 넘기니 머리는 세려 하고
하루하루 돌아가려는 마음은 긴긴 세월이 되었네
여행길에서는 곳곳마다 험한 고생과 마주치고
품었던 생각 떠오르면서 부질없음에 웃음 짓네

북한 쪽 백두산

화산 폭발로 생긴 현무암이 군데군데 바위 봉우리를 이루고 있다.
북한 쪽 백두산의 위용을 자랑하는 봉우리들은 천연 요새의 면모를 가늠하게 한다.

김상헌金尙憲의 시 한 자락을 읊조리는 사이에 온성군에 이른다.

국토의 끝자락에 있는 온성

회령에서 두만강이 북쪽으로 올라갔다가 내려가는 곳, 국토의 끝자락에 옛 시절의 온성도호부가 있다. 《택리지》에는 다음과 같이 소개되어 있다.

> 무예를 숭상하고 학문을 소홀히 한다. 말 달리며 사냥하기를 즐긴다. 누에치기를 중히 여기지 않는다. 다만 삼[麻]을 심어 베를 짜는 것을 생업으로 삼는다. 보리를 많이 심으며, 벼는 드물게 경작한다. 쌓아 모은 것이 항상 적어 흉년만 만나면 오로지 창고의 곡식만 바라본다. 예전에는 순박하다고 했는데, 지금은 거듭 굶주림을 당하니 인심이 예전과 같지 않다.

온성군穩城郡은 동쪽으로 새별군, 남쪽으로 회령시, 북서쪽으로 두만강을 사이에 두고 중국의 동북 지방과 인접한다. 부족국가시대에 숙신, 읍루, 예맥, 옥저, 부여 등의 지역이었던 온성군은 고구려, 발해의 영역이 되었고 발해가 망하자 금, 원, 여진족이 점거하고 살았다.

회령과 온성군의 가운데에 있던 종성鍾城은 1974년 두 군에 흡수되었다. 《여지도서輿地圖書》에는 "활쏘기와 말타기를 숭상하나, 이따금 시를 짓고 글을 쓰는 선비도 나온다. 길을 가며 양식을 가지고 다니지 않고 소달구지에 물건을 싣는다"고 풍속이 기록되어 있다.

종성은 조선시대에 귀양지였다. 인조 때 명신 김시양金時讓과 조선 후기 실학자 박제가朴齊家도 이곳으로 유배를 왔다. 박제가가 큰아들에게 보낸 편지를 보자.

> 24일이 걸려 유배지에 도착하였다. 중간에 만수천간萬水天干을 지나는 동안 스스로 강해질 수 있어서 다리의 부스럼도 조금 나았다. 이제는 능히 남의 도움을 받지 않고 뒷간에 가지만, 단지 의약이 없고 침수針手도 없어 자연히 완치가 더디어지는 것이 걱정일 뿐이다. 잡곡밥, 거친 김치일지라도 편안하기는 평소와 같으니 너희는 절대 나를 걱정하지 말고 두 동생을 잘 가르쳐 배움을 폐하지 않는 것을 제일로 삼아라.

박제가는 종성에 있는 동안 청년들을 모아 글을 가르치며 여러 편의 연작시를 썼는데, 특히 그 지방의 민속과 농민들의 생활상 그리고 불합리한 조세 제도 등을 소재로 했다.

종성 부사 임유후任有後가 소요당 정자에 올라 지은 시 한 편을 보자.

> 외로운 성은 큰 강가 나루 근처에 우뚝 솟았고
> 오랑캐와 중화 사이를 나누며 물은 북으로 흐르네
> 땅은 개 이빨처럼 들쑥날쑥 이루어진 모양이고
> 산은 멧돼지 내린 듯 거침없이 쫙 뻗은 형세네
> 한 하늘에 해와 달은 북녘에서 함께하고
> 만 리의 바람과 연기 가을철에 쓸쓸하네

벌판은 아득하고 날던 기러기도 사라지니
해 질 녘 피리 불며 높은 누각에 기대었네

이곳 종성읍의 부성 한가운데에 3층 누각 수항루受降樓(북한 국가지정 문화재보존급 제436호)가 있다. 종성 부사 이종일이 처음 세웠고, 고을 사람인 주수맹이 고쳐 세웠다. 우리나라에서 그 예를 찾아볼 수 없는 3층 누각인 수항루는 처음 지어질 적에는 뇌천각雷天閣이라고 했다. 선조 41년(1608) 침입해 온 여진족을 무찌른 뒤 수항루라고 고쳤는데, 목탑과 비슷한 구조를 갖춘 것이 특징이다. 1층은 정면 일곱 칸에 측면 여섯 칸이며, 2층은 정면 다섯 칸에 측면 네 칸, 3층은 정면 한 칸에 측면 한 칸이다. 종성 부사를 지낸 이동욱李東郁이 수항루에 대한 시 한 편을 남겼다.

관북의 이름난 누각이 이 누각이라고 얘기하지
올라 보니 어슴푸레 바람 타고 노니는 듯하네
산과 나란히 지는 해, 발의 이마에 걸리고
하늘 가까이 뜬구름은 난간의 머리로 나가네
초楚나라 나그네의 영혼은 고향에서 헤매고
한漢나라 신하 위태한 눈물 고국을 생각하네
변경 고을 예로부터 수심愁心 다하기 어려운데
어인 일로 고을 이름이 또 이처럼 수주愁州인가

수항루

북한의 국보급 문화재 중에는 유난히 누각이 많다.
남한의 누각과 달리 2층 혹은 3층 구조를 하고, 건축 양식도 멋스럽고 화려하다.

오랑캐의 피리 소리는 나그네를 근심케 하고

고려 공민왕이 북진 정책을 펴 수복했고, 조선 태종 10년(1410) 여진족이 다시 침공하여 약 25년 동안 살았다. 그러나 세종 22년(1440)에 김종서가 6진을 개척함으로써 지난날 다온평 多溫平이라 부르던 이곳에 온성군穩城郡이 신설되어 길주 남부와 안변 북부 사이의 백성들을 이주시켰다. 다음 해에 도호부로 승격했지만 인조 8년(1630) 양사복梁嗣福이 모반을 일으켜 현으로 강등되었다 인조 11년(1633) 부로 환원되었다. 1895년 경성부 온성군으로, 1896년엔 함경북도 온성군으로 개편되었다. 정관령, 충동령 등의 고개가 경원군과 연결되고 월피천과 풍천천이 흐른다.

신숙주는 시에서 온성을 "국경의 달 오랑캐의 피리 소리는 오랜 나그네를 근심하게 하고, 산의 꽃과 계곡의 버들은 갠 날씨에 아름답구나"라고 노래했는데, 한국전쟁 당시 미군과 한국군이 북진하여 중국군(중공군)과 대치하고 있을 때 피리 소리에 마음이 홀려 고전했다는 것과 연결 지을 수 있다. 온성에서 가까운 왕재산은 김일성이 1933년 3월 11일 조선인민혁명군을 이끌고 일제의 국경 경비망을 뚫고 나와 이른바 '왕재산 회의'를 소집했던 곳이라 하여 1975년 이곳에 기념비를 세웠다. 박세길의 《다시 쓰는 한국현대사》에는 피리 소리 때문에 한국군이 중공군의 인해전술에 말려든 상황이 자세하게 나와 있다.

> 10월 25일 오전 11시 한국군 제2연대 제3대대가 평안북도 온정 서북쪽 약 13킬로미터의 우수동 부근 험한 길에 들어서고 있을 때였다. 제2연대가 퇴각

후 집결해 있었던 온정 일대에는 이상한 불안과 공포가 감돌았다. 25일 늦은 밤, 온정을 에워싼 어둠 속으로부터 갑자기 이상스러운 피리 소리가 울리고, 징을 두드리는 듯한 금속성도 들려왔다. 피리 소리는 중국 악기인 차르멜라에서 울려 나오는 것이었다. 구슬프게 어두운 밤을 뒤흔드는 차르멜라 소리는 평상시의 길거리에서도 구슬프게 마련인데, 싸움터에서 갑작스럽게 울려 나오니 이상한 불안감을 느끼지 않을 수 없었다. (…)

제2연대 병력은 무언가에 홀린 듯, 악령에 쫓기는 듯 완전히 전의를 상실하고 그대로 뿔뿔이 흩어져 청천강 기슭까지 후퇴하고 말았다. (…) 함성이 산 전체를 울리며 메아리치자 미군은 적의 병력이 무한한 것처럼 느꼈다. 이른바 인해전술의 마술에 걸려든 것이다. (…) 북한군과 중국군의 총반격은 미군과 한국군의 전투 능력을 순식간에 마비시키고 말았다. 달리 말하자면 미군과 한국군의 혼을 빼앗아 버린 것이다.

고지마 노보루 기자의 《한국전쟁》에 따르면 대부분의 경우 북한군과 중국군은 실제로는 작은 규모의 병력으로 갖가지 음향 효과를 동원하여 대부대와 같은 위압감을 연출해 냈다.

꽹과리를 치고 바람을 찢을 듯이 울리는 나팔 소리를 내면서 물결과 같은 대군이 들짐승과 같은 함성을 지르며 올라왔다. 추운 밤의 산속이다. 총소리와 나팔, 차르멜라, 피리, 꽹과리 소리가 숲속의 나무를 흔들리게 했고, 함성은 골짜기에 메아리쳤다. 한국군으로서는 적의 병력이 무한히 증가되어 가는 것처럼 느껴졌다.

신숙주가 들은 피리 소리는 떠나온 먼 고향에 대한 향수를 자아냈는데, 500여 년의 세월을 넘어 그 피리 소리가 이어져 온 것일까? 전통이 현대의 막강한 병력과 무기를 제압한 것을 무어라고 설명할까? 그곳에 고향을 둔 김규동 시인이 들려주는 함경도 사투리는 얼마나 가슴이 뭉클한지….

천지꽃이 피려는데 칩으믄 어쩌겠나. 모대매는 어째 같이 아니 왔지(진달래가 피려는데 바람이 불어 흙이 날리고 추우면 어쩌겠나. 너의 큰어머님은 왜 같이 오지 않았나).

온성은 예로부터 목축에 적합한 땅이라서 몽골산 면양을 많이 사육했다. 온성 관아에 있던 누각은 진변루鎭邊樓다. 원래의 이름이 오랑캐를 어루만진다는 뜻의 무호루撫胡樓였던 이 누정에서 조선 후기 문신 유득일兪得一이 시 한 편을 지었다.

널따란 벌판 황량해도 땅의 끝은 아니네
성城 주변의 강물 하나 변방의 국경이라지
차가운 봄 언덕엔 깃들던 까마귀 날아가고
해 저무는 모래벌판에 기르던 말 슬피 우네
서울 떠나니 저절로 흰 머리카락만 늘어 가고
누각에 오르니 새롭게 시 읊을 만하네
평생을 임금 그리는 심정에 피가 끓어
꿈속에도 빈번하게 대궐 섬돌을 오르지

조선 후기 무신이자 문인이었던 이명환李明煥도 시를 남겼다.

온성의 성 밖으로 두만강 휘감아 흐르고
만 리 부는 바람 요새를 넘어오네
경계 나누니 하늘에서 남북으로 한계 짓고
병사 사열하니 땅이 있어 누각을 세우네
갠 봄날 급한 뿔피리 소리 허공에 아득히 걸치고
해 질 녘 굶주린 갈까마귀는 성곽을 슬프게 감도네
구름 덮인 산 아득히 멀리 생각만 그윽하구나

변방 고을이 얼마나 쓸쓸했으랴. 그뿐만이 아니다. 이제나저제나 다시 대궐에서 왕을 보필하며 높은 자리를 누리게 되기를 갈망하는 변방 고을 수령들의 마음을 보는 것 같아 씁쓸하기만 하다.

세 나라의 국경을 흐르는 두만강

온성 아래쪽이 새별군, 곧 경원군慶源郡이다. 《신증동국여지승람》 〈경원도호부〉에 따르면 경원군은 옛날에 공주孔州, 광주匡州, 추성楸成이라 했으며, 고려 윤관이 여진족을 쫓아내고 성을 쌓은 뒤 공험진에 방어소를 만들었다. 그 뒤 조선 태조 7년(1398)에 경원부를 만들고 태종 원년(1401)에 여진족이 침략하자 이 땅을 비워 두었다가 태종 8년(1408)에 도호부를 두었다. 그 후 세종 10년(1428)에 부로 했다가 1895년에 군으로 고쳤으며, 김일성 부자 우상화 작업의 일환으로 김정일을 상징하는 새별을 따서 1977년 새별군으로 고친 것이다.

《여지도서》에 기록된 경원군의 풍속을 보자.

> 꾸밈없이 순수하며, 인정이 두텁고, 부지런하고 검소하다. 더러는 옛 학문으로 잘 가르치고 타일러 예의범절의 풍속이 함께 행해진다. 삼베를 짜서 옷을 입고, 좁쌀을 심어 밥을 먹는다. 서민들은 겨울에 개가죽 옷을 입으니 살아가기가 매우 어렵다.

경원군은 북서쪽으로 온성군과 회령시, 남쪽으로 은덕군에 닿아 있다. 동쪽의 두만강을 경계로 중국과 마주하고 있는 경원군, 곧 새별군에는 산 정상에 시루처럼 생긴 돌이 있는 증산이 있고, 새별읍에서 만주 혼춘琿春의 중간 지점인 두만강 한가운데 이도가 있는데, 이곳에 조선과 청국의 국경을 표시하는 백두산정계비가 있었다고 한다.

신숙주는 두만강을 이렇게 노래했다.

> 맑은 강에는 얼음이 녹아 물이 넓은데
> 숲이 푸르고 아득한 오랑캐의 고장이구나
> 산 뒤에는 바다 구름이 국경에 이어져 어두컴컴하고
> 성의 서쪽으로는 트인 고갯길이 하늘까지 기다랗게 걸렸구나
> 사람들은 왕의 선조가 살던 땅이라는 옛 역사를 말하고

봄은 만 리 밖에 있는 관하關河에 별을 펼쳐 주네
전쟁의 경보와 싸움의 불길도 사라진 지 벌써 오래고
다만 닭과 개 소리만이 먼 지역까지 들려오네

《신증동국여지승람》에 나오는 두만강을 좀 더 살펴보자.

두만강은 부의 동쪽 25리에 있다. 근원이 백두산에서 나와 동량, 북사지, 아목하, 수주, 동건, 다온, 속장 등의 지방을 경유하여 횟가〔會叱家〕 남쪽으로 흘러 경흥부의 사차마도沙次麻島에 이르러 갈라져 5리쯤 흘러 바다로 들어간다. 여진 말로는 만萬을 두만豆滿이라 하는데, 여러 갈래의 물이 여기로 합류하기 때문에 이런 이름을 붙였다. 《사전祀典》에 북독의 신을 여기서 제사 지낸다. 중사中祀에 실려 있다.

두만강은 우리나라에서 두 번째로 긴 강이다. 백두산 동남쪽 대연지봉의 동쪽 기슭에서 발원하는 서두수, 연면수, 성천수 등의 큰 지류들이 합류하며, 중류에 이르러서는 심한 감입 곡류를 하면서 보을천과 회령천을 합한 후 본류는 북북동으로 흐른다. 함경북도의 최북단에 이르러 중국의 간도 방면에서 흘러오는 해란강을 합한 두만강의 물길은 급전해 남동쪽으로 흐른다. 하류에서는 다시 간도 지방에서 남서쪽으로 흐르는 혼춘강과 우리나라 쪽의 오룡천, 아오지천 등의 물길을 합한 후 수량과 하폭을 증대하면서 하구 부근의 호소 지대를 거쳐 서수라 부근에서 동해로 들어간다.

두만강은 고려강, 통문강統們江, 도문강圖們江 등 여러 이름으로 불

ⓒ이종원

여름 백두산

백두산으로 가는 길은 탄성을 자아낼 정도로 기막힌 풍경의 연속이다.
깎아지른 듯한 절벽, 비탈길과 폭포, 구릉이 연이어 펼쳐진다.

백두산 천지

천지는 둘레가 14.4킬로미터에 달할 정도로 거대하다.
장군봉을 비롯한 화구벽이 병풍처럼 둘러서 있다.

렸다. 《만주지명고滿州地名考》에 따르면 새가 많이 모여드는 골짜기라는 뜻의 도문색금圖們色衾의 '도문'이라는 여진어 자구에서 그 이름이 비롯되었다고 한다. 《한청문감漢淸文監》이나 《동문유해同文類解》에는 원나라 때 지방 관제에 만호萬戶와 천호千戶라는 관직명이 있었는데, 여진어로 만호를 '두맨'이라 발음하며 이를 한자로 표기한 것이 두만강이라고 쓰여 있다. 두만강의 이 같은 별칭들은 후에 청나라 측이 백두산 정계비에 쓰여 있는 '동위토문東爲土門'이라는 자구 속의 '토문'이 두만강이라고 강변하는 데까지 이르러 오늘날의 간도 지역을 중국의 영역으로 하고 있다.

두만강을 소재로 한 대표적인 민요로 〈애원성哀怨聲〉이 있다. 함경도의 북청을 비롯해 혜산, 갑산, 무산, 삼수에 이르기까지 널리 불렸던 이 민요는 남편을 두만강 너머로 떠나보낸 여인이 이별의 슬픔을 노래한 내용으로, 모두 42편이 남아 전하고 있다. 근현대에 들어서도 최서해와 김동환, 김기림, 나운규 등 수많은 작가들이 두만강을 묘사했다. 이용악 시인은 〈두만강 너 우리의 강아〉라는 시에서 나라 잃은 서러움을 이렇게 토로한다.

나는 죄인처럼 수그리고
나는 코끼리처럼 말이 없다
두만강 너 우리의 강아
너의 언덕을 달리는 찻간에
조그마한 자랑도 자유도 없이 앉았다

(…)

잠들지 말라 우리의 강아

오늘 밤도

너의 가슴을 밟는 뭇 슬픔이 목마르고

얼음길은 거츨다 길은 멀다

(…)

두만강이 휘감아 돌아가는 은덕군

두만강 바로 아래는 은덕군恩德郡이다. "서수라곶西水羅串은 관아의 남쪽 65리에 있다"고 《여지도서》에 실려 있는 우리나라의 끝자락에 자리한 은덕군은 함경북도 북동부 두만강 하류 연안에 있는 군으로 북서쪽은 새별군, 서쪽은 회령시, 남쪽은 선봉군과 라진시에 잇닿아 있으며, 북동부는 두만강을 사이에 두고 중국에 인접한다.

조선 인조 때 문신 이식李植이 지은 〈경흥慶興 강변의 풍경이 무척이나 좋아 한강의 운치가 느껴지기에〉 시 중 그 첫 수를 보자.

두만강 굽이져 돌아드는 곳

호산이 낮아짐을 조금씩 느끼겠네

짙은 단풍 그림자 물가에 드리우고

잠자던 기러기 깨어나며 방죽 위로 퍼드덕

함경도 관새關塞 너머 머나먼 고향
한강 서쪽 자리 잡은 나의 초가집
그곳의 풍광도 응당 이와 같으리니
눈길 닿는 곳마다 온통 산란한 마음

이식이 노래한 경흥, 즉 은덕군의 옛 이름은 공주公州, 공성孔城이다. 세종이 옛 성을 수리하고 부근의 백성 300호를 떼어 현을 설치한 후 공성이라 했다. 세종 19년(1437)에 이곳이 이성계李成桂의 고조부인 목조가 처음 산 땅이라 하여 경흥군으로 바뀌었다. 《여지도서》에 실린 경흥군의 풍속을 보자.

고을이 후미진 한쪽 구석에 있어서 풍속이 매우 검소하고 인색하며 화려함을 숭상하지 않는다. 남자는 곡식 농사를 지으며, 여자는 삼베와 모시를 짠다. 조금이라도 풍년이 들면 곡식이 흙처럼 흔해져서 서로 꾸어 주며, 음식이 흘러 넘치니 전혀 아끼지 않는다. 만약 흉년이 닥치면 사고파는 것이 끊어지고 서로 의지할 길이 없어서 구원할 방법이 다른 도道에 비해 더욱 어렵다. 바닷가 백성은 풍년이나 흉년에 관계없이 고기잡이로 살아간다.

1977년 9월 김일성의 은덕을 잊지 않겠다는 뜻에서 은덕군으로 이름이 바뀐 이곳에 북한의 정치범을 수용하는 무서운 곳으로 알려진 아오지 탄광이 있었다. 《여지도서》에 의하면 "아오지고성阿吾地古城은 관아의 남쪽 55리에 있다. 두만강에서 5리다. 돌로 쌓았으며, 둘레는 2100척, 높이는 8척이다. 중종 4년(1509)에 여기에 보堡를 설치했다가 중종 16년에 옛 진鎭으로 돌아갔다"고 한다. 1981년에 학송리로 바뀌어 아오지라는 이름은 영원히 사라져 버렸다.

한편 두만강 하구의 모래섬인 녹둔도鹿屯島에는 보가 설치되어 있었다. 녹둔도는 우리나라 수군들이 야인의 동태를 감시했던 곳으로, 정약용丁若鏞의 《대동수경大東水經》에는 "녹둔도는 조산의 남쪽 20리 되는 곳에 있는데 사차마도라고도 한다"고 기록되어 있다. 사차마란 사슴을 뜻하는 이 지방 방언이다. 《동국문헌비고東國文獻備考》에서는 "두만강은 또 동으로 흘러 조산을 지나서 녹둔도에 이르러 바다에 들어간다"고 했는데, 현재 이 섬은 러시아에 귀속되었다. 《여지도서》에 실린 글을 보자.

> 녹둔도는 사차마라고도 한다. 관아의 남쪽 56리, 두만강에서 바다로 들어가는 곳에 있다. 조산보造山堡까지 30리다. 예전에는 토성과 병선이 있었다. 조산보 만호가 관할하는 곳이다. 여름이면 조산보의 수군이 여기를 나누어 지켰는데, 지금은 없어지고 다만 옛터만 남아 있다.
>
> 지금은 강 건너 청나라에 맞닿았다. 계미년(선조 16, 1583) 오랑캐의 변란 이후 감사 정언신이 군량을 비축하기 위해 이 섬에 둔전을 설치하려고 부사 원호에게 개간하게 하였다. 병술년(선조 19) 조정에서 신전과 김경눌을 보내어 둔전관이라 부르며 울짱〔柵〕을 설치하고, 섬 안에는 남도의 군역에서 빠진 군명을 농부로 예속시켜 개간하고 씨를 뿌리며 작물을 심게 하였다.
>
> 이듬해인 정해년에 조산만호造山萬戶인 이순신에게 둔전의 일을 겸해 맡게 하였다.

기축옥사의 최대 피해자 정언신鄭彦信과 임진왜란의 영웅 이순신이 차례로 와서 그 흔적을 남긴 곳이 우리나라의 최북단 경흥의 녹둔도였다. 이곳에 대해 조선 전기 문신 김수녕金壽寧은 "누런 구름은 국경에 가득하여 나그네의 근심을 자아내는데, 성 아래에 한 줄기의 강물 길게 흐르네. 구슬픈 오랑캐의 피리 소리 행여나 나그네의 귓전을 스치지 말아다오, 소리마다 국경의 여행을 괴롭혀 주느니"라고 노래했다. 이덕숭李德崇은 "기다란 두만강이 국경의 산에 가로놓였는데, 나그네의 돌아갈 꿈은 찬란한 오색구름 속이로다. 오랑캐의 지역에 바람이 맵다고 말하지 마라, 임금께서 주신 겹 갖옷〔重裘〕은 추위도 무섭지 않네"라고 했다.

나진에서 강원도 철원 월정리역까지 731킬로미터

은덕군 남쪽은 선봉군先鋒郡이다. 경흥군에 속했던 선봉군은 원래 웅기군이었으나 공산주의 건설의 선봉적 역할을 다한다는 뜻에서 1952년에 지금의 이름으로 바뀌었다. 나진·선봉 지역 자유경제무역지대로 개발되고 있는 선봉군은 한반도 동해안의 최북단에 위치한다. 북쪽은 은덕군, 남쪽은 나진시 그리고 동쪽은 두만강을 경계로 중국, 러시아와 마주 보고 있다. 두만강 하구 조산리에는 선조 19년(1586) 충무공忠武公 이순신李舜臣이 여진족과 싸워 대승을 거둔 전공을 기리기 위해 세운 승전비가 있다.《충무공행록忠武公行錄》에는 그때의 기록이 다음과 같이 실려 있다.

ⓒ이종원

백두산 야생화

백두산은 6월부터 야생화 천국이 된다.
해발 1700미터 지점부터 천상의 화원이 펼쳐진다 해도 과언이 아니다.

선조 병술년(1586)에 공이 조산만호가 되었고, 정해년에는 녹둔도의 둔전관을 겸임하였다. 공은 이 섬이 멀리 외따로 있는 데다 수비하는 군인이 적은 것을 염려하여 여러 번 병마영에 말하여 군사를 더 보내 줄 것을 청하였으나 절도사 이일이 듣지 않았다. 가을에 적이 과연 침입해서 공의 목책을 포위하였는데 붉은 털옷을 입은 사람 몇이 앞에 서서 지휘하면서 쳐들어왔다. 공이 활을 힘껏 당겨 연달아 붉은 털옷 입은 자들을 쏘아 맞히어서 다 땅에 쓰러뜨리니 적들이 도망하였다. 공이 이운룡 등과 함께 추격하여 포로가 된 우리 사람 60여 명을 탈환하였다. 공도 역시 화살에 맞아 왼쪽 다리를 상하였지만 군사들이 놀랄 것을 염려하여 아무 말도 하지 않고 활만 쏘았을 뿐이었다. 이일이 공을 죽여 입을 막음으로써 자신의 죄를 면하려 하다가 이 일이 조정에 알려져서 그 뒤로 강직되었다.

선봉군에는 우리나라의 자연 호수 가운데 가장 큰 서번포西藩浦와 동번포東藩浦가 있다. 동해와 좁은 목으로 연결된 이 호수는 만灣 어귀에 모래가 쌓여서 형성된 것이다. 선봉군 바로 아래에 나진시羅津市가 있다. 나진에서 강원도 철원군 철원읍의 월정리역까지 거리는 731킬로미터로, 열차로 그리 오랜 시간이 걸리지 않는다.

사람들이 모두 말을 타고 활을 쏘고

나진 아랫자락에 있는 부령군富寧郡은 서쪽으로 무산군, 남쪽으로 청진시, 북쪽으로 회령시와 맞닿아 있다. 여진족을 몰아낸 고려 말에 동북면 우롱이에 편입시켰으며, 조선 태조 7년(1398)에 우롱이를 경성으로 개칭하면서 도호부를 설치했고 석막石幕이라 칭했다. 1895년에 부령군이 되었고, 1910년 군이 폐지되는 여러 번의 부침을 겪다가 1987년 4월 다시 군이 되었다.

《여지도서》에는 부령의 풍속이 다음과 같이 실려 있다.

풍속이 꿋꿋하고 굳세기 때문에 과감한 힘으로 다른 사람을 눌러 이길 만큼 강하다. 검소함을 높이 여기고, 우직한 뜻을 가지고 있다. 사람들이 모두 말을 달리며 활쏘기를 업으로 삼는다. 식량은 보리나 밀, 기장이나 조를 먹으며, 벼나 콩, 팥은 매우 드물다. 의복은 삼베옷이나 갖옷을 입으며, 무명이나 세모시는 거의 드물다. 아무리 추워도 옷 한 벌로 버티며, 제아무리 굶주려도 밥 한 끼로 때운다. 선비라고 하는 자는 다만 무예에 종사하는 사람만이 높고 귀할 뿐, 유학에 종사하는 사람은 거의 보이지 않는다.

서울에서 멀리 떨어진 부령군에 부임한 유홍俞泓의 시는 그래서 더 쓸쓸하기만 하다.

발걸음 변방 강물에 그치니 땅도 다한 곳이라
바람에 날린 모래, 흐트러진 귀밑머리에 불어오네
봄이 온 뒤에도 집에서의 편지는 오래도록 끊어지고
우짖는 기러기에 고향 생각만 덧붙여 보네

칼을 어루만지며 여전히 담략을 뽐낼 수 있지만
어찌 오랑캐 평정하고 커다란 공 아뢸 수 있으랴
긴 갓끈에 오랑캐 추장 머리 매달지도 못했으니
멀리 산동의 한 꼬마에게 부끄럽기만 하구나

무산군 차유리와 부령군 무수리 경계에 있는 차유령은 중요한 교통의 요지로 무산과 청진을 잇는 자동차 도로와 무산선 철도가 지난다. 신숙주는 "부령으로 읍을 옮기고 또 백성을 옮기고 보니, 산 밑에 남아 있는 성은 쓸쓸한 터로다. 여기가 옛적에는 오랑캐의 소굴이었는데, 현재는 지나는 곳마다 왕의 은혜를 입고 있도다"라고 노래했고, 이명환도 다음과 같은 시를 지었다.

남북으로 동서 이백 리 길을
온종일 가도 인적은 아득하네
나지막한 산도 겨울 눈 맞아 희디희고
숲 건너 들판의 냇물 마침내 맑디맑네
성곽과 누각이 돌연히 펼쳐진 곳에
뽕과 삼, 닭과 개는 언제부터 있었나
무릉의 바위 아래 복사꽃이 떨어지니
고깃배 끌어다가 골짜기로 먼저 들어가네

고말반도를 중심으로 발달한 청진항

부령 바로 아래가 청진淸津이다. 부령부 산하 청하면에 소속된 60여 호에 불과한 한적한 어촌이었던 청진이 현대적 항구로 탈바꿈한 것은 1908년 개항 이후부터였다. 1914년 경서부로 승격했고, 1929년 함경선이 개통되면서 대륙의 목재 및 지하자원의 집산지와 수송 거점으로 자리를 잡았다. 그 후 1944년 수성과 나남을 흡수하면서 청진시가 되었고, 도청이 경성으로 옮겨 오면서 크게 발달하기 시작해 동해안 최북단의 최대 항구가 되었다. 1960년 10월 직할시가 되었으며 그 뒤 다시 함경북도에 편입되었다가 1977년 11월 또다시 직할시가 되었고, 1985년에 일반시로 환원되었다. 이곳 청진에는 관북 특유의 애수에 찬 근대 민요 〈애원성〉이 전해 온다.

바다에 흰 돛 쌍쌍이 돌지만
외로운 사랑에 눈물만 겨워라
(후렴) 에얼사 좋다 어널널 너리고 상사디야

세월아 네월아 네가 가지를 마라
가난한 후걸이 다 늙어 간다

살살 바람에 달빛은 밝아도
그리는 마음은 어제가 오늘이라

간다 간다 나는 돌아를 간다
간다 해도 아주 갈까 정은 두고 간다

오늘 밤은 그 얼마나 갔는지
북두야 칠성아 앵돌아졌네

삼천리강산 넓기는 하지만
너와 나와 갈 곳은 그 어디란 말가

빛길 같은 두 손을 이마에 얹고
님 행여 오시는가 바다를 본다

이 얼마나 애달픈 사랑 노래인가. 청진에는 경성만과 해발 182미터의 고말반도가 있어 항구로 발달하기에 좋은 여건을 갖추고 있다. 고말반도는 북쪽으로 갈수록 점점 높아지면서 쌍연산, 고말산 등을 이루며 이 산들은 항구의 북쪽 벽을 이룬다. 서북쪽으로 고성산이 있다. 서쪽으로 나남에 이르는 길목에 넓은 수성평야가 펼쳐지고 수성천이 흐른다. 청진은 바다와 인접해 여름에는 시원하고 겨울에는 큰 추위가 없는 따뜻한 항구다. 주요 수산업 기지로 원양 어업의 근거지이기도 하지만 금속, 기계, 건재, 화학 등 중공업이 발달했으며, 김책제철소, 청진조선소, 청진제강소가 있다.

2

관모봉엔 흰 눈이 덮여 있고

나라 안에서 두 번째로 높은 관모봉

청진에 인접한 군이 경성군鏡城郡이다. 경성만 연안에 있는 군으로 서쪽은 어랑군, 남쪽은 연사군, 북쪽은 청진시에 맞닿으며, 경성군의 본래 이름은 우롱이于籠耳이다. 《요동지遼東志》에 목랑고木郞古라고 기록된 경성은 오랫동안 여진족에게 점령되어 있었다. 고려 예종 2년(1107)에 윤관이 여진족을 몰아내고 성을 쌓았다고 하나, 명칭은 자세하게 기록되어 있지 않다. 뒤에 원나라에 편입되었던 것을 공민왕이 수복했다. 조선에 들어와서 태조 7년(1398)에 비로소 현재의 명칭을 사용하고 만호를 두었다. 《세종실록지리지》에 "땅이 기름지다"고 기록된 경성의 당시 호수는 309호이고, 인구는 9031명이었다. 세종 18년(1436)에 도호부로 승격했고, 1896년 함경북도의 수부首府로 관찰사를 두었다가 1920년 도청을 경성에서 나남으로 이전했다. 1977년에 청진시에 편입되었으나 1985년에 다시 분리되어 함경북도에 편입되었다.

《여지도서》에는 경흥도호부의 풍속이 다음과 같이 실려 있다.

> 꾸민 데가 없이 수수하나 학문하는 이가 적다. 습성과 기운이 굳세며 활 쏘고 말 타는 일에 전념한다. 북방 오랑캐가 한 번 물러난 뒤로 100년 동안 나라가 태평하여 학문과 교화가 점차 행해지고 학문을 연구하는 무리가 점점 성해지고 있다. 지방의 풍속이 서투르고 무식하여 무당이 지내는 제사를 숭상한다. 땅 기운이 항상 차가운데 삼베와 모시를 입고 한 해를 마치니, 살아가기가 매우 힘들다.

경성군은 해안 지대를 제외하고는 모두 산지다. 백두대간이 지나가는 서쪽 지역에는 높고 험한 산들이 자리 잡고 있다. 도정산, 관모봉, 설령, 궤산봉, 만탑산 등 해발 2000미터가 넘는 산들이 솟아 있다. 경성군 매향리와 연사군 삼포리 경계에 있는 관모봉은 백두대간의 길목을 지나는데, 해발 2540미터로 백두대간에서 백두산 다음으로 높다. 산 정상은 6월이 되어도 눈이 녹지 않고 8월이면 다시 눈으로 덮인다. 그래서 사시사철 눈에 덮여 흰 관을 뒤집어쓴 것처럼 보인다 하여 관모산이라 했고, 옛날엔 장백산長白山이라고도 불렀다. 고려 말 문신 이색李穡은 한만호韓萬戶를 보내며 쓴 시에서 이 산을 이렇게 묘사했다.

> 장백산은 높고 험준하며
> 철령관은 우뚝하여

개마고원 쪽 백두산

백두산 정상 천지로 오르는 길은 걸어가는 길과 모노레일을 타고 가는 길이 있다.

몇 천 리나 뻗어 내려
천연의 요새로 넘어 다닐 수 없는데
해단奚丹의 여러 종족들이 산짐승처럼 살면서
활과 화살을 휘두르며 다니고 싸우는 것을 생활로 하고 있으니
이 지역을 다니며 살펴보니 기다란 탄식이 절로 나네
가을 풀이 쓸쓸한 가운데 윤갈이 묻혀 있도다
(…)

경성군의 동쪽은 평탄한 평야 지대를 이루며, 북부엔 오촌천, 중부엔 온포천, 서부엔 포로천이 흐른다. 백호白湖 임제林悌가 경성 판관으로 부임하는 친구에게 써 준 작별 시 한 수를 보자.

원수대元帥臺 앞바다는 하늘과 맞닿았는데
일찍이 책과 칼 지니고 오랑캐 털방석 위에서 취했네
음산陰山에는 팔월에도 항상 눈발 흩날리니
눈발이 긴 바람 따라 춤추는 자리에 떨어지네

경성의 자랑거리 가운데 하나가 온천이다. 400년 역사를 이어 내려와 북한의 명승지 제18호로 지정된 온포온천과 경성온천, 관모온천, 생기령 온천이 가장 잘 알려져 있다. 또한 경성자기가 이름이 높고, 토표土豹라고 부르는 스라소니, 청서靑鼠라고 부르는 날다람쥐, 전어鱣魚라고 부르는 철갑상어, 마어麻魚라고 부르는 삼치 등이 이곳의 특산물이었다.

경성군의 남부인 어랑면, 주복면, 주남면을 중심으로 1952년에 어랑군이 신설되었는데, 이곳에 북한 천연기념물 제327호와 제328호로 지정된 자연 호수 무계호와 장연호가 있다. 1952년 어랑군의 일부 지역이 화대군과 화성군으로 넘어갔다.

칠보산, 개심사를 품은 함북의 금강산

명천군은 함경북도 남부에 있는 군이다. 동부는 동해, 서부는 길주군, 남부는 화대군, 북부는 화성군과 경계를 이룬다. 본래 길주의 명원역이었던 명천이 현이 된 것은 중종 7년(1512)이다. 백성들이 꾸밈없이 수수하며 꿋꿋하고 굳세어 굶주림과 추위를 잘 견딘다. 풍속은, 활쏘기와 말타기를 숭상하여 시문 짓기나 그림 그리기를 익히지 않는다. 오로지 밭농사에 힘써서 물을 대서 이익을 얻는 경우가 적다.

무명이 나지 않아 삼베옷을 지어 입을 뿐이다. 종들이나 가난한 사람들은 추운 겨울 부역을 할 때면 개가죽으로 옷을 만들어 입는다. 살아가기가 가난하여 고생스러우니 화려하게 사치하는 풍습이 없다. 초가집이나 토담집에 사니 매우 처량하다.

상중에 있는 사람은 예법을 잘 지켜 자신의 목숨을 잃게 되더라도 고기를 먹는 사람이 드물다. 혼인의 경우 여자 집에서 청혼하는 것을 수치로 여겨서 때를 넘긴 사람도 더러 있다. 질병에 걸리면 무당에게 홀려 빠지며 부정한 귀신에게 드리는 제사를 숭상했는데, 중세 이후로 풍습이 변하여 학문에 뜻을 둔 백성이 많아졌고, 병에 걸리면 또한 의원을 찾아 약을 먹지 무당에게 비는 사람은 드물다.

또 백성들이 패거리를 지을 줄을 몰라서 비록 굶주림을 만나 좀도둑질을 하는 경우 외에는 무리들을 불러 모으는 명화적明火賊이 없다. 대개 백성들이 제 농장農庄에 따라 두메산골에 흩어져서 사니, 강도를 두려워하지 않는 것은 이 때문이다.

《여지도서》에 실린 명천군明川郡이다. 명천군 북쪽 5리에 있는 명원역은 이시애가 패하여 이 역의 북쪽으로 왔다가 부하인 이주 등에게 묶여서 원수元帥에게 보내졌던 곳이다. 명천군 하가면을 지나 하고면에 송덕사라는 절이 있고, 명천군 상고면에는 나라의 명산인 칠보산이 있다. 칠보산은 화성군, 화대군, 명천군, 어랑군의 경계에 있는 산이다.

칠보산七寶山이라는 이름은 금, 은, 진주, 산호, 산삼을 비롯한 일곱 보물이 묻혀 있다 해서 붙여진 것이지만 산삼을 캔 것 외에 금은보화를 발견한 적은 없다고 한다. 칠보산의 형승이 《여지도서》에 자세히 나와 있는데 다음과 같다.

칠보산은 관아의 동남쪽 56리에 있다. 장백산에서 비스듬히 뻗어와 동쪽으로 재덕산성의 성터를 이룬다. 재덕산에서 동남쪽으로 40리쯤이다. 흩어져 여러 봉우리를 이루니, 이른바 천불봉, 만사봉 등의 봉우리가 높고 험하여 빼어남을 다툰다. 개심대開心臺, 회상대會像臺 등의 대臺는 비스듬한데 탁 트인 전망을 지니고 있다. 금강굴과 삼부도 등은 모두 그윽하고 엄숙하며 이상야릇

하여 함경도의 명승지를 이룬다.

이렇듯 칠보산은 그 영역이 대단히 넓다. 내칠보, 외칠보, 해칠보로 나눌 수 있는데, 내칠보에는 만사봉, 천불봉, 종각봉 같은 산봉우리들과 금강담, 구용소 같은 연못 등 볼거리가 많다. 외칠보에는 우뚝 솟은 봉우리들이 많으며 만물상 지구는 세상에 존재하는 만 가지 모습의 집합체로 불릴 만하다.

칠보산은 특히 환희고개에서 바라볼 때 가장 아름답다고 한다. 칠보산의 절경에 흠뻑 취해서 환희의 감탄사를 지를 것 같다고 해서 지어진 환희고개에 오르면 멀리 외칠보가 보이고 오봉산, 금강봉, 망월대, 무희대, 기와집바위 등이 보인다. 무희대는 칠보산이 너무도 아름답게 보여서 천상의 선녀들이 내려와 노래와 춤을 즐겼다는 곳이고, 금강봉 아래의 금강굴은 높이 2.5미터에 폭 12미터, 깊이 20미터의 천연 동굴로 200여 명이 너끈히 들어갈 수 있다. 금강봉과 금강굴은 북한 천연기념물 제315호로 지정되었다. 이 밖에도 해칠보에는 뛰어난 절경을 자랑하는 솔섬과 홍문虹門 또는 홍암虹巖이라 불리는 무지개바위와 촛대바위가 있다. 이곳을 찾았던 조선 후기 문신 권시경權是經은 다음과 같은 시 한 편을 남겼다.

함경도의 경치 좋다 이름난 칠보산에는
빙빙 돌아가는 산속 좁은 길 구름 사이로 나오네
바깥으로는 성곽을 둘렀으니 겹겹이 절벽이고
가운데는 연꽃에 새긴 듯 뾰족이 봉우리 솟았네

굴의 이름은 금강굴이니 빼어난 경치가 많고
천 명 부처 같은 천불봉도 기이한 광경이지
올라가 보는 곳곳마다 모두 신선의 경치라서
틈타 얻은 이번 행차 한나절의 한가함이었지

칠보산 아랫자락에 길주군이 있다.

이시애 난의 진원지 길주

길주군吉州郡은 고구려의 옛 땅이었으나 오랫동안 여진족에게 점령되었던 것을 윤관이 여진족을 몰아낸 뒤 길주라고 했다. 조선 태조 7년(1398)에 길주목으로 고쳤으나 세조 13년(1467)에 이시애가 이곳에서 반란을 일으키자 이를 토벌한 뒤 현으로 강등하여 길성吉城이라 했다. 그 뒤 중종 7년(1512)에 다시 길주목이 되었다가 다음 해에 현으로 강등되어 명천현이 되었고 선조 38년(1605)에 길주목이 되었다. 백두대간이 지나는 길목에 자리한 길주군에는 해발 2000미터가 넘는 웅장한 산에 수많은 탑 모양의 봉우리들이 불쑥불쑥 솟아올라 마치 만물상처럼 보이는 만탑산과 만두산 등이 있고, 남대천과 그 지류인 사하북천과 금천천이 흐르고 있다.

길주목이 현으로 강등되는 원인을 제공한 이시애李施愛는 길주에서 태어났다. 지방 호족의 아들로 태어난 그는 조선 초 실시된 북방민 회유

정책으로 벼슬길에 나설 수 있었다. 그런데 세조는 왕권을 확립하자 차차 서북 지역 사람들의 등용을 억제하고 지방관을 직접 중앙에서 파견하여 중앙 집권 체제를 강화하기 시작했다. 또한 수령들에게 지방 유지들의 자치 기구인 유향소留鄕所의 감독을 강화하게 하여 중앙 출신 수령들과 유향소는 서로 사이가 좋지 않았다.

회령 부사를 지내다가 상을 당하여 관직을 사퇴한 이시애는 유향소의 불평불만과 백성들의 지역감정에 편승해서 동생 이시합, 매부 이명효와 함께 모반을 준비한 뒤 세조 13년(1467) 5월에 반란을 일으켰다. 그가 "남도의 군대가 바다와 육지로 쳐 올라와서 함길도 군민을 다 죽이려 한다"고 선동하자 흥분한 함길도의 군인과 민간인들이 유향소를 중심으로 일어나 다른 도 출신 수령들을 살해하는 등 함길도는 대혼란에 휩싸이게 되었다. 또한 이시애는 중앙에서도 병마절도사 강효문 등이 서울의 한명회, 신숙주 등과 결탁하여 함길도 군대를 이끌고 서울로 올라가서 모반하려 하여 민심이 흉흉하니 함길도 사람을 수령으로 삼기 바란다는 모략 전술을 폈다. 세조는 이에 속아 신숙주 등을 투옥했다가 곧 구성군龜城君 준浚을 병마도총사로 삼아 토벌군을 출동시켰다.

이시애는 여진족까지 끌어들이며 대항했으나 허종, 강순, 어유소, 남이 등이 이끄는 3만 군대가 홍원과 북청을 돌파하고 이원利原의 만령蔓嶺에서 주력 부대가 격파되자 길주를 거쳐 경성으로 퇴각한 뒤 여진으로 도망치려 했다. 당시 사옹별좌 벼슬에 있던 이시애의 처조카 허유례는 아버지가 억지로 이시애 일파에게 끌려갔다는 소식을 듣고 이시애의 부하인 이주와 황생 등을 설득하여 이들과 함께 이시애 형제를 묶어 토벌군에게 인계했다. 이시애 등은 토벌군의 진지 앞에서 목이 잘린 뒤 조선 팔도에 효시됨으로써 3개월에 걸쳐 함길도를 휩쓴 이시애의 난은 평정되었다. 이 난으로 길주는 길성현으로 강등되고 함길도는 남과 북 2도로 분리되었으며 유향소도 폐지되었다. 난을 평정한 구성군 준과 조석문, 어유소, 허종, 허유례 등 41명은 조선의 제6차 공신인 정충적개공신精忠敵愾功臣으로 녹훈되었다.

한편 길주에는 고려시대에 여진족을 몰아내고 쌓은 9성 중 하나인 공험진公嶮鎭 외에도 서북진西北鎭, 선화진宣化鎭, 다신산성多信山城이 유적으로 남아 있다. 조선 전기 명재상이자 청백리로 이름 높았던 황희黃喜는 길주에 온 뒤 "나이 일흔에 3000리 밖 왕의 명을 받들고 오니, 멀고 먼 지역 땅이 끝난 곳이로다. 다행히 주인이 정중한 마음으로 대해 주어서, 늙은 얼굴 센 머리털에도 오히려 운치 있게 지내도다"라고 하여 먼 곳에 온 여정을 시로 피력했다. "풍속이 중후하며 순박함을 좋아한다"고 《여지도서》 실린 길주에서 생산되는 삼베인 길포吉布는 예로부터 그 품질이 우수하고 발이 곱기로 유명했다. 김삿갓 김병연金炳淵의 시에서도 길주를 만날 수 있다.

> 길주吉州 길주 하나 길한 고을 아니요
> 허가許哥 허가 하나 허가하지 않네
> 명천明川 명천 하나 사람들은 밝지 못하고
> 어전漁佃 어전 하나 먹을 생선 없구나

길주군에 속한 성진城津에 숙종 27년(1701) 진이 설치되었고, 1898년 개항하면서 학성군鶴城郡이 되었으며, 1941년 성진읍이 성진부가 되면서 학성군과 분리되었다. 그 뒤 성진시가 되었다가 1951년 성진시는 김책시로, 학성군은 김책군으로 바뀌었다. 1961년에는 김책군이 김책시에 흡수되었다. 김책이라는 지명은 김일성과 만주 시절부터 함께 활동하고 소련에서 돌아와 인민군 창설에 깊이 관여했으며, 한국전쟁 당시 전선사령관이었다가 1951년 1월에 전사한 김책金策의 업적을 기리기 위해 붙여진 것이다.

백무고원 일대에 자리한 무산군

길주 북쪽에 있는 무산군茂山郡은 함경북도 북서부에 있는 군으로, 도내에서 가장 넓은 면적을 차지한다. 옛 관아의 서쪽에서 백두산이 발원하고 백두산에서 발원한 두만강이 천평을 지나 하구인 녹둔도로 가는 길목에 자리한 지역이 바로 무산군이다. 두만강 서쪽은 연사군, 남쪽은 경성군, 동쪽은 부령군·회령시, 북쪽은 두만강과 접한다. 광복 전까지만 해도 백두산을 비롯하여 함경북도의 3분의 1을 차지하는 백무고원 일대를 모두 포함했으나, 1952년 행정 구역 조정 때 연사군, 백암군, 대홍단군, 삼지연군으로 분리되어 현재는 북부 산간 지역 일부만 차지하고 있다. 1977년 함경북도에서 분리되어 청진시에 넘어갔다가 1985년에 다시 분리되어 함경북도로 편입되었다.

《여지도서》에 소개된 지역 풍속을 보자.

> 북쪽 지방의 풍속에는 무명이 없고 삼베도 사용하지 않는다. 누에나 뽕, 논도 매우 드물다. 기장이나 조, 보리와 귀리를 심어서 살아갈 바탕으로 삼는다. 바닷가가 아득히 멀어서 물고기나 소금이 매우 귀하다. 풍속이 꿋꿋하고 굳세어 오로지 활쏘기나 말타기만 한다. 문예文藝를 업으로 하지 않아 백성들의 풍속이 서투르고 단순하다.

무산군에는 도정산, 고성산, 대련골산, 검덕산 등이 솟아 있고, 우리나라에서 두 번째로 높은 고원 지대인 백무고원이 북쪽으로 연결된다. 특히 부령군 서산면과 회령군 창두면 경계에는 해발 606미터의 무산령이 높이 솟아 있는데, 그 부근에 부령팔담富寧八潭의 경치가 펼쳐진다. 큰 하천으로는 두만강에 흘러드는 연면수, 성천수가 있고, 성천수 상류에는 마양저수지가 있다. 무산을 거쳐 회령에 도착한 김창협金昌協의 시를 보자.

> 차유령 꼭대기엔 다니는 사람 드물고
> 죽돈파 앞에는 농사 이제 시작했네
> 지난날 오랑캐가 말과 양 기르던 곳
> 아직도 성과 보루 그때 이름 남았구나

무산군 서쪽에 연사군延社郡이 있다. 연사군은 광복 전 무산군 관내 상남사上南寺, 연남사延南寺 구역에 해당하는 지역이었는데 1952년 행

ⓒ 권태균

백두산 천지 아래 북측 경비 초소

중국과 국경을 이루는 백두산 천지 일대는 인민군이 지키고 있다.
인민군 청년의 수줍은 미소가 인상적이다.

정 구역 개편 때 무산군 연사면의 전 지역과 삼장면 일부 지역을 묶어 하나의 군이 되었다.

도정산, 관모봉, 투구봉, 대덕산 등 해발 2000미터가 넘는 높은 산들이 솟아 있는 연사군 삼포리에는 북한 천연기념물 제329호 천상수아흔아홉굽이가 있다. 우리나라에서 가장 높은 곳에 위치한 하천으로, 지각의 융기와 하강으로 깊은 계곡이 형성된 것인데 그 규모가 웅장하고 주변 경치가 빼어나다. 강폭은 2~4미터이고, 깊이는 2~10미터에 이른다.

3

봄도 넘기 어려운 함관령

함주군에 있는 용흥강

함흥 서쪽에 함주군咸州郡이 있다. 함흥을 중심으로 발달하여 함흥과 같은 역사를 지닌 함주군은 1931년에 함흥면 전부와 북주 동면 일부를 떼어 함흥부를 만들면서 함흥군의 나머지 지역이 함주군이 되었다. 1944년에는 흥남읍이 흥남부로 승격되면서 함주군에서 분리 독립했고, 정평군 선덕면이 함주군에 편입되었다. 함주군에는 백두대간이 지나는 백산, 향로봉, 노란봉 등과 천의산, 백운산이 솟아 있으며, 용흥강이 흐른다. 《신증동국여지승람》 〈함경도〉 영흥대도호부에 따르면 용흥강은 본부 동북쪽 2리에 있으며 옛 이름은 횡강이다. 그 근원이 네 곳이 있는데, 첫째는 비류수, 둘째는 마유령, 셋째는 애전현, 넷째는 양덕현 경계의 거차령이다. 신룡당을 지나 진정사 서쪽 절벽 아래에 이르면 창경연이 나오는데, 아래쪽엔 넓은 여울이 있고 그 가운데에 흰 말과 같은 형상의 돌이 있어 그 돌이 잠기고 드러나는 것으로 물의 깊이를 알 수 있었다고 한다.

함주군에 맞붙어 있는 군이 영광군榮光郡이다. 함주군 북부를 떼어 내 1981년 군이 된 영광군은 김일성의 영광을 위해 영광군이라 이름 붙였다고 한다. 이 군에는 황초령, 마대산, 노란봉, 천의산, 백은산이 솟아 있고, 그 아래를 성천강 중류가 흐른다. 영광군과 장진군 사이에 있는 황초령黃草嶺은 사철 안개와 찬바람이 심하여 풀만 무성하다가 누렇게 변한다고 하여 붙은 이름이다. 이 고개는 예로부터 함흥과 장진 사이의 부전령 산줄기를 넘나드는 중요 통로로 이용되어 왔으며, 이곳에 신라 진흥왕 28년(568)에 건립한 황초령 진흥왕순수비와 산허리 24킬로미터를 뚫어 만든 장진강발전소가 있다.

그 영광 바로 북쪽에 위치한 장진군長津郡은 옥저와 발해의 땅이었다. 조선시대에는 삼수군에 속했고 1897년 삼수의 남부를 나누면서 장진군으로 승격했다. 장진이라는 이름이 붙은 이유는 황초령, 설한령, 한대령의 세 물이 합류하여 북쪽의 삼수군 신갈파진 사이를 지나 압록강으로 흘러가기 때문인데, 압록강의 가장 긴 지류로 길이는 266.3킬로미터다. 하천은 장진강과 그 지류인 신대천, 신흥천, 백암천, 구읍천이 있는데, 장진강 물줄기 중간에는 1934년에 조성된 인공 호수 장진호가 있는 장진고원이 있다. 장진고원(개마고원)은 남북 길이 60킬로미터, 동서 길이 50킬로미터, 해발 평균 1400미터로 대부분 험준한 고지대에 형성되어 있다. 서쪽에 희색봉, 아득령, 와갈봉, 동백산 등의 높은 산들이 솟구쳐 있고, 남쪽에는 유린산, 문암산, 황초령 등이 솟아 동해 방면을 향하여 급경사를 이루며, 북쪽은 해발 1000미터 내외의 고원 지대를 형성한다.

장진 동쪽에는 신흥군新興郡이 있다. 일제 강점기인 1914년에 함흥군의 일부와 홍원군, 장진군의 일부를 합쳐 군이 된 신흥군은 부전령을 중심으로 사면의 남쪽은 성천강 상류의 저지대, 북쪽은 개마고원의 남단인 부전고원으로 양분된다. 백산, 차일봉, 용암산, 옥련산 등의 험준한 산이 있으며, 신흥군의 북부와 김형권군의 경계에 솟아 있는 금패령禁牌嶺에서 성천강이 발원하여 신흥과 영광을 지나 함흥시에서 동해로 흘러든다. 고갯길로는 신흥군과 부전군을 잇는 부전령과 신흥에서 김형권군으로 가는 금패령이 있다.

천불동 골짜기에는 부처들이 서 있고

금패령에는 다음과 같은 전설이 전해 내려온다. 옛날 관북의 민정을 살피기 위해 이곳까지 온 암행어사가 이 험한 산을 넘다가 그만 기진맥진해 산 중턱에서 쓰러졌다. 이때 산나물을 캐던 젊은 여인이 암행어사를 발견해 목숨을 구해 줬다. 이에 암행어사는 그녀에게 은혜를 갚기 위해 송어 잡는 발과 옷감을 선사하고, 자기가 쓰러졌던 고개에는 아무나 함부로 넘지 못하도록 통행금지 푯말을 세워 여행자의 안전을 도모했다. 그 뒤부터 이 고개를 금패령이라 부르기 시작했다고 한다.

또한 신흥군新興郡에는 천불산千佛山(1455미터)이 있는데, '기이한 암석이 저마다 다른 불상과 같다고' 해서 이름 지어진 산이다. 나라를 세운 단군이 이곳에 와서 지제선인持提仙人을 만난 곳이라 하여 지제산,

기자가 이곳 정상에서 천상의 풍류 음악을 들었다 하여 풍류산 그리고 도선道詵이 이곳에 1000개의 탑을 쌓았다 하여 천탑산이라고도 부른다. 산 정상에는 갖가지 모양의 바위들이 수없이 솟아 있고 계곡에는 폭포와 기암괴석을 비롯한 울창한 숲이 펼쳐진다. 시왕봉, 향로봉, 천령, 아미타불고개, 천불동 등이 있는데 천불동 골짜기에는 부처 형상을 한 수백 개의 바위들이 늘어서 있었다고 하며, 신라 후기 고승 도선국사가 머물렀다는 길이 40미터 정도의 석굴과 부전강발전소가 있다.

이곳 신흥군에 전해 오는 구성진 〈삼베타령〉의 한 대목을 보자.

> 노다가 죽어도 원이라는, 이 삼을 삼다가 죽으면 나는 어이하리오. 홍 응 응 에헤야, 세월아 봄철아 가지를 말아라. 알뜰한 여자가 다 늙어 간다. 홍 응 응 에헤야, 모란봉 고지에는 안개가 도는데, 우리네 여자들은 삼삼기나 합시다. 홍 응 응 에헤야.

신흥면과 인접한 홍원군洪原郡의 옛 이름은 홍긍洪肯 또는 홍헌洪獻이다. 조선 태조 7년(1398) 홍원으로 고쳐 함흥부에 속하게 했다. 1895년에 함흥부 홍원군으로 고쳤으며, 다음 해에 함경남도 홍원군으로 개편되었다. 고려 말 문신 김구金坵는 홍원을 "땅이 궁벽하니 구름과 연기가 고색 짙고, 언덕이 나지막하니 나무와 나무들이 평평하다. 장안이 몇 리나 되는고, 머리를 돌려 보니 정을 견딜 길이 없구나" 노래했고, 《여지도서》에는 "예의를 숭상하며, 꾸밈없이 수수한 성품을 높이 여긴다"고 실려 있다.

이곳 홍원에 자리한 향파산香坡山은 예전에는 묘봉산妙峯山으로 불렀다. 《신증동국여지승람》에 따르면 관아의 동쪽 35리에 있는 이 산은 북청과의 경계인 후치령厚峙嶺에서 줄기가 뻗어 나온다. 이 산에 올라가 보면 천 리의 산천이 모두 무릎 아래에 있으며, 끝없이 너른 바다가 눈앞에 있는 듯하여 거침없이 세상을 버리고 훌쩍 신선이 되어 하늘로 날아가고픈 생각이 든다. 이 산 위에 도솔암이라는 절이 있다. 예로부터 전해 오는 이야기에, 원나라 태조가 보낸 사신이 이곳에서 불공을 드렸으며 신령스럽고 기묘한 땅이라고 칭찬했다고 한다. 이곳에서 기도하면 효험이 많다고 하며, 참선하는 승려들이 주로 머물렀다고 한다. 이곳 홍원 관아의 객관인 홍헌관洪獻館을 두고 이사상李師尙이 다음과 같은 시를 지었다.

작은 누각에 거센 바람 서늘하고
외로운 성에 눈비 자주 내리네
벗과 함께 말술 주거니 받거니
종은 다시 등잔 심지 끝을 자르네
땅이 다한 동쪽 바다 아득하고
하늘 높이 북쪽 바라보니 머네
장군 막사에서 나는 늙었으니
온갖 일 이루지 못하고 말았네

함경남도 함주군 덕산면과 홍원군 문학면 경계에는 해발 450미터의 함관령咸關嶺이 있다. 《여지도서》에 따르면 "관아의 서쪽 30리에 있다. 함흥과 경계가 서로 맞닿는다. 고갯길은 험준하고 바위 골짜기는 깊고 험

삼지연 공항

삼지연 공항은 백두산으로 들어가는 관문이다.
평양에서 비행길에 올라 삼지연 공항에서 내려 다시 육로로 백두산에 오르게 된다.

삼지연 함관령 가는 길

함관령 일대는 많은 절벽과 드러난 화강암으로 산세가 험하며
예로부터 북동쪽에서 함흥으로 들어오는 관문이었다.

하니 길이 좁고 험한 마릉馬陵이나 정형井陘(위나라의 옛 지명)과 다름이 없다. 그런 까닭에 조정에서는 그곳에서 나무를 하거나 소나 말을 키우지 못하게 하고, 나무가 울창하게 그늘을 드리우게 하여 유사시에 군사들을 숨겨 놓을 곳으로 삼았다" 한다. 함관령을 지나던 김삿갓은 다음과 같은 시를 남겼다.

사월 함관령에
북청 군수는 추위에 떨고
두견꽃은 이제야 피니
봄도 힘이 드는가 함관령을 오르지 못하네

함관령 산줄기에는 발의봉, 팔봉, 솔개봉 등의 높은 산이 솟아 있고 함관령 뒤쪽 줄기에는 차유령이 있다. 이 고개는 산길은 험하지만 그리 높지 않아서 사람들이 이곳으로 많이 오갔다. 고개의 정상 부근은 골이 깊고 경사가 비교적 급하며 많은 굴곡이 있으나 길의 너비가 넓어서 예로부터 홍원과 함흥, 원산을 잇는 관북 중부 해안 지방의 중요한 종단 교통로였다.

이성계가 고려 말 동북면 병마사였을 때 고려를 침입한 원나라의 나하추 부대를 바로 함관령에서 섬멸했다. 이에 순조 28년(1828)에는 동쪽으로 약 2킬로미터 떨어진 영상리에 이성계의 전공을 기념하는 달단동 승전기적비와 비각을 세웠다. 시내의 반룡산에는 이성계가 말을 타고 무예를 익혔다는 치마대馳馬臺가 있다.

함경남도 동해안 중부에 있는 신포시는 본래 홍원군과 북청군에 속했다.

조선시대에 신포진이 있던 이곳은 1937년 읍으로 승격했고, 1960년 신포시가 되었다.

북청 물장수

토지는 메마르고 주민은 드문데, 고을에는 병영 아래 세 관아가 있어서 온갖 잡역이 다른 고을에 견주어 갑절이나 무거우니 백성들의 고통이 치우치게 심하다.

예로부터 고을 사람 가운데 부릴 수 있는 종이 있는 사람은 열에 한둘이었다. 학문에 뜻이 있는 사람도 몸소 호미를 쥐느라 학업에 매진할 겨를이 없었다. 그 가운데 두드러진 사람은 힘을 마음껏 발휘해 다행히 문과에 합격하기도 하고, 더러는 생원이나 진사가 되었다. 예전에 우리 태조께서 왕위에 오르시기 전에 종이 없는 상황을 꿰뚫어 보시고 당시에 도내의 여러 양반들에게 고공雇工을 주어 보존케 했는데, 지금은 없앴다. 남자는 농사에 힘쓰고 여자는 베실을 짜 먹을거리와 입을 거리를 마련하지만 배고픔과 추위를 면하기 힘들다. 더욱이 의원이나 약도 없으니 만약 질병이라도 걸리면 무당이나 박수를 통해 귀신에게 빌며 병이 낫기를 기다린다. 예의를 차릴 틈이 없어 교양이 없고 단순함이 풍속이 되었다.

노봉老峯 민정중閔鼎重이 함경도 관찰사가 되었을 때 도내의 여러 선비들을 불러다가 《소학》과 《가례》를 설명하며 가르치다가 짬을 내어 또 향사례와 향음주례를 가르쳤다. 이 고을의 진사 맹도전이 배우고 익혀 고을 선비들에게 서로 전해 주니 관혼상제의 예절과 향사례, 향음주례가 대충 갖추어졌다.

《여지도서》에 실린 북청北青의 풍속이다. 원래 옥저의 땅이었고 고구려와 발해의 영토였던 이곳은 그 뒤 여진족의 거주지가 되었다가 공민왕 21년(1372)에 지금의 이름으로 바뀌었다. 조선시대에 접어들면서 청주부가 되어 함흥부에 속했으나 충청도 청주목과 이름이 같아 태종 17년(1417)에 다시 북청으로 고쳤으며, 이시애가 난을 일으켰을 때 이곳에서 이시애의 반군이 크게 패했다. 1895년에 격하되어 함흥부에 속했다가 다시 북청군이 되었다. 포은圃隱 정몽주鄭夢周는 북청군에 대해 "이 지역이 옛날에 적의 땅에 빠졌던 것을 선왕께서 다시 개척하셨다. 민호가 많다 보니 온갖 풍속들이 섞여 있고, 지세가 장하여 큰 인재가 나온다. 길은 푸른 바다를 향하여 구부러졌고, 산은 말갈 땅으로 좇아 뻗어 나왔다. 짧은 옷 입고 사나운 범을 쏘는 것 보며 해가 저물어도 돌아올 줄을 몰랐다"고 노래했다.

《세종실록지리지》에는 당시 북청의 호수는 1539호, 인구는 4459명으로 기록되어 있다. 특산물은 현재 귀한 대접을 받는 사향과 곰쓸개였다.

천하의 명궁이라 불렸던 이지란李之蘭과 헤이그 밀사 사건의 주인공 이준李儁이 북청군 출신이다. 북청은 유배지로도 유명했다. 1851년 7월 추사秋史 김정희金正喜가 북청으로 유배 길을 떠났는데, 한 달 후 도착한 편지는 다음과 같다.

우리는 12일에 (회양을) 출발하여 물이 가로막은 곳과 지극히 위험한 지역을 어렵게 건넜다네. 작은 시내가 어깨를 넘고 이마까지 잠기는 깊은 물도 평지처럼 지나왔는데, 큰 내는 무릇 28곳이나 건넜고, 보통 소소한 냇물은 일일이 셀 수도 없네.

20일에 비로소 함흥에 도착하여 하루를 머물렀는데, 또 비가 내려 더 나아갈 수가 없었다네. 갈 길이 사흘 일정밖에 되지 아니하여 22일엔 비를 무릅쓰고 나아갔는데 곳곳에 물이 불어 길을 막았네.

26일에 비로소 이곳에 이르렀는데 (북청)읍과의 거리는 5리 남짓 남았다네. 큰 내는 배로 건너고 작은 내는 어렵게 건너 일행이 동문 안 배씨 집에 다다라 지금 병영의 조치를 기다리고 있네.

장백정간이 지나는 북청에는 거두봉, 종산, 대덕산, 중태령, 독슬봉 등이 산악 지대를 형성하며, 남대천이 군의 한가운데를 지나 바다로 들어가면서 함경도 내에서 이름난 평야인 북청평야를 펼쳐 놓는다. 시중대侍中臺에는 여진족 토벌을 기리는 전적 기념비가 세워져 있다. 조선 중기 문신으로 훗날 영의정에까지 올랐던 오윤겸吳允謙의 글을 보자.

지난해는 평안도, 올해는 함경도
다음 해엔 어디인지 알 수 없어라
세상에서 이내 몸은 본래 나그네 같으니
나의 길 궁벽하다고 어찌 하늘을 탓하랴
몸은 말 타고 달리기에 늙었다 탄식하고
꿈에서 돌아갈 길 찾아 훌쩍 떠나간다네

머리 허옇도록 변변치 못한 내가 가여워
보통 사람도 아니지만 신선도 아니라네

조선 중기 문신 이시발李時發도 이와 비슷한 글을 남겼다.

변방에서 객지살이하다 세월만 흐르고
언제쯤 말 타고 고향으로 돌아가려나
온갖 일이 구슬퍼져서 공연히 눈물 훔치니
한평생 품었던 계획은 이미 글러 버렸다네
세상엔 때를 만나지 못해 어려움이 많아도
그때를 향해 홀로 수고로웠다 원망 않으리
꿈속에서는 뜻밖에도 들판에서 흥을 내더니
호미 들고 달을 타고 동쪽 이랑으로 내려가네

변방에서 돌아갈 날을 그리며 자신의 신세를 한탄한 글이다. 벼슬살이로 온 것도 아니고 유배를 왔을 터이니 얼마나 많은 생각이 교차했을까? 이곳 북청에 유배를 왔던 사람으로 조선 중기의 문신인 오성鰲城 이항복李恒福도 있다. 그가 유배를 와서 살았던 옛터에 산앙정山仰亭이라는 정자를 세운 때는 숙종 40년(1714)이었다. 조선 후기 문신 박필정朴弼正이 이 정자에 올라 그를 회상하는 시를 한 수 읊었다.

한가한 날 산앙정에 올라 바라보니

푸른 산 맑은 물에 한껏 정을 머금었네
정자 남아도 사람 떠나니 장차 어찌 우러르랴
오랜 세월 남은 옛터 오랜 세월의 명성을

북청군에서 정월 대보름날 행해지던 탈놀이가 북청 사자놀음이다. 백수의 왕 사자가 잡귀를 몰아내고 마을을 평안하게 한다는 민속놀이로, 한국전쟁 뒤에 월남한 피난민들에 의해 전승되어 중요무형문화재 제15호로 지정되었다.

오늘날 북청군의 특산물로는 송이버섯과 신포의 명란이 유명하지만, 우리에게 더 잘 알려진 것은 '북청 물장수'다. 서울에 오늘날과 달리 물이 귀했던 시절이 있었다. 사람들이 많이 모여 살게 되면서 쓰레기, 분뇨, 허드렛물이 날로 늘어났다. 해가 갈수록 서울 전체가 오염되면서 청계천이나 정릉 골짜기의 물마저 오염되고 말았다. 결국 사람들은 물장수의 물을 사서 쓸 수밖에 없었다. 이렇게 산 물은 밥을 짓거나 마실 물로 쓰고, 빨랫감은 모아 두었다가 내에 가서 빨았다. 가난한 집 남자들이 주로 하던 물장수를 일제 강점기부터는 함경남도 북청 사람들이 독차지하게 되었는데, 이는 근대 문명에 일찍 눈을 뜬 북청 사람들이 자식들을 공부시키기 위해 서울에 와서 제일 쉽게 할 수 있는 일이었기 때문이다. 그들은 물을 팔고 돌아가는 길에 밥까지 공짜로 먹고 갔는데 그때마다 밥상에 올라오는 음식을 남김없이 먹어 치웠기 때문에 '물장수 상이 되었다'는 말까지 생겨났다. 이렇게 억척스럽고 부지런한 북청 물장수를 파인巴人 김동환金東煥은 시 〈북청 물장수〉에서 이렇게 그린다.

새벽마다 고요히 꿈길을 밟고 와서
머리맡에 찬물을 쏴—퍼붓고는
그만 가슴을 디디면서 멀리 사라지는
북청 물장수

물에 젖은 꿈이
북청 물장수를 부르면
그는 삐걱삐걱 소리를 치며
온 자취도 없이 다시 사라져 버린다

날마다 아침마다 기다려지는
북청 물장수

단천과 북청 사이에 자리한 이원군

북청군 북쪽에는 1952년에 새로 생긴 덕성군德城郡이 있다. 이곳에는 해발 2118미터에 이르는 희사봉이 있고, 덕성군 적동리와 김형권군 도은리 사이에는 함경남도 북청 지방과 양강도 김형권군을 잇는 해발 1325미터의 후치령이 있다.

덕성군 북동쪽에 있는 이원군利原郡의 옛 이름은 시리時利였으며, 선조 때까지 이성利城이라고 불렸으나 순조 원년(1800)에 이원현으로 바뀌었다가 1896년에 이원군이 되었다. 이원군 마운령磨雲嶺에는 진흥왕 순수비의 하나인 마운령비가 서 있다. 김수녕은 험난한 산길을 넘어가는 나그네의 슬픈 심사를 이렇게 노래했다.

아늑한 마운령의 최상단을
비틀거리며 가는 늙은 말 안장조차 못 이기네
새만이 통행하는 길이 삼천 리나 된다고 전날에 들었더니
이제 양의 창자 같은 백팔 굽이를 오르네
묵은 안개 가벼운 산 아지랑이에 옷은 반이나 젖었고
매달린 언덕 위 절벽 길은 두 눈이 차갑네
그대에게 말하노니 동쪽으로 가는 일을 이야기하지 마라
귀밑털이 서녘 바람에 또 얼룩지려 한다

《여지도서》에는 이원군에 대해 다음과 같이 실려 있다.

무릇 고을이 자리한 곳은 단천과 북청 사이이다. 규모가 좁으며 토지가 메말라 벼를 심을 수 없고 재정이 빈약하다. 경신년(영조 16, 1740) 이후 비록 교역하는 시장을 설치했지만 민간에는 장사할 만한 가게가 없으니 살아가기가 곤란하여 입는 것과 먹을거리를 대기 힘들다. 또 왕의 교화에서 멀리 떨어져서 풍속에 견문이 좁을 따름이다. 사람들은 병에 걸려도 의술이나 약을 찾지 않고 오직 무당과 점쟁이에게만 의지한다. 문장과 학문에 종사하지 않고 오로지 무예와 기술만을 생업으로 삼는다. 그런 까닭에 무예로 세상에서 자리를 잡은 사람

은 더러 있지만, 문장으로 이름을 낸 사람은 예로부터 듣지 못하였다.

이원군의 진산은 취덕산이다. 남대천과 이원만이 합해지는 이곳에는 관북의 명승지로 알려진 학사대學士臺가 있다. 학사대는 기암괴석과 넓은 바위들이 만물상을 이룬 곳인데, 수만 권의 책을 쌓아 놓은 듯한 바위가 있어서 붙여진 이름이다. 중종 때 연성군延城君 이곤李坤이 이곳을 동암東岩이라고 이름하고, 효종 때 김수항金壽恒은 유람하러 이곳에 왔다가 하늘에서 문성文星이 바다로 떨어지는 것을 보고 문성암이라 불렀다고 한다.

학사대 서남쪽에는 자연 호수인 군선연群仙淵이 있다. 군선연의 내륙에는 아름다운 산과 기암괴석이 있고 호수 변에는 넓은 백사장과 섬이 있어 예로부터 잘 알려진 명소다. 맑은 날 맞은편 연등바위에 오르면 바다 쪽에서 일어나는 신기루를 구경할 수 있다. 옛사람들은 이곳을 신선놀음하는 곳이라 하여 군선이라 이름 붙였고 경치가 좋아 쉬어 가게 된다 하여 '쉬어구미〔聖人九味〕'라고도 했다. 이곳에서 마주 보이는 곳에 연등암이 있다. 앞바다 멀리 작도와 알섬이 푸른 바다 수평선에 한 폭의 그림같이 떠 있다. 남송 해변에 떠 있는 섬인 여기암女妓巖도 절경이다. 영조 때 편찬된《여지도서》에는 신루암蜃樓巖이라고 실려 있다.

관아의 남쪽 20리, 바다 가운데에 있다. 민간에서는 여기암이라고 부른다. 이따금 바람이 잦아들 때면 누각처럼 모습이 바뀌어, 앞뒤의 바다에 담장을 두른 듯하다. 붉은 치마와 비단 저고리가 담장 사이로 너울대고, 관복을 차려입은 높은 관리들이 누각 위에 아스라이 서 있는 듯하다. 수레 덮개의 포장과 깃발이 나부끼며 줄지어 있고, 푸른빛과 붉은빛의 군복 차림을 한 휘하 군졸들이 바쁘게 뛰어다니며 오가는 듯 보인다. 사람이 혹시 가까이 가면 아무것도 없이 텅 비어 보이지 않는다고 한다.

한백겸의 고향 단천

이원군 북쪽에 단천시端川市가 있다. 여진족이 살았던 시기에는 오림금촌吳林金村이라 불렀으나 고려 우왕 때 단주端州라고 고쳤고, 지금의 이름을 얻은 것은 조선 태종 14년(1414) 때였다. 1896년에 함경남도 단천군이 되었고, 1982년 8월에 단천시로 승격되었다. 《여지도서》에 소개된 단천의 풍속을 보자.

고을이 마운령과 마천령 두 커다란 고개 사이에 있어서 함경남도와 함경북도로 가는 길이 교차한다. 토지는 메마르고 백성은 가난하여 각각 논밭이라도 있는 곳에서만 사는 까닭에 마을에는 지붕이 맞닿거나 울타리가 이어진 곳이 없다.

사람들은 서로 다투어 송사하기를 좋아한다. 부역은 무거운데, 살아갈 만한 일정한 생업이 없어서 도망하여 거주지를 옮기는 일을 가벼이 여긴다. 게으르고 느릿하여 농사일에 부지런하지 않다. 부정한 귀신들에게 제사 드리는 것을 좋아하여 재물을 허비하며, 복을 내려 주고 재앙을 물러가게 해 달라고 빈다. 서울에서 멀리 떨어져 있어서 학문과 무예를 익힌 사람도 모두 과거 공부를 중히 여기지 않는다.

오로지 상례喪禮를 정중히 지켜서 비록 신분이 낮고 천하거나 매우 어리석은 사람이라도 모두 상례를 마칠 때까지 슬퍼함을 다하며, 병에 걸려 죽더라도 임기응변하지 않고 절차대로 상을 치른다. 입고 먹는 데 매우 어려움을 겪는다. 다만 날삼〔生麻〕 한 종류만 생산한다.

백두대간이 지나는 길목에 있는 용연산, 검덕산, 만탑산, 관암산, 오보산 등의 아랫자락을 흐르는 남대천의 하류에 단천평야가 펼쳐진다. 이 지역은 산이 높기 때문에 고개도 높은데, 해발 1892미터의 쾌산령은 단천과 길주를 잇는 고갯길로 단천시와 함경북도 길주군 경계에 있으며, 해발 709미터의 마천령은 함경북도 김책시와 경계를 이루는 고개다. 옛날에 이 고개는 관북의 관문으로서 전략적 요충지였다.

《신증동국여지승람》에는 "마천령은 본군 동쪽 66리에 있다. 옛날에는 이판령伊板嶺이라 불렸다. 여진 사람들은 소를 이판이라 불렀다. 속설에 전하기를, 옛날에 어떤 사람이 산 아래서 송아지를 팔았더니 그 어미 소가 송아지를 찾아 고개를 넘어갔다. 이에 주인이 뒤를 쫓아간 곳이 바로 길이 되었기 때문에 이판령이라 이름했다"고 실려 있다. 이 고개를 넘던 조선 전기 문신 정흠지鄭欽之는 "물이 겹치고 산이 겹쳐서 지경이 한층 더 그윽한데, 난간을 의지하여 오랫동안 머물러 있었노라" 하며 먼 곳으로 떠나온 심사를 노래했다.

또한 이 지역 옛 관아의 서북쪽에 마등령馬騰嶺이라는 고개가 있다. 《여지도서》에 "두리산 뒤쪽 줄기로, 쌍청보 북쪽 150리에 있다. 야인들이 오가는 길이므로 적의 동태를 감시하는 곳이다"라고 실려 있는 것을 보면 영조 때도 여진족에 대한 경계를 늦추지 않았음을 알 수가 있다. 이 곳을 지나던 조선 중기 문신 이안눌李安訥은 다음과 같은 글을 남겼다.

단천은 옛 여진 땅이다. 서울에서 1278리 떨어져 있다. 바닷가를 따라 고을이 있다. 땅은 북녘의 산이 닿아 있으니 마운령이 그 앞에 우뚝 솟아 있으며, 마천령이 그 뒤에 높이 서 있다. 두 고개는 험난하니 구불구불한 양의 창자 같은 길이 오히려 평탄한 셈이다. 비록 왕의 은혜를 입어 옥으로 된 부절符節을 지니거나 명을 받들고 사신으로 가는 수레를 타도 친한 벗을 등지고 멀리 가야 하며 험난한 길을 거듭 지나며 어려움을 많이 겪으니 오히려 다시 고삐를 잡아 두려워 조심하더라도 재능이 있어 고생이 많다는 탄식을 할 것이다. 하물며 쫓겨난 신하나 좌천된 사람, 멀리 나온 군사나 길 떠난 나그네들이 험한 산을 넘고 거친 바다를 건너 황량한 벌판을 떠돌면서 끝없는 북쪽 바다를 굽어보거나 보이지 않는 남쪽 나라를 바라볼 때 바람을 맞으며 그리워하거나 한탄하면서 눈물 흘리지 않을 수 있겠는가? 이에 〈마운곡磨雲曲〉과 〈마천곡磨天曲〉을 지어 손님을 보내는 음악으로 삼고, 〈관산사關山詞〉 세 수를 지어 손님을 머무르게 하는 뜻으로 바친다.

높은 마운령은 위로 구름에 맞닿아
북극성도 손으로 어루만질 수 있네
천 길 높이로 깎아지른 듯 선 장검문壯劍門
위태로운 길의 험난함 이루 다 말할 수 없네

가까이할 수 없네
술동이 속엔 구더기 만 동이의 술이니
노래하고 연주하며 나그네를 위로하리라

이것이 손님을 맞이하는 〈마운곡〉이고, 다음은 손님을 보내는 〈마천곡〉이다.

마천령 위로 나무들은 짙푸르고
마천령 아래로 바다는 아득해라, 바다는 아득해라
해는 지고 구름에 잠기나 갈 곳은 멀어
어느 곳에 말을 멈추고 고향을 바라볼까
관북關北과 관남關南은 이 고개로 나누어진다네
고향에서 오는 소식 아득해 듣기 어려워, 아득해 듣기 어려워
만리장성 바람과 모래에 멀리 벗들과 헤어져
잠깐 머물러 술 마시며 거나하게 취해 보세

다음은 〈관산사〉다.

변방의 산 높고 구름 속 나무 빽빽해라
너른 바다 넘실대니 하늘과 땅은 떠 있다네
시골 풍속은 모질고 갈 길은 어득히 멀어라
그대는 무엇 때문에 멀리 와서 노니는가
하늘은 그윽하고 구름 많아 그늘지며

정일봉

침엽수림 뒤편으로 김정일이 태어났다는 정일봉이 보인다.
백두산 자락에 있으며, 1988년 '장수봉'이었던 것을 개명했다.

거센 바람 일어나니 물결 더욱 거세지네
서울을 바라보니 삼각산 언덕에 가려 있고
님을 그리려니 머리 하얗게 세려 하네
술 있는데 마시지 않으면 시름을 어이하리
거문고 연주하니 초나라 노래 높이 드날리고
두약杜若의 향기 흩날리니 초록 소매 들려지네
술잔을 가져다가 맛 좋은 술을 따르지만
시름에 겨워 슬프니 누구와 얘기할 수 있으리
그대는 취하지 않고는 돌아가지 말아 주오

한편 《신증동국여지승람》에 따르면 관아의 서북쪽 250리에 황토령黃土嶺이라는 고개가 있다. 이곳을 지나던 허균의 스승 이달李達이 시 한 편을 남겼다.

북풍 불어와 느릅나무에 떨어지고
변방 산화에 역말 길은 아득히 멀다네
객지에 있다가 아흐레 만에 돌아오다
말 위에 앉아서 국화꽃을 꺾어 드네
떠돌며 근심함에 일정한 곳이 없고
날씨도 좋으니 고향 생각이 더하다
아득히 멀리 외로운 망루 바라보니
성가퀴에 슬픈 풀피리 소리 아련하네

이곳의 특산물은 은어銀魚라고 부르는 도루묵, 곤포昆布라고 부르는 다시마, 황어黃魚, 연어鰱魚 등이었다. 단천에는 《동국지리지東國地理志》를 지은 한백겸韓百謙의 자취가 남아 있다. 서경덕의 문인인 한백겸은 판관을 지낸 한효윤韓孝胤의 삼 형제 중 장남으로 명종 7년(1552)에 태어났다. 선조 22년(1589)에 정여립의 난(기축옥사)이 일어나 처형된 이진길의 사체를 거둔 죄로 심한 고문을 받고 함경도 지방에 유배되었는데, 그가 갔던 곳이 단천 지방이었던 듯하다. "함흥에 황초령비, 단천에 마운령비가 있다"고 기록했기 때문이다. 한백겸은 유배 갔을 때 마운령의 옛날 비碑를 직접 찾아보고 이를 판독하여 순수비로 단정했다.

허천사과의 고장

허천군虛川郡은 1952년 단천군의 수하면과 풍산면의 천남면을 합쳐서 만들어졌다. 북서쪽에 동점령산, 백세봉 등의 산이 솟아 있다. 주요 농산물은 옥수수이며 특히 허천사과가 유명하다.

"흥남 부두 울며 찾던 눈보라 치던 그날 밤 내 자식 내 아내 잃고…" 한국전쟁을 경험한 사람들이 흥얼거리는 노랫가락 속에 가끔 들리는 그 쓸쓸함이 묻어 있는 흥남시 일부와 함주군 일대가 퇴조군退潮郡이 된 것은 1952년이다. 그 뒤 여러 번의 변천 과정을 거쳐 1982년 낙원군으로 이름이 바뀌었다. 김일성이 함흥 전원 회의를 주재하면서 이상향, 즉 낙원을 만들자면서 이 군의 이름을 지어 준 것이다.

한편 신흥군 북쪽 함경남도 북서부에 있는 부전군赴戰郡은 신흥군과 장진군의 일부를 병합해서 만든 군으로, 대부분의 지역이 부전고원에 있다. 부전군에는 연화산, 차일봉, 백암산, 두운봉, 울방봉 등의 높은 산이 솟아 있는데, 차일봉은 해발 2504미터로 고산 식물이 자생하고 있으며, 특히 부채꽃은 이곳에서만 군락을 이루어 자라고 있다. 북한에서는 차일봉과 양강도 풍서군 관내 북수백산 일대를 묶어 '차일봉·북수백산 식물보호구역'으로 지정하여 고산 식물을 보호하고 있다. 또한 부전군 남쪽 삼호골산에서 비롯한 부전강은 김정숙군 신흥에서 장진강에 합류하는데, 부전고원은 예로부터 대한팔경大韓八景의 하나로 손꼽혀 왔다. 안변 동남쪽 통천군과의 경계에 해발 1268미터의 황룡산이 솟아 있다. 황룡산은 백두대간이 지나는 길목에 있으며, 조선시대에는 이곳을 경계로 함경도와 강원도가 나뉘었다. 이 산의 남쪽은 흡곡읍이다.

4

삼지연에서 백두산을 바라보다

새로 만들어진 양강도

양강도兩江道는 1954년 행정 구역을 개편하면서 새로 만들어진 도다. 우리나라 북부 내륙 지방에 위치한 양강도는 동쪽은 함경북도, 남쪽은 함경남도, 서쪽은 자강도 그리고 북쪽은 압록강과 두만강을 사이에 두고 중국과 접한다.

고려 후기에 갑주만호부가 설치되었고 조선 초기인 태종 13년(1413)에 갑산군을 두면서 여러 번의 변천 과정을 겪었다. 그 뒤 1954년 함경남도 북부 산간 지대(혜산군, 삼수군, 갑산군, 풍산군 등)와 함께 서부 산악 지대(무산군, 백암군의 일부 지역) 그리고 자강도에 속했던 후창군의 일부 지역을 합하여 양강도가 되었다. 양강도는 현재 1개 시(혜산)와 11개 군(보천, 삼지연, 대홍단, 백암, 운흥, 갑산, 삼수, 김정숙, 김형권, 풍서, 김형직)으로 되어 있으며, 행정 중심지는 혜산시다.

산의 혜택으로 살아간다

'산의 혜택으로 살아간다'는 의미를 지닌 혜산시惠山市는 양강도의 도청 소재지가 위치한 곳으로 백두산 관광의 관문이다. 동쪽은 운흥군, 서쪽은 삼수군, 남쪽은 갑산군, 북쪽은 보천군과 압록강을 사이에 두고 중국의 동북 지방과 마주 보고 있다.

조선시대에 혜산진이 있었고 1942년에 혜산군이 되었다가 1954년 양강도가 생길 때 시로 탈바꿈했다. 김정숙사범대학을 비롯하여 여러 연구소들이 있어 북부 내륙 지방의 행정, 교육, 산업의 중심 도시로 발달했으며, 제당령, 운주봉, 희상봉, 대문령 등 높은 산들이 솟아 있다. 또 북쪽에는 압록강이 동서 방향으로 흐르며 서쪽의 허천강이 남북 방향으로 압록강에 흘러든다. 특산물로는 혜산돼지와 혜산양이 있으며, 특히 호프의 명산지라 맥주 맛이 독특한 것으로 국내외에 널리 알려져 있다.

삼지연군三池淵郡은 과거 무산군의 서쪽 일부에 해당하며, 1961년 함경북도 무산군 지역인 연사군 일부와 보천군 일부 지역을 합해 신설한 군이다. 동쪽으로 대홍단군과 백암군, 남쪽으로 보천군, 서쪽과 북쪽으로 압록강과 두만강을 사이에 두고 중국과 맞닿아 있다. 양강도 북동부에 있으며, 우리나라에서 가장 높은 산인 백두산이 이곳에 있다.

'백두산이 무너지나 동해수가 마르나(싸우려면 승부가 날 때까지 계속 싸워야 한다는 의미)'라는 속담이 있는 백두산 천지와 삼지연 일대를 돌아보기 위해 평양의 관문인 순안 공항에서 고려항공을 이용해 2003년 삼지연 공항을 방문한 기억이 아직도 생생하다. 노란 잎갈나무(이깔나무)와 사스래나무, 가문비나무가 듬성듬성 서 있는 삼지연 공항에 내렸는데 세계적으로도 이렇게 아름다운 공항은 없을 거라는 생각이 들었다. 나는 한 시간의 차이를 두고 평양에서 삼지연으로, 아니 가을에서 겨울로 성큼 들어섰다. 삼지연 공항은 비행기 몇 대가 서 있을 뿐이어서 공항처럼 보이지 않고 흡사 열차가 머무는 역사를 연상시켰다.

공항에서 혜산까지는 80킬로미터, 삼지연 공항에서 삼지연군 소재지까지는 16킬로미터, 갑산까지는 54킬로미터다. 삼지연군의 인구는 1만 명쯤 된다고 한다. 잎갈나무, 사스래나무, 가문비나무 군락이 끝나면서 나무 한 그루 없는 고원이 펼쳐졌다. 이름하여 천리천평千里天坪(백두산 중턱의 엄청나게 넓은 들)이다. 단군이 처음 나라를 열었다는 천리천평에는 바람이 드세다. 나무 한 그루 자랄 수 없는 땅에는 화산 폭발 당시 내렸다는 거무튀튀한 자갈들이 쌓여 있었다. 백두산 13킬로미터 푯말을 보며 백두다리를 건넜다. 홍안의 인민군이 얼굴이 파래진 채 지키고 서 있는 백두산정계비를 지나 백두역에 도착했다. 백두역에서 천지까지 2킬로미터는 모노레일을 타고 갔다.

'천지를 볼 수 있을까?' 하는 실낱같은 희망을 안고 올라간 천지의 바람은 매서웠다. 안내원은 "이곳 천지는 하루에도 열두 번씩이나 변덕을 부립니다. 백두산의 천지는 지금으로부터 약 100만 년 전에 화산이 폭발해 만들어졌습니다. 백두산은 사화산이 아닌 휴화산으로, 백두온천의 물은 74~82도를 기록합니다. 백두산 천지에는 원래 물고기가 없었는데, 1984년에 위대한 김일성 원수님께서 산천어를 넣은 뒤로 몇 년 전에는 길이 84센티미터에 무게가 7킬로그램 나가는 산천어를 잡았습니다. 백두산 천지는 변덕스러운 처녀의 마음을 닮아 알 수가 없습니다. 백두산은 특히 해돋이가 좋은데 심장을 달구고 손과 발을 얼려 봐야 그 진면목을 느낄 수가 있습니다"라고 설명했다. 그래서 그런지 우리는 백두산 천지의 위용을 볼 수가 없었다.

백두산 아래 소백산이 바라보이는 세 개의 연못인 삼지연三池淵은 군의 이름이 되었다. 수천만 평, 아니 그 크기를 헤아릴 수 없을 만큼 넓게 펼쳐진 노란 잎갈나무 숲뿐만 아니라 가문비나무와 자작나무가 병풍처럼 드리운 채 서 있는 삼지연은 바라보기가 처연할 만큼 아름다웠다.

삼지연군의 서북쪽에는 백두산을 비롯해 북포태산, 남포태산, 간백산, 소연지봉, 소백산 등의 높은 산들이 있다. 압록강과 두만강이 백두산 남쪽과 무두봉 동북쪽에서 흐르고 이명수, 포태천, 소홍단수 등의 하천과 백두산 천지, 삼지연을 비롯한 30여 개의 호수가 있다.

김일성이 항일 유격 활동 당시 잠시 쉬어 갔다고 하는 곳에 소백산을 등지고 15미터쯤 되는 대형 동상을 세워 사적지로 단장했다. 《여지도서》에 "삼지연은 관아의 서쪽 200리, 천평의 상단, 허항령虛項嶺의 아래에 있다. 연못이 맑고 깨끗하며, 물결이 흩날리는 모습이 예사롭지 않다"고 기록되어 있다. 최남선崔南善은 〈백두산 근참기覲參記〉에서 삼지연을 다음과 같이 묘사했다.

> 여기는 삼지라 하여 옛날부터 이름이 들린 곳이니, 크고 작은 여러 늪이 느런히 놓인 가운데 셋이 가장 뚜렷한 고로 삼지라 일컫는 것이라 하는데, 옛날에는 더 많았을 것이 분명하니 혹 칠성지라는 이름이 있음은 필시 일곱으로 보

이던 시절에 생긴 이름일 것이다. (…)

세 호수 중에서 크기로나 아름다움으로나 으뜸이 되는 것은 가운데 있는 것이니 둘레가 7～8리에 파란 물이 잠자는 것처럼 고요한데, 동쪽과 북쪽에는 속돌 부스러진 무게 없는 모래가 백사장을 이룬 밖으로 나직나직한 잎갈나무 숲이 병풍처럼 에두르고, 서쪽으로 들어가면서 얽은 구멍 숭숭한 돌들이 운치 있게 꾸며진 정원처럼 물가에 깔리다가 그것이 거의 다할 만하여서 잘록한 목장이가 되고, 둥글 우뚝한 조그만 섬 하나가 바로 소담스럽게 호수 가운데에 솟았는데 나무가 우거지고 돌 모양이 운치 있다.

그러나 삼지의 아름다움은 삼지 하나만의 아름다움이 아니다. 일면으로는 백두산 이하 간백, 소백, 포태, 장군 등 7000～8000척의 높고 험한 산들이 멀리서 둘러싸고, 일면으로는 천리천평이라고 하는 큰 들의 깊은 수풀이 끝없이 퍼져 나가서 웅장하고 호쾌한 갖은 요소를 다 드러내 보였으니, 이러한 외곽을 얻어서 삼지의 아름다움은 다시 몇백 배의 가치를 더하여 다른 아무 데서도 볼 수 없는 천하의 독특한 지위를 얻었다. 이러한 것은 어쩌다가 한 번 있을 일이요, 어쩌다가 한 군데 생길 것인 만큼 그 신기하고 소중함이 여간일 수 없다. (…) 삼지를 초점으로 하여 나타난 미의 한 서클은 백두산 아름다움의 클라이맥스인 동시에 실로 조화의 가장 자신 있는 대걸작이요, 인류의 가장 의의 있는 한 재산일 것이다. (…) 삼지는 세계적 절경이요, 또 두드러진 특색과 특별한 맛을 가졌기 때문이다.

김일성의 항일 전적지로 조성된 이곳에는 김일성이 항일 투쟁 당시에 외쳤다는 선동 구호를 새긴 구호나무와 빨치산의 아지트, 배움의 천리길

삼지연 백두산 가는 길

백두산으로 가는 길에 노란 잎갈나무가 먼저 마중 나온다.
고지대에서 볼 수 있는 이국적인 풍경이 펼쳐진다.

모노레일

삼지연에서 잎갈나무 숲을 지나 모노레일을 타고 올라야
백두산 천지를 만날 수 있는데, 여성 운전사 둘이 모노레일을 운전하고 있었다.

등이 있다. 삼각주 모양의 북포태산과 나라 안에서 여섯 번째로 높은 남포태산 그리고 북한 천연기념물 제345호인 이명수폭포가 있고, 특산물로는 아름답고 고기 맛이 좋은 삼지연메닭이 있다. 또한 이곳은 북한에서 손꼽히는 통나무 생산지이며, 남한에서 고로쇠나무 수액을 채취하듯 자작나무 수액을 채취하여 약용으로 가공한다.

광복 전 함경북도 무산군 삼장면의 동쪽 지역이었던 대홍단군大紅湍郡은 1978년 삼지연군의 일부와 연사군의 삼장리와 삼하리 일부를 합하여 이루어졌다. 두만강 연안에 위치하며 남쪽은 백암군, 서쪽은 삼지연군, 동쪽은 함경북도 연사군에 둘러싸여 있으며, 청산리대첩의 영웅이자 명장인 김좌진金佐鎭과 홍범도洪範圖 등이 맹활약했던 곳이기도 하다.

이명환도 이곳에 와서 시를 한 편 남겼다.

남쪽으로 서울 바라보니 이천 리 길
깃발 행렬 유유히 무산을 지나네
땅을 서수라에서 다하니 너른 바다 트이고
하늘은 북두칠성 드리우니 북극성이 밝네
산 넘고 강 건너 멀리 옴을 비로소 알았고
태평성세 말끔해진 벌판에 공손히 기뻐하네
백두산 봉우리 위에 여한이 남아서
이레 동안 눈 속 벌판을 서성였다네

김일성과 보천보 전투

양강도 북동부에 자리한 보천군普天郡은 1952년 행정 구역 개편으로 해산군 보천면과 대지면 지역을 합쳐 새로 만든 군으로, 1954년에 신설한 양강도에 편입되었다. 북쪽은 삼지연군, 동쪽은 백암군, 남쪽은 운흥군과 혜산시, 서쪽은 압록강을 사이에 두고 중국 동북 지방과 맞닿는다. 조선시대에 보천사가 있었고, 국경 지역의 요새인 보천보가 있었다. 현재 보천읍은 옛날의 보천보 지역이다. 광복 전 보천군은 함경남도 갑산군에 속했다가 광복 직전엔 혜산군 아래로 들어갔다.

보천군은 북동쪽의 백두대간을 분수령으로 하여 남서 방향으로 갈수록 낮아진다. 백두대간엔 북포태산, 최가령, 아무산, 사지평 등의 산이 솟아 있고, 군의 남서쪽을 남북 방향으로 흐르는 압록강과 동북 내륙에서 흐르는 가림천이 보천읍을 지나 압록강으로 접어든다. 보천군 보천읍에는 김일성의 항일 유격 활동을 기념하기 위해 1955년에 문을 연 보천보 혁명박물관이 있다. 보천보 혁명박물관에는 김일성 부대가 보천보 전투 때 사용했다는 800여 점의 유물이 전시되어 있고, 가림천변에는 김일성 동상과 함께 북한 최대의 기념탑(높이 49미터, 길이 60미터)인 보천보 전투 기념탑이 있다.

보천군 북쪽의 백암군白岩郡 역시 무산군의 한 면이었다가 1952년에 군으로 승격되었다. 행정 중심지는 백암이며, 삼림 면적이 90퍼센트에 이른다. 백암군에는 최가령, 두류산, 괘상봉, 만두산 등 해발 1600미터가 넘는 높은 산이 연달아 솟아 있으며, 군의 남부 지역에는 백암분지가 형

삼지연 제2 연못

삼지연 이름은 세 개의 연못이라는 뜻을 담고 있으나
실제로는 모두 네 개로 편의상 번호를 붙여 부르고 있다.

삼지연 김일성 부대 동상

삼지연 입구에는 항일 운동을 하던 김일성 부대원들의 모습을 재현한 동상이 세워져 있다.

성되어 있다.

양강도 남동부에 있는 운흥군雲興郡은 북쪽으로 보천군, 동쪽으로 백암군, 남쪽으로 함경북도 단천시, 남서쪽으로 혜산시와 갑산군에 맞닿는데, 광복 전 혜산군의 운흥면과 봉두면을 통합하여 1954년에 신설한 것이다. 운흥군의 동쪽에는 누른봉, 백사봉, 대각봉, 남설령이 있고, 남쪽에는 활기봉, 동점령, 복계봉이 있으며, 서쪽에는 안간령, 섬유덕산이 있다. 그 산자락 아래로 허천강의 지류들인 운총강, 오시천, 대동천이 흐른다.

삼수갑산의 고장

양강도의 한복판에 위치한 갑산군甲山郡은 조선시대에 갑산도호부가 있던 곳이다. 죽을 때 죽을망정 할 말은 해야겠다는 뜻이 담긴 '삼수갑산三水甲山에 가는 한이 있어도'와 자신에게 닥쳐올 어떤 위험을 무릅쓰고라도 일을 단행할 때 하는 말인 '삼수갑산을 가서 산전을 일궈 먹더라도'라는 속담이 이어져 내려오는 갑산군이 《신증동국여지승람》에는 다음과 같이 실려 있다.

> 동쪽으로는 건주위 동량북 경계까지 105리요, 남쪽으로는 단천군 경계까지 90리, 북청부 경계까지 132리다. 서쪽으로는 삼수군 경계까지 65리이며, 북쪽으로는 혜산진까지 115리, 서울과의 거리는 1383리다.

갑산군은 본래 허천부虛川府였다. 고구려의 옛 땅으로 고려 때는 여진족이 살았으나 세종 때 4군 6진을 개척하면서 여진족을 몰아냈다. 예로부터 삼수갑산이라고 하면 하늘을 나는 새조차 찾지 않는 산간벽지였다. 《세종실록지리지》에 따르면 땅이 아주 기름지고 기후는 몹시 추웠으며, 당시 호수는 356호, 인구는 891명이었다. 갑산 땅으로 유배를 왔던 사람은 부지기수였다. 그중 한 사람이 허난설헌許蘭雪軒의 오라비 하곡荷谷 허봉許篈이었다. 오라비가 갑산으로 유배를 간다는 소식을 들은 허난설헌은 〈갑산으로 귀양 가는 오라버니께〉라는 애달픈 시 한 편을 남겼다.

멀리 갑산으로 귀양 가는 나그네여
함경도 고원 길에 행색이 바쁘겠네
귀양 가는 신하야 충신 가태부와 같다지만
임금이야 어찌 초회왕楚懷王일까
가을하늘 아래 강물은 잔잔하고
변방의 구름은 석양에 물들겠지
서릿바람에 기러기 울고 갈 제
걸음을 멈추고 차마 가지 못하리라

"무당을 좋아하며, 활쏘기와 말타기를 높이 여긴다. 무당과 박수를 믿어 질병에 걸리면 소를 잡아 귀신에게 기도한다"고 《여지도서》 실려 있는 갑산군은 개마고원을 따라 백두산까지 뻗어 있는 산줄기를 타고 해발 800~1300미터의 큰 고원 지대에 위치한다. 나라 안에서 높은 산과 높은 봉우리, 높은 고개가 많아 갑산이라는 이름이 붙은 갑산군에서 제일 높은 산은 해발 2448미터의 두설봉이다. 이곳으로 부임한 심수경深守慶은 다음과 같은 시 한 수를 읊었다.

변방에 가을 다하려 하니
모든 숲에 붉은 단풍 비치네
강은 마치 중국과 뚜렷이 가르듯
땅은 흡사 역말 길 그치듯 하네
풍속은 말 타는 일 익히길 숭상하고
정자의 이름은 활을 건다는 괘궁정
재주도 없이 함부로 절도사 되어
오랑캐 굴복시킬 대책도 없다네

최전방의 절도사가 되어 여기저기 바라보면 수심만 쌓이고, 혹여 전쟁이라도 벌어지면 난감하기만 한 심사를 노래한 시다. 이곳의 물산은 다른 지역의 물산과 사뭇 다르다. 구맥瞿麥(귀리), 화피樺皮(벚나무 껍질), 초서피貂鼠皮(노랑가슴담비의 털가죽), 수달, 사향, 수포석 등이 이곳의 주요 물산이었다.

우리나라에서 가장 높고 넓은 고원으로 '한국의 지붕'이라 불리는 개마고원은 북쪽의 압록강, 동쪽의 운총강 계곡, 남쪽의 장백정간과 백두대간에 둘러싸여 있다. 지역에 따라 서부의 낭림군 일대를 낭림고원, 남서부의 장진군 일대를 장진고원, 부전군 일대를 부전고원이라 부르기도 한다.

개마고원은 행정 구역상 삼수군, 갑산군, 장진군, 신흥군, 김형권군 등에 위치하며, 북부의 압록강 쪽으로는 경사가 완만하나 남쪽과 동쪽에서는 급경사를 이룬다. 또한 압록강과 두만강 지류에는 갑산, 장진, 무산 등의 대지가 펼쳐진다. 허천강과 장진강 사이에는 북수백산, 차일봉 등이 솟은 북수백산맥이 뻗어 있고, 부전강과 장진강 사이에는 연화산, 희색봉 등이 뻗어 있으며, 장진강 서쪽에는 와갈봉과 낭림산 등이 솟아 있다.

개마고원에는 허천강, 능귀강, 장진강, 부전강, 삼수천, 후주천, 후창강 등 압록강의 지류가 흐르며, 강의 계곡에는 부전호, 낭림호, 황수원저수지 등이 있다. 이 하천과 저수지들은 수력 발전뿐만 아니라 뱃길과 뗏목 수송로로도 이용되었다. 대륙성 기후 특성이 뚜렷한 곳으로, 지역에 따라 연평균 기온은 1～4도, 1월 평균 기온은 영하 18～20도, 7월 평균 기온은 16～21도다. 백조봉과 칠발산, 활기봉, 동점령산, 백세봉 희색봉 등 해발 1000미터가 넘는 산들이 겹겹이 솟아 있다. 이곳 삼수갑산을 한 편의 시로 남긴 이가 김소월金素月이다.

> 삼수갑산三水甲山 내 왜 왔노 삼수갑산이 어디뇨
> 오고 나니 기험奇險타 아하 물도 많고 산첩첩山疊疊이라 아하하
>
> 내 고향을 도로 가자 내 고향을 내 못 가네
> 삼수갑산 멀드라 아하 촉도지난蜀道之難이 예로구나 아하하
>
> 삼수갑산이 어디뇨 내가 오고 내 못 가네

백두산에서 내려다본 개마고원

개마고원 대지의 평균 고도는 1340미터다. 대체로 평탄한 지세를 이루며 거대한 분지 안에 수없이 많은 낮은 구릉이 연이어 펼쳐진다.

두만강

북한과 중국의 국경을 이루는 두만강은 우리나라에서 길이로는 세 번째,
유역 넓이로는 두 번째로 큰 강이다. 강변에서 빨래하는 주민들의 모습이 인상적이다.

함경도

불귀不歸로다 내 고향 아하 새가 되면 떠가리라 아하하

님 계신 곳 내 고향을 내 못 가네 내 못 가네
오다 가다 야속타 아하 삼수갑산이 날 가두었네 아하하

내 고향을 가고지고 오호 삼수갑산 날 가두었네
불귀로다 내 몸이야 아하 삼수갑산 못 벗어난다 아하하

이렇게 오지이자 첩첩산중으로 알려진 삼수갑산을 자진해서 왔다가 세상을 등진 이가 조선 말 승려 경허鏡虛다. 말년에 승복을 벗어던지고 이름을 '난주蘭州'라고 바꾼 그는 삼수갑산에서 서당을 열고 제자들을 가르쳤다. 어느 날 그는 제자들에게 다음과 같이 말했다.

"나, 내일 가네."

"가시다니 어디로 가십니까?"

"그저 바람 따라갈 뿐이네."

다음 날 제자들이 스승을 찾아갔을 때 서당 문은 굳게 닫혀 있었다. 문을 열고 들어가자 난주는 정좌한 채 영면한 상태였다. 제자들은 난주를 양지바른 야산에 묻었다. 3년 뒤 그의 제자인 만공滿空이 찾아와 보니 묘 앞에 '난주선생지묘'라고 쓰인 비석 하나가 세워져 있었다. 만공은 다비를 하고 한 편의 시를 지었다.

시비에 물들지 않는 바람 같은 손〔客〕이 있어

난득산難得山 기슭에서 세월 밖의 노래〔劫外歌〕를 불렀네
갈 길도 다하고 이 저문 날에
먹지도 못하는 저 두견새가 솥 적다 솥 적다 울고 있네

허천강이 발원하는 김형권군

갑산군에서 김책시로 넘어가는 곳에 동점령이라는 높은 고개가 있고 이 고개를 넘으면 김형권군金亨權郡에 이른다. 양강도의 남부에 있는 김형권군은 조선시대에 갑산도호부에 소속된 풍산군이었으나 1990년 김일성의 삼촌 김형권의 업적을 기리기 위해 김형권군으로 이름을 바꿨다. 해발 1300미터 안팎의 넓은 고원 지대인 이 군에는 큰덕산, 백산, 피수령, 조가령 등이 있으며, 이 군에서 허천강이 발원한다. 허천강은 김형권군의 남부 두무골령에서 시작하여 혜산시 강구동에 이르러 압록강에 흘러드는 강이다. 유역 일대에는 잎갈나무, 분비나무, 가문비나무, 전나무, 참나무, 피나무, 사스래나무 등이 울창하다. 이 지역이 자랑하는 것으로 풍산개가 있다. 전라남도 진도의 진돗개와 더불어 명견으로 이름이 높다. 2000년에 김대중 전 대통령이 남북정상회담을 위해 평양에 갔을 때 진돗개와 풍산개를 서로 주고받았는데, 풍산개는 '우리, 두리'로 진돗개는 '평화, 통일'로 이름 지었다.

개마고원 남부 지역에 위치한 풍서군豐書郡은 1952년 행정 구역 개편 당시 함경남도 풍산군 능귀면과 풍산면 그리고 갑산군 신남면 일부가 합

쳐져 신설되었으며, 1954년에 양강도로 편입되었다. 압록강 연안 양강도 중부에 있는 삼수군은 동쪽으로 갑산군, 남쪽으로 풍서군, 서쪽으로 김정숙군과 함경남도 부전군에 인접하며, 고려시대까지는 갑산에 속했다. 갑산군 삼수보三水堡였다가 세종 28년(1446)에 삼수군을 설치했고, 세조 8년(1462)에는 도호부로 승격되었다. 여러 번의 변천 과정을 거친 삼수군은 1952년 신파군(현 김정숙군)으로 나뉘었고, 1954년 양강도에 편입되었다. 《신증동국여지승람》에 지명의 유래가 나온다.

> 세 개의 큰 물이 있는데, 하나는 백두산 아래의 마죽동馬竹洞에서 나와 혜산진과 인차외仁遮外를 거쳐 최천이동崔天已洞의 물과 합류하여 군계로 합류하고, 또 하나는 길성현 북쪽 장백산 서북보에서 나와 운총보를 거쳐 허천강과 합하여 강기에 이르러 군계로 들어오고, 나머지 하나는 함흥부의 황초령, 부전령과 평안도 강계부의 오만령 등의 물이 어면강과 합하여 군계로 들어온다. 이 세 개의 물이 합류하여 압록강으로 들어가기 때문에 삼수라고 이른다 하고, 혹은 "군이 어면강, 압록강, 삼수동수三水洞水의 세 가닥 사이에 있기 때문에 삼수라 했다"고도 한다.

《세종실록지리지》에 "땅이 메마르다"라고 기록된 삼수군은 땅은 넓지만 당시 호수가 113호, 인구는 348명에 불과했다. 이후 영조 때 편찬된 《여지도서》에 따르면 "호수가 1550호에 남자는 3773명이며, 여자는 3902명"이었다.

이순신의 첫 부임지 삼수

삼수군은 "변새邊塞에 오랑캐 연기 적적하고, 오랑캐의 산에도 한나라 해가 밝구나"라고 노래한 조선 전기 문신 이계손李繼孫의 시에도 등장한다. 조선 중기 유생 김윤종金潤宗은 "삼수는 요충 지대, 장군이 따로 병영을 세웠던 곳. 풀이 무성하니 호마胡馬 건장하고, 바람이 세차니 활이 소리를 낸다. 구름은 진나라 관문을 가리어 어둡고, 꽃은 촉나라 길에 당하여 밝구나. 바야흐로 봄을 맞아 순행하는 곳곳에, 백성들의 습속은 농農과 병兵을 일삼네"라고 노래했다. 갑산군과 마찬가지로 삼수군은 지세가 험준하고 기후마저 한랭하여 주거 환경이 열악한 오지였다. 그래서 《여지도서》에도 "학문이 없어 서투르고 무식하다"고 쓰여 있다. '삼수갑산'이라는 말이 있듯이 옛날에는 죄를 지은 사람들의 유배지였다. 김소월은 〈산〉에서 삼수갑산을 넘어가는 나그네의 심사를 이렇게 노래했다.

> 산새도 오리나무
> 위에서 운다
> 산새는 왜 우노, 시메산골
> 영 넘어 갈라고 그래서 울지.
> (…)
> 불귀, 불귀, 다시 불귀,
> 삼수갑산에 다시 불귀.
> 사나이 속이라 잊으련만,

십오년 정분을 못 잊겠네

산에는 오는 눈, 들에는 녹는 눈.

산새도 오리나무

위에서 운다.

삼수갑산 가는 길은 고개의 길.

삼수는 압록강을 넘어 침입하는 만주족을 막기 위해 강을 따라 진보鎭堡(조선시대에 함경도와 평안도의 북방 변경에 있던 각진)와 봉수대를 설치한 국경 수비의 요새였다. 그래서 이곳은 무과에 급제한 무인들의 첫 근무지이기도 했는데, 이순신 장군도 삼수의 동구비보童仇非堡에서 첫 근무를 했다고 한다.

김일성의 전처인 김정숙의 이름을 따서 지은 김정숙군金貞淑郡은 1952년에 삼수군의 일부를 떼어 내어 신파군으로 만들었던 것을 1981년에 개칭한 것이다. 양강도 서북부에 있으며, 북쪽으로 압록강을 사이에 두고 중국과 인접한 이 군에는 크고 높은 산들이 여럿 솟아 있다. 남쪽에는 물망산, 고암산, 동쪽에는 백설봉, 두릉봉, 일자봉, 백산령(1498미터), 서쪽에는 자지령, 전지산, 희색봉(2185미터) 등 높은 산들이 군을 둘러싸고 있으며 그 서쪽에 김형직군이 있다.

김일성의 아버지 김형직의 혁명 사적이 깃들어 있다고 해서 이름 붙인 김형직군金亨稷郡은 조선시대에는 강계부에 속했고 평안북도 후창군이었다. 1954년에 양강도가 생기면서 편입되었고, 1988년에 김형직군으로

압록강 일몰

압록강은 중국 단동과 연결되는 북쪽 관문이다.
우리나라에서 가장 긴 강답게 강폭이 바다처럼 넓고 크다.

바뀌었다. 남사산, 희색봉, 후주령, 천리산, 도령봉, 향내봉, 봉운산, 동림봉 등이 솟아 있다. 압록강이 군의 북부에서 동서 방향으로 흐르며, 이곳으로 후주천, 후창강, 연포천 등이 흘러든다. 《택리지》는 함경도를 다음과 같이 말한다.

태조가 무장武將으로서 고려 왕씨에게서 왕위를 물려받았는데 그를 도운 공신들 가운데 서북 지방의 맹장이 많았다. 그런데도 나라를 창건한 뒤에 태조는 "서북 사람은 높은 벼슬에 임용하지 마라"는 유언을 남겼다. 그렇기 때문에 평안도와 함경도 두 도에는 300년 이래로 높은 벼슬에 오른 사람이 없었다. 설령 과거에 오른 자가 있다 하여도 관직은 현령 정도였으며, 가끔 대간臺諫으로 국왕 시종에 오른 자가 있었으나 그 또한 드물었다. 오직 정평 사람 김이와 안변 사람 이지온이 참판을 지냈고, 철산 사람 정봉수와 경성 사람 전백록이 무장으로서 겨우 병마절도사를 지냈을 뿐이다.

또 나라의 풍속이 문벌을 중시하여 서울의 사대부는 평안도나 함경도 사람과 혼인을 하거나 벗으로 사귀지 않았다. 평안도와 함경도 사람도 감히 서울의 사대부와 동등하게 어울리지 못하였다. 그리하여 평안도와 함경도에는 결국 사대부가 없게 되었고, 서울 사대부로서도 그곳에 가서 사는 사람이 없었다. 오직 함종 어씨咸從魚氏, 청해 이씨青海李氏와 안변 조씨安邊趙氏만이 풍양豐壤을 본관으로 하고, 조선 초기에 높은 벼슬을 하였다. 이들 집안은 서울로 옮겨와 살아서 여러 대에 걸쳐 과거에 올랐다. 이 밖에는 두드러진 인물이 없다. 이런 까닭으로 평안도와 함경도 두 도는 살 만한 곳이 못 된다.

이와 같은 서북 지방에 대한 차별 정책은 결국 이시애의 난과 홍경래의 난을 비롯한 수많은 민란으로 이어졌다.

5

이성계의 태 자리 함흥

조선왕조의 발상지

함흥咸興은 조선왕조의 발상지로서 태조 이성계李成桂가 젊은 꿈을 불태운 곳이다. 《신증동국여지승람》은 함흥의 풍속을 다음과 같이 기록하고 있다.

> 이윤손李尹孫의 〈향교기鄕校記〉에는 "순박하고 우직하며 말을 달리고 활 당기는 것으로 덕을 삼으며, 이익으로 유혹하면 경솔하게 허락한다"고 나와 있다. (…) 《동국지지東國地誌》에 이르기를 "그 토질이 대부분 메마르고 기후가 일찍 추워지지만, 인민들이 부지런하고 검소하며 힘이 세고 사납다. 한 도 내의 주군州郡이 대부분 이와 같다" 했다. (…) 이석형의 〈문소루기聞韶樓記〉에는 "성읍이 굉장히 크고 왕이 일어난 옛 땅이다"라고 기록되어 있다.

이성계가 태어났다는 경기전慶基殿과 살던 곳인 경흥전慶興殿, 함흥 본궁을 비롯하여 정화릉定和陵, 덕안릉德安陵 등 그에 얽힌 유적지와 전설이 곳곳에 퍼져 있다.《택리지》에는 다음과 같이 실려 있다.

함흥성은 군자하君子河(성천강)가에 있고 군자하 위에는 만세교萬歲橋가 있는데 다리 길이는 5리다. 성 남문 위에 낙민루樂民樓가 있어 온 고을 경치가 한눈에 보여서, 평양 연광정과 서로 첫째 둘째를 다툰다. 낙민루에서 보면 들판이 휑하게 뻗쳐 멀리 바다와 접하고, 풍기風氣가 웅장하지만 사나워서 평양의 수려하고 섬세한 아름다움에는 미치지 못한다. 들 복판에 태조께서 왕이 되기 전에 살던 옛 집이 있어 여기에 태조의 화상을 모셔 놓았다. 조정에서는 관원을 보내 수호하며 때마다 제사하여 본조本朝의 풍패분유豊沛扮楡(풍패는 한나라 고조의 고향으로, 제왕의 본관을 지칭함)의 고을로 삼았다.

조선을 창업한 이성계는 함경도 영흥에서 이자춘李子春의 둘째 아들로 태어났으며, 호는 송헌松軒, 시호는 지인계운성문신무대왕至仁啓運聖文神武大王이다. 공민왕 10년(1361)에 반란을 일으킨 독로강만호 박의를 토벌했으며, 홍건적의 침입으로 개경이 함락되자 다음 해에 사병 2000명을 거느리고 수도 탈환전에 참가해 제일 처음으로 입성하는 전공을 세움으로써 동북면 병마사로 승진했다.

우왕 14년(1388) 수문하시중에 올라 최영崔瑩과 함께 권신 임견미, 염흥방을 처형했다. 이때 명나라의 철령위 설치 문제로 요동 정벌이 결정되자 출정에 반대했으나 결국 나아갈 수밖에 없었다. 우군도통사가 되어 군사를 이끌고 북진하던 이성계는 위화도에서 회군을 단행하여 최영을 제거하고 우왕을 폐한 뒤 창왕을 세웠으며, 자신은 수시중으로서 도총중외제군사가 되어 막강한 권력을 장악했다. 다음 해에는 정도전鄭道傳 등과 함께 창왕을 폐하고 공양왕을 세웠으며, 조준趙浚 등과 함께 구신들의 반대를 물리치고 전제 개혁을 단행했다. 그 결과 구신들은 경제적 기반을 잃었고, 그의 일파인 정도전, 조준, 하륜河崙 등의 신진 세력은 경제적인 토대를 구축하게 되었다. 공양왕 4년(1392) 정몽주를 제거한 후 공양왕에게 양위케 하여 스스로 새 왕조의 태조가 되었다.

이성계는 국호를 조선朝鮮이라 정하고 서울을 한양으로 옮겼다. 정도전의 주도 아래 조선은 하루가 다르게 국가의 기틀을 다졌지만 이방원李芳遠과 정도전의 알력은 더욱더 심해져 갔다. 그러한 상황에서 태조 5년(1396)에 표전表箋(신하가 자기 생각을 서술하여 황제에게 고하는 상주문) 문제로 명나라 주원장이 트집을 잡고 표전문의 교정자 정도전을 압송하라고 했지만 태조는 정도전을 넘겨주지 않았다. 주원장은 이성계 정권에 끊임없이 전쟁 위협을 가하면서도 명나라를 지지하는 이방원 세력은 감싸 주었다. 정도전은 남은南誾, 심효생沈孝生 등과 함께 명나라의 요동을 정복할 계획을 세우고 군사를 양성하도록 태조에게 말한 후 실천에 옮겼으나 결국 이방원에 의해 죽임을 당했다. "의義를 위해 죽어야 할 땐 죽어야 한다" 확신했던 정도전은 그렇게 죽었다. 그의 나이 쉰일곱이었다.

정도전을 죽인 이방원은 조준 등을 앞세워 궁궐로 들어갔고, 태조는 병을 핑계로 누워 있었다. 그를 모시던 신하들이 방원을 치자고 건의했지만 "자식들 사이의 일이니 서로 싸우게 할 수 없다"라며 듣지 않았다. 도당

만세교

함흥 성천강 만세교는 조선 군주들의 장수를 기원하며 태조가 이름 붙였다고 한다. 3000여 개의 판목을 맞춰 세워 150간間(83미터)의 길이를 자랑하던 이 나무다리는 1905년 러일전쟁 때 소실되었다가 1930년에 철근 콘크리트 다리로 다시 건설되었다.

에 모인 대신들이 계속 설득하자 "설마 너를 죽이기까지야 하겠느냐" 하며 세자 방석을 내보냈다. 하지만 방석은 대궐 문밖을 나서자마자 살해되었다. 그뿐 아니라, "세자는 할 수 없지만 너는 귀양이나 보낼 것이다" 하며 보낸 방번은 한강 건너 양화나루의 객관을 넘지 못하고 죽임을 당했다.

'제1차 왕자의 난', '방원의 난', '정도전의 난' 등으로 불리는 이 사건은 그렇게 끝을 맺었다. 그렇다면 정도전은 왜 왕자들을 없애려 했을까? 분명 그가 왕자들의 사병을 혁파한 것은 사실이다. 그러나 왕자를 제거하려 했던 사실은 같은 공신이요, 정승이던 조준도 모르는 일이었다. 정도전, 남은, 심효생 등이 밀모하여 태조의 병세가 위독하다고 속인 다음 왕자들을 궁중으로 불러들여 순식간에 한씨 소생의 왕자들을 살육할 계획을 세운 것이 사실이라면 어찌 군사도 풀어 놓지 않고 편안히 담소를 즐겼겠는가. 이방원은 방의, 방간 형제들과 함께 정도전 일파를 살해하기로 한 뒤 밀모설을 만들었고, 밀모를 사전에 방지한다는 명목 아래 사병을 동원해 정도전 일파를 살해하고 만 것이다. 병으로 시달리던 태조는 이때부터 심한 갈등을 느끼고 방원을 몹시 미워하기 시작했다고 한다.

함흥차사의 고향 함흥

《택리지》는 함흥을 다음과 같이 기록하고 있다.

함흥부는 감사가 다스리는 곳이다. 처음에는 함경도 전체가 학문을 알지 못하였다. 그런데 성종 때 경헌공敬憲公 이계손李繼孫이 감사로 와서 뛰어난 소년을 뽑아 관에서 먹이면서 경사經史와 행의行誼를 가르쳤다. 이로부터 학문이 성하게 되어 과거에 합격한 자도 가끔 있었는데, 지방 사람은 이것을 파천황破天荒(전에 이루지 못한 일을 처음 실현했다는 뜻)이라 하였다. 경헌공이 죽자 고을 사람이 사당을 세우고 제사를 지냈다.

함흥은 본래 고구려의 옛 땅으로 오랫동안 여진족이 점거했는데, 고려 때 윤관이 여진족을 정벌한 뒤 이듬해에 함주대도독부咸州大都督府를 설치했다가 예종 4년(1109)에 다시 여진족에게 돌려주었으며, 공민왕 5년(1356)에 수복하여 함주라 했다. 공민왕 18년에는 함주목으로, 조선시대에 이르러 태종 16년(1416)에는 함흥부로 승격했다. 광복 후 1960년에 직할시가 되었다가 1970년 일반 시가 되면서 함경남도의 소재지가 되었으며, 1974년에 함주군의 일부와 덕산군을 넘겨받았다.

함흥을 두고 생겨난 '함흥차사咸興差使'라는 말이 있다. 이에 대한 일화가 《택리지》에 다음과 같이 기록되어 있다.

태조께서 크게 노하여 공정대왕恭靖大王(정종)에게 왕위를 물려준 다음, 가까운 신하를 거느리고 함흥으로 가 버렸다. 그 후 오래지 않아 공정대왕이 다시 공정대왕恭定大王(태종)에게 왕위를 물려주었다.

태종이 왕위에 오른 뒤에 태조에게 회란回鑾하기를 청하는 사신을 보내면 태조는 사신이 오는 대로 모조리 베어 죽였다. 이러기를 무릇 10년이나 되니 왕이 걱정하였다. 그리하여 태조가 세력을 잡기 전 마을의 친구였던 박순을 사신으로 삼아 함흥에 보냈다.

박순은 먼저 새끼 딸린 암말을 구해 가지고 가서 망아지는 태조가 있는 궁문과 마주 보이는 마을 어귀에 매어 두고 어미 말만 타고 갔다. 궁문 밖에 이르러서는 말을 매 놓은 다음 들어가 태조를 뵈었다. 궁문은 그리 깊숙하지 않았다. 그러는 동안에 망아지는 어미 말을 바라보면서 울부짖었고, 어미 말도 또한 뛰면서 길게 소리쳐서 매우 시끄러웠다. 태조가 괴이하게 여겨서 물었다. 박순이 따라서 아뢰었다. "신이 새끼 딸린 어미 말을 타고 오다가 망아지를 마을에다 매어 놓았더니, 망아지는 어미 말을 향해 울부짖고 어미 말은 새끼를 사랑하여 저렇게 울고 있습니다. 지각없는 동물도 저와 같은데 지극하신 자애를 가지신 성상께서 어찌 주상의 심정을 생각지 않으십니까."

태조는 감동하여 한참 있다가 돌아가기를 허락하였다. 그리고 덧붙이기를 "너는 내일 새벽닭이 울기 전에 이곳을 떠나서 오전 중으로 빨리 영흥의 용흥강을 지나도록 하여라. 그렇지 않으면 그대는 죽음을 면치 못하리라" 하였다. 박순은 과연 그날 밤에 말을 달려 되돌아갔다.

태조가 여러 번이나 사자를 베어 죽였으므로 태조를 모신 여러 관원과 조정의 여러 신하들은 서로 사이가 좋지 않았다.

이튿날 아침에 여러 관원이 박순을 베어 죽이기를 청하였지만 태조는 허락하지 않았다. 그래도 여러 차례 고집하므로 태조는 박순이 이미 영흥을 지나갔으리라 짐작하고 허락하면서 "만약에 용흥강을 지났거든 죽이지 말고 돌아오라"고 하였다.

사자가 말을 빨리 달려 강가에 도착하니 박순이 방금 배에 타는 참이었다. 사자는 박순을 뱃전에 끌어내어 베어 죽였다. 박순은 형刑을 받을 때 사자에게 이렇게 말하였다. "신은 비록 죽으나 성상께서는 식언食言하시지 말기를 원합니다." 태조는 그의 뜻을 불쌍하게 여겨서 곧 서울로 돌아간다는 명을 내렸다.

공정대왕이 이를 의리로 여겨서 박순의 충성을 정표旌表하고 그의 자손을 녹용錄用하였다.

이처럼 요즘도 널리 쓰이는 함흥차사라는 말은 갔다가 소식도 없이 돌아오지 않는 데서 비롯했다. 일설에는 태조가 차사를 모두 죽인 것이라 하나, 문헌에는 판승추부사 박순의 희생만이 알려져 있다. 그 뒤에도 태조는 여러 차례 간청에도 돌아올 생각을 하지 않다가 그해 12월 무학대사가 찾아가자 서울로 돌아왔다고 한다. 그 뒤 이성계는 불가에 귀의하여 여생을 보냈으며, 태종 8년(1408)에 세상을 떠났다.

《택리지》에 "영흥 남쪽 100여 리 지점이 안변부로, 철령 북쪽에 있다. 고을 관아가 있는 곳 서북쪽에 석왕사釋王寺가 있다"고 기록되어 있는데, 석왕사에는 다음과 같은 설화가 전해져 온다. 태조가 조선을 창건하기 전이었다. 어느 날 꿈을 꾸었는데 무리 지은 닭이 만 집에서 일어나 일제히 울어 대고, 다듬이 소리는 천 집에서 동시에 나고, 몸은 무너진 집에 들어가서 서까래 세 개를 지고 나왔는데, 꽃이 날리며 거울이 깨지는 꿈을 꾼 것이다. 하도 이상하여 무학에게 물으니 무학이 사양하다가 말했다. "길몽입니다. 만 집에서 닭이 꼬끼오〔高貴位〕하고 울었으니 높은 자리에 오르며, 천 집에서 다듬이 소리가 들렸으니 만백성이 임금의 경사를 알리는 풍악 소리요, 등에 서까래 세 개를 진 것은 '임금 왕王' 자라는 뜻입니다. 꽃이 날렸으면 마침내 열매가 있을 것이며, 거울이 깨지면 어찌 소리가 없겠습니까. 이곳 설봉산에 절을 짓고 기원하면 소원을 성취할 것입니다."

태조는 크게 기뻐한 뒤 이곳에 절을 짓고 길주 천불사에서 오백 나한을 배에 싣고 와 안치하던 중 나한 하나를 바다에 빠뜨려 지금은 499개가 남았다고 한다. 이성계는 왕이 된 후 이 절에 수륙도량水陸道場을 크게 베풀었다고 한다.

동지였다가 서로 다른 길을 택한 정몽주와 정도전이 조선 건국의 중요한 도시인 함흥의 남문 옆에 있던 풍패관豊沛館을 두고 읊은 시가 남아 전한다. 정몽주의 시부터 보자.

떨어지는 나뭇잎 한창 어지러운데
그대를 생각하나 그대 볼 길이 없구나
원수元帥는 변방 깊숙이 들어가고
강건한 장수는 멀리 군사 나누어 갔네
산채로 가던 길에 비를 만나고
성루에서 일어나 구름 바라보노라니
병란兵亂이 사해四海에 가득하니
어느 날에나 학문을 닦으리오

다음은 정도전의 시다.

호수 빛과 하늘 그림자 함께 아득한데
한 조각 외로운 구름이 석양을 띠고 떠 있네
이러한 때 차마 옛 곡조를 들으랴
함주 벌판은 원래 나라의 중앙이었다네

우왕 원년(1375)에 정도전과 정몽주는 권신 이인임李仁任, 경복흥慶復興 등의 친원배명 정책에 반대하여 북원北元 사신을 맞이하는 문제로 권신 세력에 맞섰다. 그 일로 인해 정도전은 전라도 나주목 회진현會津縣 관하의 거평부곡居平部曲에 유배되었고 정몽주는 경상도 언양으로 유배되었다. 그때 정도전은 정몽주에게 "마음을 같이한 벗이여, 곧 군은 지조를 지키며 평생 서로 잊지 말자"는 편지를 보냈는데, 그들의 그 깊고 넓은 우정도 권력 앞에서 두 갈래로 나뉘고 만 것이다.

함남에서 가장 넓은 농업 지대

영흥군永興郡은 함경남도 남부에 있는 군이다. 면적은 2192.25제곱킬로미터이고, 북쪽은 정평군과 평남 영원군, 남쪽은 고원군, 문천군, 서쪽은 평남 맹산군, 양덕군과 접하며, 동쪽은 동해의 영흥만에 면한다. 영흥군의 서부는 백두대간이 북에서 남으로 뻗어 내려 사수산泗水山, 백산白山, 병풍산屛風山, 단속산斷俗山 등의 산지에 둘러싸인 고원 지대를 이룬다.

이 고원 지대에서 발원하는 용흥강은 선흥면의 단속천과 합류하여 동쪽으로 흐르며, 유역에 충적 평야인 영흥평야를 이룬다. 이 평야는 함남에서 가장 넓은 농업 지대다. 해안선은 약 106킬로미터에 불과하지만 동해 연안에서 보기 드문 리아스식 해안이며, 호도반도와 송전반도는 송전만을 형성하고 만 내에는 대저도, 소저도 등의 작은 섬들이 산재해 있다. 백두대간이 군의 북서부를 병풍처럼 둘러치고 있어서 겨울철의 한랭한 북서 계절풍을 막아 주며, 동해의 영향 등으로 같은 위도상에 있는 다른 지역에 비하여 온난한 편이다. 이안눌의 시를 보자.

가을바람 나그네 부추기니 생각 다듬기 어려워
맑은 밤 높은 집에서 잠시나마 뵈오니 다행이라
밝은 달 차오르더니 오늘 밤에 보름달을 이루고
누런 국화는 불현듯 고향에서처럼 활짝 피었네
평생 동안의 객지살이는 시집에 덧붙이고
세상만사의 좋고 나쁨은 술잔에 붙인다네
구름 밖 기러기의 구슬프게 끼룩거리는 소리
남쪽으로 날아가며 어찌 저리 애절하게 우나

이곳을 두고 《여지도서》는 "무사는 많이 배출되었지만 문예를 잘하는 사람은 약간 부족하다. 꾸밈이 없이 순수하며 인심이 자못 두텁다"고 평한 바 있다.

산봉우리는 북으로 여진성에 의지하고

함주군 남쪽에 있는 정평군定平郡의 옛 이름은 파지巴只 혹은 선위宣威였다. 《여지도서》에 "부지런하고 검소하며 꿋꿋하고 굳세다. 본래 농사와 길쌈을 생업으로 삼는다" 한 정평을 두고 정몽주는 다음과 같은 시 한 편을 남겼다.

정주에서 중구일中九日(9월 9일)에 높은 산에 올라 보니
의구한 누런 국화가 눈에 붉게 비쳐 오네
개펄은 남으로 선덕진과 연했고
산봉우리는 북으로 여진성에 의지하는구나
백 년간 싸우던 나라의 흥하고 망한 일들이
만 리 길 나그네의 심정을 강개하게 해 주네
술자리를 파하고 원수元帥에게 부축되어 말에 오르니
나지막한 산의 비낀 해가 붉은 깃발을 비춰 주네

고구려와 발해에 속했던 정평은 고려 정종 7년(1041) 정주로 이름이 바뀌었다. 정종 10년에 압록강 하구 위원진에서 이곳 정주 도련포(현 함주군 광포)에 이르는 천리장성이 완성되었다. 조선 태종 때 평안도 정주와 이름이 같다 하여 정평으로 고쳤다.

고려시대에 여진족과 치열한 싸움을 전개했던 정평군에는 여진족을 방어하기 위해 축성한 세 개의 성이 있는데, 이 성들을 삼관문三關門이

라 부른다. 천리장성의 동쪽에 있는 성들로 정주성, 석덕성, 원흥성이 그것이다. 정평군 서쪽은 험준한 산악 지대로 황봉, 검산령, 차일봉, 백산, 사수산 등 높은 산이 솟아 있다.

조선 전기 문신 고득종高得宗은 정평을 두고 다음과 같은 시를 읊었다.

하늘 나지막하니 구름 산봉우리로 나오고
땅이 다하니 나무가 냇물에 떠 있는 듯하네

월사月沙 이정구李廷龜도 〈정평동헌定平東軒〉이라는 시 한 편을 남겼다.

산곽에 가을비 맑게 개고
관청에서 거처가 그림처럼 고와라
높은 솔은 좋은 달을 끌어오고
빈 관사에는 맑은 바람이 오도다
큰 산록에는 뭉게구름이 이는데
평평한 숲엔 저녁 소리가 고요해라
옛 현인이 여기 훌륭한 시구 남겼으니
화답하려 해도 재주 부족해 부끄럽구나

한적한 고갯길이 된 운령

고려 후기 문신 김극기金克己가 "연기 낀 수많은 버들가지 땅에 늘어져 금실을 나부끼는데, 몇 번이나 꺾여서 정든 사람 이별 속에 주어졌나. 숲 밖의 한 마리 매미 객의 한恨을 아는 듯, 맑은 소리 길게 뽑으며 석양이 물든 가지에 와서 오르네"라고 노래한 고원군高原郡의 옛 이름은 덕령진德寧鎭 혹은 홍원군洪源郡이다. 조선 태종 13년(1413)에 지금의 이름으로 고쳤다. "꾸밈없이 순수하며 부지런하고 온후하다. 학문을 숭상하고 무예를 높이 여긴다. 농사에 힘써 세금과 부역을 잘 바친다. 어렵고 급한 처지의 사람을 잘 도와준다"고 《여지도서》에 그 풍속이 실려 있다. 고원군에는 백산, 강계산, 재령산 등 해발 1000미터가 넘는 높은 산들이 많지만 동쪽으로 갈수록 완만해지면서 충적 평야인 금야평야를 펼쳐 놓았고, 각고산에서 발원하여 송전만으로 접어드는 용흥강이 흐른다.

고원군의 객관 고주관高州館에서 김한철金漢喆이 시 한 편을 남겼다.

나그네 집 떠난 지 벌써 열흘이라지
고원의 객관 밖으로 바다는 끝이 없네
슬픈 노래는 한밤 잠자리에 어지러이 흐르고
보배로운 칼은 일곱 척 키의 이 몸 따라다니네
변방 요새 길은 멀고도 먼데 나는 늙어만 가니
귀문관鬼門關 살아가는 건 너의 일이리
외딴 변경의 나그네 심정은 본래 적적하고 쓸쓸해

기러기와 제비의 새로운 걱정 괴로워 쓰라림만 더하네

이곳 고원군에 신당연神堂淵이라는 연못이 있다. 민간에 전해 오기를, 예전에 서낭신이 이 연못에 빠졌다고 한다. 신령하고 기이함이 일찍부터 드러나 해마다 단오절에는 고을의 기생과 무당들이 이 연못가에 모여 음악을 연주하며 신령을 맞이했는데, 앞에서는 징과 북이 이끌었다. 관문 밖에서 잔치를 벌이며 즐기면 경내에서 호랑이에게 당하는 재앙이 없다고 한다. 허난설헌이 허봉의 시 〈고원망고대高原望高臺〉를 차운한 시가 전한다.

한 기둥 층진 누대 아득하니 솟았는데
서북쪽엔 변방 닿은 뜬구름 짙게 꼈네
철령에서 웅도 품은 용은 이미 떠나갔고
목릉에 가을 되어 기러기 돌아오네
산은 큰 땅 감돌아서 세 군 감싸 안았고
강은 들판을 가르며 모든 물줄기 모여드네
만 리 길에 올라 보니 날은 장차 저무는데
술 취한 채 산에서 서서 홀로 슬피 노래하네

한편 고원군에는 고성古城 애수진隘守鎭이 있는데, 거란과 여진족의 남침을 방어하기 위해 쌓은 성이다. 고려 때 이곳의 성주 강민첨姜民瞻이 죽전령竹田嶺에서 거란군에게 대승을 거두었다고 하며, 운곡면 태흘리와 평남 양덕군 오강면 원동의 경계에는 운령雲嶺이라는 이름의 고갯길이 있다. 해발 775미터의 이 고개는 고원군, 영흥군, 양덕군을 연결하는 중요한 통로였으나 남쪽에 있는 차령에 평원선과 국도가 건설되면서 한적한 고갯길이 되었다.

평안도

조선 팔도에서 제일가는 인심

개요

평안도平安道는 평안남도와 평안북도를 합쳐 부르는 지명으로 흔히 관서 지방이라고 한다. '관서'는 철령관 서쪽에 있다고 하여 붙여진 이름이다. 평안이란 평양과 안주에서 첫 자를 따서 만든 지명이다. 평안도는 한반도에서 가장 일찍 개발된 곳으로 이 지역에서 고조선과 위만 조선이 건국되었다. 그 무렵 북쪽은 부여, 동쪽은 예와 옥저, 남쪽은 마한과 접하고 있었다. 한나라 무제 때(기원전 108년) 이곳에 낙랑, 임둔, 진번, 현도 4군이 설치되었다. 낙랑을 제외한 나머지 3군은 불과 30년 만에 소멸했고 낙랑만이 그 후 명맥을 유지했다. 대무신왕 26년(43)경 고구려의 영토가 살수薩水(현 청천강) 이북까지 뻗었고, 광개토대왕 때 낙랑군이 멸망하면서 고구려의 영토가 되었다. 장수왕 때 고구려의 수도가 평양으로 옮겨져 보장왕 때까지 316년간 고구려가 이 지역을 지배했다.

고구려가 망한 뒤 당나라가 평양에 안동도호부와 함께 아홉 도독부를 설치했으나 신라의 저항으로 도호부를 요동으로 옮겼고, 대동강 이남은 신라의 영토가 되었다. 신라 효소왕 이후에는 대동강 이북이 발해의 영토가 되었고, 10세기경 신라 경애왕 때 발해가 망하자 이 지역은 북여진과 거란 등의 영토가 되었다.

후고구려를 창건했던 궁예弓裔가 철원을 근거로 이 지역에 13개의 진을 설치했고, 고려 태조가 잃었던 영토를 수복했다. 성종 14년(995)에 관서도關西道라 했고, 평양을 서경西京이라 하여 관서도를 다스렸다. 정종 때 북계라 하다가 숙종 7년(1102) 서북면西北面으로 바꾸었다. 원종 10년(1269) 서북면의 여러 성이 몽골에 편입되어 자비령 이북은 몽골의 영토가 되었고, 서경에는 동녕로총관부가 설치되었다가 충렬왕 때 고려에 환원되었다. 충숙왕 때 침입한 여진족을 격퇴했으며, 공민왕 때 처음으로 강계, 위원, 초산, 벽동의 군현을 설치했다. 조선시대에 들어와 태종 13년(1413)에 평안도로 이름을 바꾸었고, 세종 22년(1440) 여연閭延, 상무로上無路, 우예虞芮의 땅을 나누어 무창군茂昌郡으로 하고, 세종 25년에 우예군을 증설하여 이 도에 편입했다. 그러나 세조 1년(1455) 무창과 우예군을 폐했고, 조선 전기에 전국의 행정 구역을 8도로 정한 뒤 각 도를 동서 또는 좌우로 나누어 불렀는데, 평안도는 평안동도와 평안서도로 구분했다.

《택리지》에서 "팔도 중에서 인심이 순박하고 후덕하기로 제일가는 곳"이라 꼽은 평안도는 사행로使行路이자 조선시대 9대로 중 하나였던 '의주로'의 중요한 길목이었다. 《세종실록지리지》에는 평안도의 경계가 "동쪽으로 함길도 고원에, 서쪽으로 바다에, 남쪽으로 황해도 황주에, 북쪽으로 압록강에 이르는데, 동서가 323리, 남북이 423리"라고 기록되어 있으며, "명산은 평양의 대성산, 개천의 묵방산, 희천의 묘향산, 정녕의 천마산, 은산의 천성산, 태천의 향적산이고, 큰 강은 대동강이니 곧 옛 패강이다"라고 쓰여 있다. 《일성록日省錄》에는 평안도에 대하여 "땅에서 나는 것은 삼남에 미치지 못하니, 밭이 논보다 많고 상인이 농부보다 많으며 농업에 힘쓰는 사람은 적고 풍속이 상업에 종사하는 것을 좋아하므로"라고 쓰여 있다.

평안도를 이익은 《성호사설》에서 다음과 같이 평했다.

> 평안도는 아직도 고구려와 고조선의 유풍遺風이 남아 있다. 서쪽으로 중국과 교통하여 복장이 화사하고 건물이 크고 화려하며 노래와 춤이 분잡紛雜하다. 평양의 부유하고 번성함은 오히려 서울보다 지나칠 정도다. 여름이면 파리가 수저에까지 모여들어서 거의 밥을 먹을 수 없다. 이 고장에는 은광銀鑛이 많다. 압록강 연안에 사는 백성들은 농사 대신 삼蔘을 캔다. 강계의 영역인 폐사군에서는 인삼이 더욱 많이 생산되는데, 세상에서 강계삼이라고 하는 것이 바로 이것이다. 간사한 백성이 압록강을 건너가서 인삼을 캐다가 발각되어 죄를 받기도 하나, 워낙 이利가 많기 때문에 금해도 되지 않는다. 풍속은 누에 치는 것에 힘써 가는 명주실을 좋은 물화로 여긴다. 옻〔漆〕이 없어서 남쪽 지방에서 사다가 쓴다. 이곳에서 옻나무가 되지 않는 것이 아니라, 관부官簿가 두려워서 백성들이 옻나무를 재배하지 않기 때문이다. 토지에는 일정한 장부가 없고, 관장이 서도胥徒(아전)에게 맡기므로 잘잘못을 살필 수도 없다. 조정에서는 이 고장을 마치 외국과 같이 취급하여 감사에게 맡기므로 정당한 공물이 올라오지 않으니, 이는 국법이 잘못된 것이다. 그러므로 아전은 그것을 인연하

여 간사를 부리고 관원은 그 이익을 가로챈다. 그렇기 때문에 속담에 '원이 되면 반드시 서쪽 지방 원으로 나가야 한다'는 말이 있는데, 이는 원이 되어 서쪽으로 나아간 사람치고 재물을 많이 모으지 못한 자가 대개 드물기 때문에 이런 말이 있게 된 것이다. 그러므로 경내에는 큰 도둑이 많아 지친 백성들이 살 곳을 잃었다. 화전민들은 일정한 거처가 없이 이리저리 옮겨 다니기 때문에 관에서 장리長利로 놓은 전곡을 회수할 수가 없어 일정한 거주가 있는 백성에게 대신 내게 하므로 집을 지니고 사는 백성들이 그 폐해를 입는다.

1895년에 8도제를 23부제로 변경하면서 평양, 의주, 강계의 3부로 되었고, 그다음 해에 13도제로 개편함에 따라 청천강을 경계로 하여 평안남도와 평안북도로 나뉘었다. 일제 강점기를 거쳐 광복 이후 남북이 분단되어 있던 1949년 북한 정부는 평안북도 동부 지역과 함경남도 서부의 일부 지역을 통합하여 자강도를 신설했다.

묘향산

산세가 기묘하고 향기를 풍긴다 하여 이름 붙은 묘향산은 평안북도와 평안남도, 자강도에 걸쳐 있는 산이다. 예로부터 우리나라 5대 명산의 하나로 일컬어진다.

1

평평하고 아늑한 땅 평양

대동강변에 자리한 평양

꿈에도 그리던 북한, 그 북한을 느닷없이 갔던 때가 2003년 9월 말이었다. 먼저 4월의 정신이 살아 있는 수유리의 통일교육원에서 교육을 받았다. "본인은 개천절 민족공동 행사를 위한 방북(2003.9.30.~10.4.) 시 방북 승인 조건 및 다음 사항을 성실히 준수할 것을 확약합니다. 승인받는 방북 목적을 벗어나는 행동을 하지 않으며, (…) 이에 대한 책임을 본인이 감수합니다." 확약서에 서명했다.

9월 30일 8시 45분, 나는 인천 공항에서 고려항공에 올라탄 뒤 빨간 옷을 입고 상냥한 미소로 "어서 오십시요. 반갑습니다"라는 북측 스튜어디스의 인사를 받으며 기내에 들어섰다. 그제야 실감 났다. "나에 살던 고향은 꽃피는 산골…" 〈고향의 봄〉이 기내에 울려 퍼지고 그 노래 소리에 마음이 설렜다.

얼마나 오랜 세월을 기다렸던가. 대동강, 청천강뿐만이 아니라 압록강, 두만강을 발원지에서 하구까지 걷고서 해남에서 서울까지, 서울에서 의주까지 서울에서 백두산까지, 서울에서 철원을 지나 금강산을 돌아다보고 나진까지 걸어가리라던 내 계획은 이렇듯 고려항공 비행기에 실려 평양으로 백두산으로 묘향산과 구월산으로 이리저리 휘젓고 다니게 될 것이었다. 그러나 다른 여행객과는 여러모로 달랐다. 물건도 면세점에서 못 사고, 여권도 필요 없이 출입증만 있으면 되는 기이한 여행. 외국이 아닌 내 나라 내 땅으로 통하는 길이기 때문이었다.

비행기 안은 생각보다 협소했다. 1호 비행기에 150명이 타고 2호기에 150명이 탄 채 평양, 백두산, 묘향산과 구월산을 거쳐 돌아올 예정이었다.

"담배를 피우지 마시오. 박띠(안전띠)를 매시오"라고 쓰인 문구를 보며 나는 달라진 풍경을 실감했다. 나는 내 곁에 다가온 안내원에게 고향이 어디인가 물었다. 원산이란다. "원산 하면 명사십리고, 명사십리에는 해당화가 유명하지 않습니까?" 하고 물었다. 그러자 "그렇습네다. 해당화가 얼마나 아름다운지 아십네까?" 말끝이 살짝 올라가는 마치 날아갈 듯한 옛 집의 추녀 같은 그 말에서 감칠맛이 났다. 이름이 '리용'이라는 안내원에게 "사진을 찍고 싶은데 괜찮습니까?" 하고 묻자 싫지 않은 표정으로 "낮 꼭대기가 나오면 안 됩니다" 하면서도 자연스레 포즈를 취해 준다.

"인천 공항에서 평양까지의 거리는 530킬로미터쯤 되고 시간은 한 시간쯤 걸리겠습니다. 우리 비행기는 7명의 안내원이 탑승하여 손님들을 모시겠습니다"라는 기내 아나운서의 방송을 들은 지 50분 만에 비행기는 직항 노선으로 순안 공항에 도착했다.

공항에서 떠난 차는 평양 시내로 접어들었다. 남새상점, 미용이발 등의 작은 입간판들이 눈에 띄었고 띄엄띄엄 서 있는 집들은 마치 폐광촌을 연상시켰다. '장군님 따라 천만리'라는 대형 간판과 멋진 옷을 차려입은 여성들이 눈에 들어왔다. 제복을 입은 교통 안내원들이 흰 페인트로 동그라미를 그은 곳에서 교통 안내를 하고 있었고, 용성입체다리를 건너 금수산과 능라도를 합성해 지은 금릉굴(금릉터널)을 지났다. 캄캄했다. 모든 터널들이 휘황찬란한 불빛으로 빛나는 우리와는 달랐다. 김일성종합대학을 지나자 '우리 당의 빛나는 혁명 전통을 발전시키자'라는 대형 선전 문구가 보였다. 김일성경기장을 지나 조도국수집, 군고구마, 은방울찻집, 김치만두집, 새날메기탕 등의 정겨운 간판들이 연이어 나타났다. 창광거리를 지나 대동강을 건너 양각도국제호텔에 도착했다.

입구에는 호텔 접대원들이 줄지어 서서 박수를 치면서 우리를 환영해 주었다. 배정 받은 객실은 35층이었고 방에 들어가 창문을 여니 구름 낀 평양 시내와 검푸르게 흐르는 대동강이 한눈에 내려다 보였다. 룸메이트인 유시택 씨가 들어오고 나는 짐을 풀면서 주머니 속에 동전을 가방 속에 넣었다. 동전은 아무 쓸모가 없었다. 커피 한 잔도 마실 수 없는 동전. 호텔에서 점심을 먹고 평양 관광에 나섰다.

'오늘을 위한 오늘에 살지 말고 내일을 위한 오늘을 살자'라고 쓰여 진 대형 게시판을 바라보는 사이 곧바로 개관을 앞둔 정주영체육관, 즉 유경체육관 앞을 지났다.

대동강과 평양 시가지

평양은 대외적으로 깨끗하고 아름다운 발전된 도시의 이미지를 보여 주려 노력하는데, 특히 대동강변에는 주민을 위한 휴식, 위락 시설을 수용하고 있다.

모든 것을 우리식대로

'모든 것을 우리식대로' 붉은거리, 식료품상점, 광복백화점, 청춘관 등의 간판들 위로 '당이 결심하면 우리는 한다'라는 대형 간판이 눈에 띄었다. 김일성이 태어난 곳인 만경대에 들어서자 나이든 대추나무가 그 집을 호위하듯 서 있었다. 너무 깔끔하게 단장된 집은 어색할 정도였다. 흰 저고리에 검정 치마를 입은 만경대 안내원의 설명은 유창했다. 만경대 답사를 마친 뒤 평양 거리로 나섰다.

이중환은《택리지》에서 평안도를 다음과 같이 소개한다.

압록강 남쪽, 패수浿水(대동강) 북쪽에 위치하며 기자가 봉封한 땅이다. 옛 경계는 압록강을 넘어 청석령靑石嶺까지로 당나라 역사서에서 말한 안시성과 백암성이 그 사이에 있었다. 그런데 고려 초부터 거란에게 차츰 땅을 빼앗겨 압록강이 한계가 되었다.

평양은 감사監司가 주재하는 곳으로, 패수 위에 있다.

《신증동국여지승람》은 평양을 다음과 같이 기록하고 있다.

본래 삼조선三朝鮮과 고구려의 옛 도읍으로, 당요唐堯 무진년에 신인이 태백산 박달나무 아래에 내려왔으므로 나라 사람들이 그를 세워 왕으로 삼아 평양에 도읍하고 단군이라 일렀으니, 이것이 전조선이요, 주무왕周武王이 상商을 이기고 기자를 여기에 봉하니, 이것이 후조선이요, 전하여 41대손 준準에

만경대

만경대 안내원의 설명은 유창했다.
그중 배우 이영애를 닮은 안내원과 한상렬 목사님과 함께 사진을 찍었다.

이르러 연인燕人 위만이 그 땅을 빼앗아 왕험성王險城(험險은 검儉이라고도 쓰니, 곧 평양이다)에 도읍하니 이것이 위만 조선이었다.

《여지도서》에 따르면 "서울까지 582리로 엿새 반 거리"라는 평양平壤은 왕검성 또는 기성箕城이라 불렸다. 고구려 때는 평양성, 낙랑, 장안, 안동도호부라 불렀다. 고려에서는 북진 정책의 근거지로 삼고자 평양에 대도호부를 설치하고 왕식렴王式廉을 대도호부사로 보냈다. 그 후 서쪽의 수도라 하여 서경이라고 고쳤다. 서경을 개경 못지않게 축성한 뒤 왕을 순회하며 머무르게 했고, 태조나 정종은 풍수 도참설에 따라서 평양 천도를 계획하기도 했다. 평양은 서도, 호경 또는 버드나무가 많은 수도라 하여 유경柳京 등으로 불리기도 했는데, 지금의 이름인 평양으로 불리기 시작한 것은 공민왕 때부터였고 그 후 평양부로 개칭되었다.

조선을 건국한 태조는 즉위년(1392)에 기자의 묘에서 단군을 함께 제사 지내게 하며 평양에 대한 관심을 표명했다. 그 뒤 세종 11년(1429)에 단군과 고구려의 시조인 동명왕을 함께 모신 숭령전崇靈殿을 따로 건립해 기자묘를 숭인전崇仁殿으로 부르게 하면서 봄가을에 제사를 지냈다. 태조는 태조 4년(1395)에 도선무순찰사都宣撫巡察使를 보내서 서북 방면을 관장하게 했고, 태종 13년(1413)에 태종은 지방 행정을 개편하면서 서북면을 평안도로 고치고 평양부에 관찰사를 두어 행정과 군사를 돌보게 했다. 이 지역에 주민들이 많지 않았으므로 세종과 세조 때는 남쪽 지방의 주민들에게 여러 혜택을 주어 이주시켰다. 그러나 임진왜란과 병자호란으로 이 지역의 폐해가 극심했고 그 사실을 알고 있던 영조는 평양성과 도시의 일부를 수축하도록 명했다.

《연려실기술》에 실린 평양 지역은 풍부한 물산과 빼어난 경관으로 서북 지방의 중심지 역할을 하게 되었고, 청나라와의 무역에 종사하는 사람들로 인하여 번성을 구가했다.

> 평양은 기자가 도읍했던 곳으로 8조八條의 정치와 정전 제도가 아직도 뚜렷하게 남아 있으니, 지금의 외성外城이 그것이다. 그 후 연나라 위만에게 점거되었다가 또 고구려가 도읍한 곳인데, 그 국경은 남으로 한강에 이르고 북으로 요하에 이르렀으며 군사 수십만을 거느린 가장 강한 나라였다. 고려에서는 서경을 설치하여 봄과 가을에 왕래하고 순유하는 곳으로 삼았으니, 지금도 인물과 물자가 풍부한 것은 모두 그 남아 있는 교화 때문이다. 영명사永明寺는 바로 동명왕의 구제궁九梯宮이니 기린굴과 조천석이 있으며 영숭전永崇殿은 고려의 장락궁長樂宮 터다. 도읍의 진산은 금수산錦繡山이요, 그 상봉은 모란봉인데, 모두 작은 산으로서 송도와 한성의 주산처럼 웅장하거나 높지는 않다. 북쪽에는 내[川]가 없으므로 몽골 군사가 휘몰아 쳐들어왔고, 남쪽은 강이 둘렀으므로 묘청이 거하여 반란을 일으켰으니 한스러운 일이다. 성문은 넓고 크며 누각은 높으며, 동쪽은 대동문과 장경문의 두 문이, 남쪽에는 함구문과 정양문의 두 문이, 서쪽에는 보통문이, 북쪽에는 칠성문이 있다. 8도에서 오직 이 도읍 터만이 서울과 서로 겨룰 만하다. 동쪽 10리 밖 구룡산 밑에 안하궁安下宮의 옛터가 있는데 어느 대에 지은 것인지 알 수 없으나 아마 별궁인 것 같다.

고종 31년(1894)에 일어난 청일전쟁의 격전지로 막대한 피해를 보았던 평양은 1895년에는 23부제에 따라 평양부가 되었다가 다음 해에는 13도제의 실시로 평안남도의 도청 소재지가 되었다. 같은 해 9월에 평양부가 평안도에서 분리되어 시로 승격되었고, 1948년 북한의 독자적인 정권 수립 뒤에 북한의 수도가 되었다. 이처럼 평양은 고조선과 고구려시대부터 왕도로서 터전을 지켜 왔으며 고려와 조선을 거치면서 관서 지방의 정치, 경제, 문화의 중심지로 발전했다.

《고려사高麗史》에서는 평양을 "그 경계는 서해 바다에 바짝 닿아 있고, 북쪽 변방에 연결되어 있다" 또는 "산을 등지고 물에 막혔다"고 묘사하고 있다. 평양은 '평평하고 아늑한 땅'이라는 뜻에서 유래했다. 면적은 서울의 약 네 배에 달하지만 인구는 3분의 1에도 못 미친다. 《신증동국여지승람》은 평양의 풍속을 다음과 같이 말한다.

> 반고의 《후한서後漢書》에 이르기를 "기자가 그 백성들에게 예의와 농사짓기, 누에치기, 베 짜기를 가르치고 백성을 위하여 금법 8조를 만들었다. 사람을 죽인 자는 사형으로 갚고, 사람을 상한 자는 곡식으로 갚고, 도적질한 자는 그 자의 노비로 만들고, 제 죄를 속량코자 하면 1인당 50만 전을 내되, 비록 면제되어 평민이 되나 풍속이 오히려 부끄럽게 여겨 혼인할 데가 없게 된다" 하였고, (…) 《요동지遼東志》에 "성질이 유순하나 빌려줌에는 너그럽게 용서함이 없고 의복과 음식이 검소하여 유풍이 있다" 하였다. (…) 《당서唐書》에 "풍속이 바둑과 투호와 축국蹴鞠(오늘날의 축구와 비슷한 경기)을 즐긴다" 하였다. 《수서隋書》에 "산골짜기에 의지하여 살며 풀로 지붕을 이는데, 오직 왕궁과 관청과 절만은 기와로 이었다. 사람들이 글 배우기를 즐겨 하여 궁벽한 마을의 천

한 집에서도 서로 삼가고 힘쓰며, 네거리 옆에 모두 서당을 지어 놓고 미혼의 자제들이 한데 모여 경서를 외우고 활쏘기를 연습한다" 하였다.

《북사北史》〈고구려전〉에는 "고구려 사람들은 매년 초 패수에 모여 놀이를 하는데, 왕이 수레를 타고 의장을 갖춰 구경한다. 놀이가 끝나면 왕이 옷을 입은 채 물속에 들어가 좌우 두 패로 나누어 물을 뿌리고 돌을 던져 떠들썩거리며 서로 쫓기를 두세 번하고 그만둔다"고 기록되어 있다. 고구려의 시조 동명왕의 무덤에 대해 《고려사》에는 "동명왕의 묘는 평양부 동남쪽 중화 경계인 용산 골짜기에 있으며, 그것을 진주묘眞珠墓라고 부른다. 또 인리방에 있는 사당을 세상에서는 동명왕의 사당이라고 전한다" 했다.

멈춘 차를 미는 풍경이 평양 시내 여기저기서 자주 눈에 띄었다. 여정은 평양 소년궁전으로 이어진다. 웅장한 학생소년궁전으로 들어가며 일행 중 한 사람이 물었다. "왜 어린이들이 공부하는 학습관을 소년궁전이라고 지었습니까?" 이에 우리 안내를 맡은 정운심 교원은 "우리 경애하는 김일성 수령님은 우리의 아이들을 왕이라 여기고 왕이 사는 곳이 궁전이기 때문에 궁전이라고 지었답니다"라고 답했다. 이곳은 하루에 5000여 명의 평양 지역 학생들이 소그룹으로 와서 공부하는 곳이라고 했다. 만경대 학생소년궁전의 체육 우등 기초 교실에서 소학교 3~4학년 아이들이 〈반갑습니다〉를 노래하는 것을 보고 내 마음은 편치 않았다. 그보다도 "우리는 조선 사람의 정서와 감정에 맞게 피아노 연주법을 배워야 합니다"라고 교시를 내렸다는 김정일 위원장의 말에는 동감하면서도 어딘

학생소년궁전

평양 학생소년궁전에서는 재능 있는 학생들을 선발하여 예능을 가르치고 있다.

기자총

평양시 기림리에 소재한 기자묘로《고려사》에 "숙종 7년(1102) 10월에 기자를 기념하기 위해 신사를 세워 제사를 지냈다"는 기록이 있다.

가 석연치 않은 그 무엇이 내 마음을 편치 못하게 했던 것이다.

수예, 서예, 태권도, 무용 등 그 많은 공부방들을 몇 시간 동안 돌아다니며 보는 것 자체가 그저 주마간산走馬看山이었다. 학생소년궁전에 근무하는 교원이 600여 명이라고 했다. 학생소년궁전에 어둠이 내리고 드디어 대강당에서 공연이 시작되었다. "온 세상이 부러워 바라보는 내 나라 제일 좋아요", "우리 모두 피차요", "북조선 십삼도 아름다운 내 나라 십삼도 자랑일세 북쪽에 백두산, 묘향산이요. 서쪽에 황해도 구월산일세", "아리랑 통일 아리랑", "빨간 나비 모여 앉아 빨간 봉숭아 하얀 나비 모여 앉아 하얀 봉숭아 손톱마다 빨간 물 들여 보아야" 노래는 계속 이어졌고 남측이나 북측이나 가릴 것 없이 사람들 마음속에 통일에 대한 열망이 봄비처럼 촉촉이 젖어 들었다.

어둠이 내린 평양 거리는 가로등이 꺼져 있어 캄캄하기만 했다. 저녁 7시 반 북측의 환송 연회가 벌어졌다. 음식 맛이 생각보다 정갈하고 감칠맛이 있었다. 송어보양찜이나 칠색송어도 그렇지만 김치가 옛날 할머니의 김치 맛을 생각나게 했다. 그보다도 더 우리의 마음을 움직인 것은 양각도 국제호텔 접대원들의 그 따뜻한 보살핌이었다. 오랜만에 만난 형제자매에게 하듯 그들의 어버이에게 하듯….

나는 호텔에서 강계포도주와 송화찹쌀술 한 잔씩을 마시고 취했다. 취함이 근본에 가까이 다가가는 것이라면 나는 근본에 가까이 다가갔던가. 술 한잔 나누며 북측 안내원에게 이중환의 《택리지》를 아냐고 묻자 "잘 모르겠습니다. 《택리지》가 무슨 책입네까" 했다. 나는 다시 묘청과 정지상에 대해 물으면서 부벽루에 정지상의 시가 걸려있느냐고 물었다. "정지상이 서경 사람이었다는 것 외에는 잘 모르겠습니다." 그럴 것이었다. 남측에서도 자기 전공 외에는 잘 모르고 자기가 사는 지역 외에는 어렴풋이 아는 풍조가 만연해 있는데 북측은 오죽하랴.

나는 다시 물가에서 물수제비뜨는 얘기를 꺼내면서 여기서는 겹물놀이라고 한다는데 정말로 그런지 평양식으로 묻자 "여기서는 물수제비라고도 또는 겹물놀이라고도 않고 딱히 정해진 것이 없습네다" 했다. 사람도 그 말들도 그리고 역사도 변모하는 것이리라. 이름이 김철인 안내원은 김일성대학 종교학과를 수석으로 들어가 공부했단다. 남측에서는 수석이면 법대나 의대를 가는 게 일반적인데, 북한은 인기 있는 직업이 따로 없다는 안내원의 말이 사실인 듯싶었다.

사촌이 논을 사도 배가 안 아프다?

만찬이 끝난 뒤 술에 취해 엘리베이터를 타고 가면서 만난 청소 담당 아주머니들에게 나는 물었다. "이곳에서도 사촌이 논을 사면 배가 아프다는 속담이 있습니까?" 그들은 내 말을 잘 못 알아들었는지 "뭐라고 합네까" 하고 물었다. 나는 다시 풀어서 "가까운 사람, 즉 사촌이 잘되면 기쁜 것이 아니라 기쁘지 않은 배가 아픈 그것을 말하는 겁니다." 그제야 내 말을 알아들었는지 "사촌이 논을 사면 왜 배가 아픕니까? 축하해 주어야지요"라고 말했다. 나는 "천국이 따로 없네요" 하고 말문을 닫았다. 옆에서 있는 한 분이 "이곳에는 사유 재산이 없으니 사촌이고 누구고 논을 살

일이 없기 때문에 그렇지 않겠느냐"고 내 말을 받았다. 그 또한 맞는 말인 듯했다.

한편 조선 전기 문신이자 학자였던 권근權近은 〈평양 부윤 이공 원原을 전송하는 시서詩序〉에서 "평양은 옛날 기자의 봉국封國다. 8조의 가르침으로 백성이 예의를 알았으나 주몽씨 이후로 말타기와 활쏘기를 익혀 그 풍속이 드디어 변하여 비록 수隋와 당唐의 강성한 병력으로 능히 굴복시키지 못하였으니, 그 용맹하고 웅강雄强함을 상상할 수 있다"고 했다.

《삼국사기三國史記》를 지은 김부식金富軾은 평양의 형세를 "북쪽은 산을 등지고 삼면이 물에 막혀 있다"고 했으며, 권근은 시에서 "높디높은 먼 산은 평야를 둘러 있고 금실금실 긴 강은 옛 마을을 감도네"라고 노래했는데, 평양의 북동부 지역은 청남정맥의 끝자락으로 용골산, 청운산, 국사봉 등 해발 400미터 안팎의 산들이 솟아 있고, 중부 대성 구역에는 아미산, 대성산이 솟아 있다. 서쪽은 도두산, 창관산, 북쪽은 모란봉 등의 작은 산이 솟아 있으며, 대동강이 평양 시내 한복판을 흐른다.

대동강을 두고 이르는 속담 중에 '도깨비 대동강 건너듯'이라는 말이 있는데, 이는 일의 진행이 눈에 보이지는 않으나 그 결과가 빨리 나타나는 모양을 이르는 것이다. 또한 평양을 두고 '살갑기는 평양 나막신'이라는 속담도 있는데, 이는 신기에 편안한 평양 나막신처럼 붙임성 있고 사근사근한 사람을 두고 하는 말이다. 그리고 평양은 기생뿐 아니라 모든 여자들이 아름답다고 소문이 자자한 곳이라서 '여자는 서울 말씨에, 평양 인물에, 강원도 살결이라야 한다'는 말이 전해질 정도다. 《세종실록지리

단군릉개건기념비

이성계는 서경이라 불리던 평양을 중요하게 여겼다.
기자묘에서 단군을 함께 제사 지내게 하여 평양에 대한 관심을 표명했다.

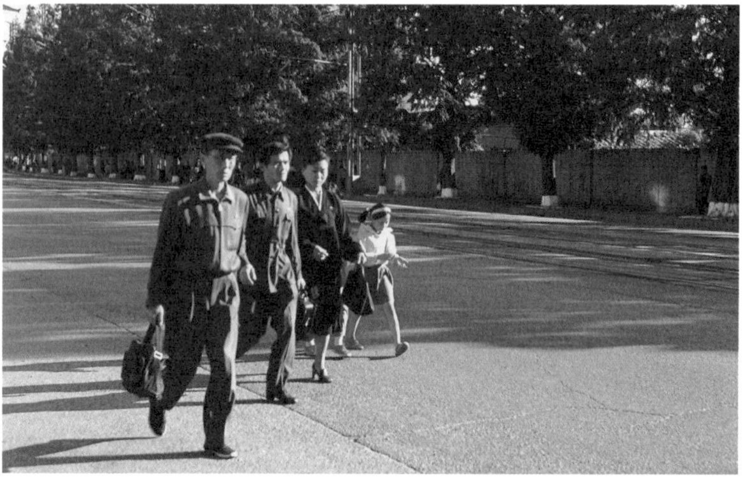

평양 시내 사람들과 교통 안내원

인민군 복장의 사람들이 거리를 걷고,
여성 교통 안내원이 둥그런 원 안에서 교통정리를 하고 있다.

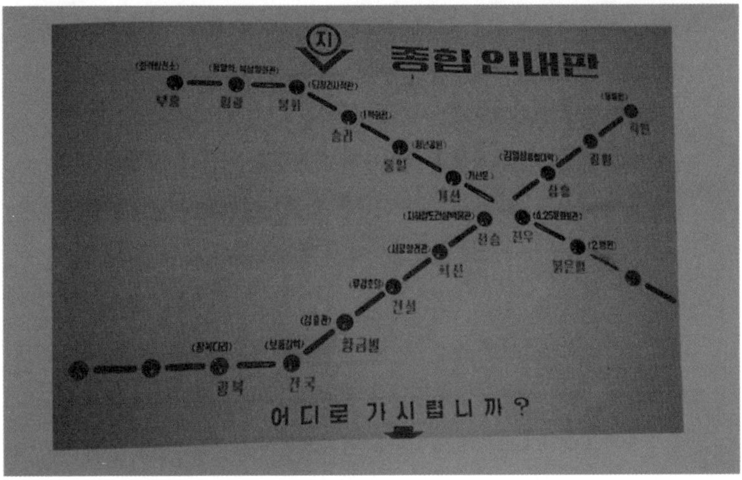

평양 지하철

평양 시내 지하철은 총연장 34킬로미터이며
역 내부는 대리석 돔dome 형식으로 벽화, 모자이크, 샹들리에로 꾸며져 있다.
지하철 이용객은 하루 평균 대략 30~40만 명인 것으로 알려져 있다(1990년 기준).

지》에 "땅은 기름진 것이 적고 메마른 것이 많으며, 기후가 매우 차다"고 한 평양의 당시 호수는 8125호였고, 인구는 1만 4440명이었다.

평양의 진산 금수산

《신증동국여지승람》에 "평양부의 진산은 부의 북쪽 5리에 있는 금수산이다"라고 기록되어 있는데, 금수산의 현재 지명은 모란봉이다. 명나라 사신 당고唐皐는 시에서 "모란이라는 신선 봉우리, 우뚝 솟아 이 나라의 진산 되었네. 내가 부벽루에 왔다가 이 산마루에 오르니 흥이 그지없네" 했고, 같은 명나라 사신인 사도史道 역시 "말을 들으니, 모란봉 위에 모란꽃이 벌써 늙었다네. 봉우리에 꽃 없다 한탄하지 마소, 봉우리 이름만으로 그대로 좋지 않은가" 했다.

모란봉은 대동강 기슭에 있는 명산으로 그 경치가 아름답기로 소문이 자자해 천하제일 강산, 즉 금수산錦繡山이라고 했다. 산의 생김새가 마치 모란꽃 같다고 하여 모란봉이라 부르게 되었다. 모란봉은 남북으로 길게 놓여 있다. 대동강 동쪽 기슭은 깎아지른 듯한 벼랑인데, 오랜 세월 대동강 물에 부딪혀 이루어진 청류벽이다. 그리고 그 맞은편으로 대동강을 사이에 두고 거의 남북 방향으로 능라도가 길게 가로놓여 있다. 능라도는 대동강 가운데에 있는 섬으로 길이 2.7킬로미터에 둘레가 6킬로미터쯤 된다. 모란봉에는 고구려와 고려 때의 유적이 많다. 내성, 외성을 비롯하여 을밀대, 칠성문, 청류정, 부벽루, 전금문, 현무문, 동암문 등이 있다.

《세종실록지리지》에는 금수산 자락 을밀대 부근에 대해 다음과 같이 실려 있다.

> 을밀대는 금수산 꼭대기에 있는데, 평탄하고 훤칠하다. 대臺 아래 층안 위에 누樓가 있어 이름을 부벽루浮碧樓라고 하는데, 보이는 경치가 이루 다 기록할 수 없다. 옆에 영명사가 있으니, 곧 동명왕의 구제궁이다. 안에 기린을 기르던 굴이 있는데 후인이 비석을 세워서 그 사실을 기록하였다. 굴 남쪽 백은탄에 바위가 있는데 밀물에는 묻히고 썰물에는 드러난다. 이름을 조천석이라 한다. 민간에 전하기를 "동명왕이 기린을 타고 굴속에서 나와 조천석에 올라서 천상에 주사하였다" 한다. 이승휴가 이르기를, "천상을 오가며 천정에 나아가니, 조천석 위에 기린이 날쌔도다" 한 것은 곧 이를 말한 것이다. 굴 북쪽에 춘양대가 있는데 우뚝 솟아서 서쪽으로 관풍대 터와 서로 마주 서 있으며, 서남쪽에 누각 터가 있으니 이름을 다경多景이라고 한다. 경치가 부벽루와 더불어 서로 갑을을 다툰다. 서쪽에 높은 언덕이 있으니 이름을 봉황대라고 한다. 민간에 전하기를 "봉황이 와서 울었으므로 이름을 봉황대라고 하였다" 한다.

평양을 둘러싼 평양성은 고구려 영양왕 8년(552)에 정치, 경제, 군사적으로 유리한 지형에 자리한 평양으로 도읍을 옮기기 위해 축조한 성이다. 평원왕 28년(586)에 천도했으며, 장안성 혹은 평양성으로 불렸다. 동쪽으로 대동강, 서쪽으로 보통강이 둘러싼 천혜의 요새지에 자리한 평양성의 대동문은 고구려 때인 6세기 중엽에 세워졌으나 그 후 여러 차례 보수했다. 지금의 대동문은 인조 13년(1635)에 개축하고 철종 3년(1852)에 보수, 1954년에 다시 수리한 것으로 남한의 국보 제1호가 숭례문인 것처럼 북한의 국보 제1호로 지정되었다.

> 기자가 도읍하였던 곳이며, 기자가 다스렸던 까닭에 구이九夷 중에서 풍속과 문물이 가장 먼저 발달하였다. 기씨는 1000년, 위씨와 고씨는 800년 동안이나 평양에 도읍하였다. 고려 이래로 지금까지 한 나라의 중요한 진鎭으로 위세를 떨친 기간이 또한 1000년이다. 그렇기 때문에 이 지방에는 아직도 기자가 만든 정전의 유지遺址와 기자묘가 남아 있다. 나라에서는 선우씨를 기자의 후손이라 여겨서, 기자묘 곁에 숭인전을 짓고 선우씨로 하여금 전감殿監을 대대로 세습시켜 제사를 받들게 하였으니 중국 곡부曲阜의 공씨의 경우와 비슷하다. 평안도는 산천의 형세가 기절奇絶하고 주몽 때의 유적이 매우 많다. 다만 전해 오는 말에는 허황하고 해괴한 것이 많아 믿을 수 없다.

이중환은《택리지》에 이렇게 기록했지만, 여러 가지 기록들을 보아 고구려 때의 흔적이 가장 많은 도시가 평양성임에는 틀림이 없다. 평양성은 대동강변에 있는데, 대동강은 평안남도 대흥군 낭림산과 한태령에서 시작하여 황해남도 은율군 및 남포시와 경계를 이루면서 황해로 흘러드는 강이다. 대동강은 고구려 때는 패수 또는 패강이라 했고, 고려 때는 왕성강王城江이라고도 했다. 우리나라 5대 장강(압록강, 두만강, 낙동강, 한강, 대동강)의 하나로, 길이가 450.3킬로미터에 달한다. 대동강의 주요 지류로는 덕천군 남양 일대에서 흘러드는 마탄강, 성천군 대양 일대에서 흘러드는 비류강, 평양시 사동 구역 미림과 평천 구역 일대에서 흘러드는 남강과 보통강, 황해북도 송림시와 황주군 철도리 일대에서 흘러드는 황주천과 재령강 등이 있다.

성은 강가에 있고

고려 고종 때의 문신인 최자崔滋는 시 〈삼도부三都賦〉에서 대동강을 두고 "뭇 물줄기 모였으니 이름이 대동강이라, 해맑고 넘실넘실, 번쩍여 출렁출렁. 호경鎬京(평양을 부르는 옛 이름 중 하나)을 안고 풍수를 모아 온 듯, 깨끗하긴 흰 비단을 깐 듯, 해맑기는 청동 같은데, 비단 닻줄을 풀고 목란木蘭 배를 띄워 중류에서 머리를 돌리니 황홀하여 병풍 속에 있는 듯하네" 했다.

평양팔경平壤八景은 을밀상춘乙密賞春(모란봉 을밀대에서 바라보는 봄 경치), 부벽완월浮碧玩月(부벽루에서의 달맞이 구경), 영명심승永明尋僧(해 질 무렵 영명사의 승려들이 찾아드는 풍경), 연당청우蓮塘聽雨(대동문에서 종로로 통하는 길 복판에 있던 연당에 비 내리는 소리), 보통송객普通送客(보통강 나루터에서 떠나는 나그네를 보내는 광경), 용산만취龍山晩翠(용악산의 사철 푸른 소나무가 늦은 가을에도 푸른 풍경), 거문범주車門泛舟(옛날 평양 외성의 남문이었던 수레문 앞 대동강에서의 뱃놀이 모습), 마탄춘창馬灘春漲(이른 봄 대동강의 여울 마탄에서 눈 섞인 물이 소용돌이치는 풍경)을 말한다. 《택리지》에는 다음과 같이 재미있는 이야기가 실려 있다.

보통강

보통강가 우거진 버들 숲에서 갈 길을 재촉하는 나그네의 모습이 아름다워
평양팔경 중 보통송객이라 했다.

평양 시내

대동강 옆으로 아파트와 고층 건물이 빼곡히 들어차 있다.
화려한 간판 없이 정돈된 모습이 인상적이다.

성은 대동강가에 있고, 절벽 위에는 연광정練光亭이 있다. 강 건너 먼 산이 넓은 들판과 긴 숲 너머로 멀리 둘러서 있어 명랑 수려한 것이 말로써 표현할 수 없다. 고려 때 시인 김황원金黃元이 연광정에 올라 종일토록 깊이 생각하였으나 다만 "긴 성곽 한쪽에는 넘실넘실 흐르는 강물이요, 넓은 들녘 동쪽에는 띄엄띄엄 산이로다"라는 연구聯句 하나를 지었을 뿐, 시상이 막혀서 잇달아 짓지 못하고 통곡하며 내려왔다. 이것은 우스운 일이며 시 또한 아름답지 않다.

연암燕巖 박지원朴趾源 역시 김황원의 시를 별것 아니라고 했는데, 서거정徐居正이 지은 《동인시화東人詩話》에는 그 내용이 이렇게 실려 있다.

김황원이 부벽루에 올라 고금古今의 제영題詠들을 보니 모두 제 뜻에 들지 않는지라. 그 현판들을 하나하나 불사르고 나서 온종일 난간에 의지하여 시를 지으려 애쓰다가 오직 이 하나의 시를 짓고 시상이 말라 통곡하고 갔네.

이 이야기는 1960년대 초등학교 3학년 2학기 국어 교과서에 "대동강"이라는 제목으로 다음과 같이 실렸다.

지금부터 약 850년 전, 김황원이라는 분이 있었습니다. 그는 평양의 아름다운 경치를 여러 번 들었으므로 꼭 한 번 가 보려고 생각하였습니다. 어느 해 봄날 그는 마음에 그리던 평양을 찾아 부벽루에 올라가 보았습니다. 참 좋은 경치였습니다.

“물이 어쩌면 이렇게 맑을 수 있을까? 그 복판에 길게 떠 있는 능라도의 버들 빛도 아름답거니와, 그보다 강 건너 벌판의 넓고 아득한 경치는 가슴속까지 확 트이는 것같이 시원하구나! 멀리 동쪽의 산들이 조그맣게 점 찍어 놓은 것처럼 보이는 것도 아름답다!”

이 경치를 한참 내려다보던 그는 문득 정자 기둥에 여기저기 붙어 있는 수많은 글을 보았습니다. 제각기 이 경치를 글로 나타냈다고 써 붙인 것이었지만, 그의 마음에는 하나도 들지 않았습니다. 지금 느낀 것과는 도무지 맞지 않는다고 그는 생각하였습니다. 김황원은 마음에 들지 않는 그 글들을 모두 떼어 버렸습니다.

“내가 좋은 글을 지어 붙이겠다” 하고 그는 종이와 붓을 꺼내었습니다. 그의 생각에는 당장에 좋은 글이 튀어나올 것 같았습니다. 마침내 좋은 글귀가 머리에 떠올랐습니다. 그는 단번에 써 내려갔습니다.

평양성을 끼고 흐르는 강물
아! 넓기도 하여라
강 건너 멀리 아득한 벌판 동쪽에는
점 찍은 듯 까맣게 산, 산, 산…

그러나 이상한 일입니다. 여기까지만 생각이 떠오르고는 도무지 붓이 더 나아가지 않았습니다. 생각이 꽉 막혔습니다. 아니 생각이 막혔다기보다 말과 글로는 도무지 나타낼 수 없을 만큼 경치가 아름다웠던 것입니다. 온종일 그는 정자 기둥에 기대어 생각해 보았습니다. 그러나 뒤를 이을 좋은 구절은 마음에 떠오르지 않았습니다. 해는 어느덧 뉘엿뉘엿 서산으로 넘어가려고 합니다. 대동강 물이 더욱 아름답게 저녁노을에 물들었습니다. 그러나 뒤를 이을 글은 머리에 떠오르지 아니합니다.

그는 안타까웠습니다. 사람의 뜻을 말과 글로 나타내기가 이렇게 어려운가 하고 생각하니, 참 분하였습니다. 그는 슬펐습니다. 그의 눈에는 눈물이 괴기 시작하였습니다. 마침내 그는 기둥을 붙잡고 엉엉 소리를 내어 울었습니다.

사방은 점점 어두워지기 시작합니다. 울다가 지친 그는 어둠 속으로 어디로인지 가 버렸습니다.

김황원이 그날 대동강에서 체득한 것은 '위대한 아름다움이란 인간으로서 감당하기에 너무나 벅찬 것'이라고 말한 프랑스 작가 장 그르니에의 생각이나 '아름다움은 영원한 기쁨'이라고 한 키츠의 생각과 동일했던 것은 아닐까?《택리지》는 이렇게 말한다.

명나라 때 주지번이 사신으로 왔다가 연광정에 올라 큰 소리로 장쾌하다고 부르짖고 '천하제일강산天下第一江山' 여섯 글자를 써서 현판을 만들어 걸었다. 정축년(인조 15, 1637)에 청나라 황제가 군사를 이끌고 돌아가던 날에 이 현판을 보고 "중원에 금릉金陵이나 절강浙江이 있는데 여기가 어찌 제일이 될 수 있겠는가" 하고는 사람을 시켜 그 현판을 부숴 버리게 하였다. 그러나 잠시 뒤에 그 글씨가 좋음을 아까워하여 '천하天下' 두 글자만 잘라 내게 하였다.

이렇게 아름다운 연광정은 관서팔경關西八景의 한 곳으로 중종 때 건

대동강 일출

대동강 하류에 위치한 평양은 지대가 낮아 곳곳에서 일출을 볼 수 있다.
가로수와 대동강이 어우러진 풍경이 수채화처럼 애잔하다.

립된 뒤 여러 차례 중수된 조선시대 대표적 건축물이다. 대동강을 노래한 수많은 시들이 있지만 그중 가장 빼어난 시를 쓴 사람은 평양에서 태어난 정지상일 것이다. 이긍익은 《연려실기술》 〈문예전고文藝典故〉에서 정지상을 다음과 같이 평한다.

> 우리나라 문장은 최치원에서 처음으로 발휘되었다. 김부식은 풍부하였으나 화려하지는 못하였고, 정지상은 화려하였으나 떨치지는 못하였으며, 이규보는 눌러 다졌으나 거두지는 못하였고, 이인로는 단련하였으나 펴지는 못하였으며 (…) 이제현은 노련하고 기운찼으나 문채가 있지는 못하였고, 이숭인은 온자溫藉하여 기운이 부족하였으며, 정몽주는 순수하였으나 요약要約하지는 못하였고 (…).

'깊은 강은 멀리 흐른다'는 말처럼 넓고도 깊게 흐르는 대동강 하류는 심한 침식을 받아 평양의 동쪽에서도 모란대 부근과 같은 침식애를 비롯해 많은 절벽이 하안에 나타난다. 합장강 합류점부터 재령강 합류점 사이에는 능라도, 양각도, 쑥섬, 두루섬, 벽지도, 곤유섬 등이 자리한다.

을밀대야, 부벽루야

금수산(모란봉) 을밀봉 아래에는 을밀대乙密臺가 있다. 을밀대는 6세기 중엽 고구려 평양성 내성의 북쪽 장대將臺로 세운 정자다. 이름의 유

을밀대

정자 북쪽에는 청류벽이 있고 벽이 끝나는 곳에 부벽루가 있다.
을밀대에서 바라보는 평양 시가지 풍경이 특히 아름답다.

래로는 먼 옛날 을밀 선녀가 이곳의 경치에 반해 하늘에서 내려와 놀았다는 설화가 있고, 을지문덕 장군의 아들 을밀 장군이 이곳을 지켜 싸웠다는 전설 같은 이야기가 전해진다.

"모란봉아 을밀대야 네 모양이 그립구나 (…) 대동강 부벽루야 뱃노래가 그립구나"라는 유행가 가사 속에 남아 있는 부벽루는 평양시 중구역 금수산 모란봉 동쪽의 깎아지른 청류벽 위에 서 있다. 본래 광개토왕 2년(393)에 창건된 영명사의 부속 건물로 영명루라고 불렀는데, 12세기에 이르러 '대동강의 맑고 푸른 물 위에 떠 있는 듯한 정자'라는 뜻에서 부벽루라고 고쳐 부르게 되었다. 연광정과 부벽루에는 평양 기생 계월향桂月香이 그녀가 사모했던 김응서金應瑞 장군으로 하여금 왜장의 목을 베게 한 곳이라는 이야기가 전해진다. 부벽루와 관련한 《택리지》의 기록을 보자.

정자를 돌아서 북쪽에는 청류벽淸流壁이 있고, 벽이 끝나는 곳에 부벽루가 있는데, 바로 평양성 모퉁이 영명사 앞이다. 명종 때 하곡 허봉이 유생으로 있을 때인데, 벗들과 함께 평양에 놀러 갔다. 하곡은 평안 감사의 사위와 부벽루에서 기생과 풍악을 크게 벌이기로 약속하였다. 감사 부인이 그 사위가 기생을 끼고 향락하는 것을 노여워하였다. 감사를 부추겨 나졸을 보내서 함께 있는 기생을 다 잡아 가두어 버렸다. 하곡은 낭패를 당하고 돌아와서 시 〈춘유부벽루春遊浮碧樓〉를 지어서 이를 조롱하니 그 시가 일시에 사람들에게 전해졌다. 감사는 이 때문에 세상의 비웃음을 샀다.

허봉은 동인의 선봉이 되어 서인과 대립하게 되고 병조판서 이이李珥

의 직무상 과실을 들어 탄핵했다가 종성에 유배되었다. 이듬해에 풀려난 허봉은 정치의 뜻을 버리고 온 나라를 떠돌아다니다가 선조 21년(1588) 서른여덟의 나이로 금강산에서 세상을 떠났다.

대동강변 평양 시내

평양에서 이름난 물산은 평안남도 일대에서 생산되는 평양견平壤繭과 평안남도와 황해도 북부 일대에서 사육되는 소〔牛〕다.

《여지도서》는 평양시 강동군江東郡을 "동쪽과 북쪽은 뒤로 산을 등지고 있고, 서쪽과 남쪽은 앞으로 강을 바라보고 있다. 학문과 배움을 숭상하고 활쏘기와 말타기에 힘쓰며 농업과 누에치기에 부지런하다" 했다. 이곳 대박산 기슭에는 단군의 무덤이라는 단군릉이 있고 무진리에는 고구려의 시조인 고주몽의 묘 동명왕릉이 있는데, 장수왕 15년(427) 고구려가 평양으로 수도를 옮길 때 함께 옮긴 것이라고 한다.

평양에 와서 냉면을 못 먹었다면 평양 구경을 다 했다고 말하기 부끄럽다. 조선 팔도에 소문난 옥류관의 평양냉면, 청류관의 전골과 신선로, 평양약밥이 이름 높다. 또 하나 이름났던 것은 대동강에서 물을 길어다 파는 물지게꾼이었다. 영국의 지리학자 이사벨라 버드 비숍은《한국과 그 이웃 나라들》이란 책에서 평양의 물지게꾼을 다음과 같이 묘사했다.

나는 붐비는 나룻배 위에서 말을 탄 채 맑게 반짝이는 대동강을 건넜다. 강

단군릉

평양은 단군성전을 품고 있다. 북한이 단군과 단군 부인의 무덤이라고 밝힌 유적으로, 1994년에 문흥리 대박산 기슭에 조성했다.

옥류관

대동강변의 풍광과 잘 어울리는 옥류관은 2250석에
연면적 5800제곱미터 규모의 식당이다. 우리에게 잘 알려진 평양냉면을 비롯해
고기쟁반국수, 대동강숭어국밥, 평양어죽 등 여러 가지 민족 음식을 선보이고 있다.

건너 어두운 수문 안은 온통 물바다였고 하루 종일 물지게꾼으로 붐비고 있었다. 도시 안에는 우물이 전혀 없었는데 그 이유는 놀랍게도 성벽이 배 모양을 둘러싸고 있어서 그곳에 우물을 파면 배가 침몰한다는 미신 탓이었다. 물은 거의 대부분이 미국제 등유 양철통으로 운반되고 있었다.

《택리지》에서는 평양의 지세를 이렇게 기록한다.

땅이 오곡과 목화 가꾸기에 알맞으나, 방죽의 용수와 개울이 적어 밭농사만 일삼는다. 그러나 대동강 하류에 있는 벽지도는 강 복판에 위치하여 강물이 빠지면 진흙이 드러나서 주민들이 논을 만들어 1묘畝(사방 600척)에 수확이 1종鍾(6섬 4말)이나 된다.

대동강은 백두산 서남쪽에서 흘러나와 300리를 내려오다가 영원군에 와서는 커져 강이 되고, 강동현에 이르러 양덕과 맹산에서 오는 물과 합쳐지며, 부벽루 앞에 와서 대동강이 된다. 대동강변에 날아갈 듯 서 있는 부벽루 앞의 남쪽 둑에는 10리나 뻗어 있는 긴 숲이 있다. 관청에서 나무하는 것과 가축 먹이는 것을 금지하여 기자 때부터 지금까지 숲이 무성하며, 매년 봄여름이면 그늘이 우거져서 하늘이 보이지 않는다.

고려 말 이색이 고구려 옛 유적지인 평양 부벽루를 지나면서 감회를 읊은 시가 〈부벽루〉다. 사람은 가고 없어도 시는 남아 대동강을 수놓고 있다. 이색의 〈부벽루〉를 보자.

대동강

하류로 흐를수록 강폭이 넓어지면서 평양 시가지가 펼쳐진다.
강은 늘 그 자리에 있고 사람이 흘러가는 것만 같다.

어제 영명사를 지나다가
잠깐 부벽루에 올랐네
성은 빈 채 달 한 조각 떠 있고
돌은 오래되어 구름은 천추로다
기린마는 가서 돌아오지 않고
천손은 어느 곳에 노니는고
길게 휘파람 불고 바람 부는 언덕에 서니
산은 푸르고 강물은 흘러가네

현재 평양직할시의 낙랑벌과 미림벌, 순안벌을 비롯한 여러 평야와 양각도, 능라도, 두루섬 등은 주요 관광 자원일 뿐만 아니라 온갖 나무와 채소가 이곳에서 재배되고 있다. 양각도羊角島에는 양각도국제호텔과 1989년 5월 평양 축전을 위해 건립된 평양국제영화관 및 양각도축구경기장이 있다.

북한을 방문했을 당시 4박 5일간의 짧은 일정이었지만 황해도 구월산, 묘향산, 백두산 일대와 평양 일대를 두루 돌아다녔는데, 그때 차에 동승한 안내원들과 여러 이야기를 나누었다. 양각도는 평양역과 대동강역 사이에 있는 대동강의 하중도다. 평양을 방문했을 당시 양각도국제호텔에서 전 일정을 머물며 아침을 먹었다. 닭알무침(달걀찜), 향채순, 물김치(개인 별도)에 콩나물국이 차려진 성찬이었다. 아침밥을 먹으며 "북측에서도 김치를 좋아합니까?" 하고 묻자 "그렇습네다. 우리 북측 사람들은 김치 아니면 밥을 못 먹습네다." 우문우답이다. 한민족인데 다를 것이 뭐 있겠

평양의 순안 공항

땅이 평평하다는 뜻을 지닌 순안 공항 건물 위에 북한의 지도자였던
김일성의 사진이 세워져 있다.

는가. 날은 어둡고 어둠이 가시지 않은 호텔 앞 광장이 밤사이 내린 비로 촉촉했다.

백두산 오르는 날, 삼지연 공항에서 병사봉으로 오르는 길이 만만하지 않을 거라는 건 알고 있었다. 차는 7시 20분에 떠난다고 해 놓고 40분이 다 되도록 그냥 머물러 있었다. 그 틈에 안내원에게 평양의 인구가 얼마인가 물었더니, "평양은 250만 명 정도 되고 원산, 청진, 사리원, 남포, 신의주, 해주, 혜산, 강계, 함흥이 북측의 큰 도시입네다" 했다. 남측에서는 서울로만 인구가 몰려든다고 하자 "여기도 역시 평양으로만 올려고 합네다. 그래서 도시에서 농촌으로 나가 살려는 사람은 국가에서 집도 지어주고 그곳에서 환영도 해 주고 사회적으로 내세워 주고 하니까 당 간부들은 농촌으로 많이 내려갑니다. 특히 자발적으로 나가는 사람들도 적지 않습네다"라고 했다. 평양에서 신의주까지는 열차로 4시간이 걸리고 청진까지는 10시간이 걸린단다. 안내원이 내게 물었다. "남측에선 지금도 북측 사람들 머리에 뿔이 달렸다고 생각합니까?" 나는 정색을 하고 아니라고 답했다. 지금이 어느 시대인가!

대동강을 건너 평양 시내를 거쳐 비 내린 순안 공항에 도착했다. 탑승수속을 마치고 고려항공 버스를 타고 비행기에 올랐다. 땅이 평평하다는 뜻을 지닌 순안 공항, 그 비 내리는 공항을 북한의 지도자였던 김일성이 사진 속에서 젊은 시절의 얼굴로 무심한 듯 바라보고 있었다.

김부식과 정지상

화려한 문장으로 한 시대를 풍미했지만 떨치지는 못하고 스러져 간 비운의 시인이 바로 정지상鄭知常이다. 정지상은 서경(평양)에서 태어났으며, 어릴 적 이름은 지원之元이고 호는 남호南湖다. 정지상의 어린 시절에 대해서는 전하는 것이 없지만 가난한 집 편모슬하에서 자란 것으로 추정된다. 어려서부터 시를 짓는 데 뛰어났다. 다섯 살 무렵 강 위에 떠 있는 해오라기를 보고 이렇게 시를 지었다고 한다.

어느 누가 흰 붓을 가지고
을乙 자를 강물에 썼는고

그 뒤 정지상이 소년 시절에 지었다는 시 〈송인送人〉은 1000년을 두고 이보다 뛰어난 이별시가 없다는 평을 받고 있다.

비 갠 긴 언덕에는 풀빛이 푸르기도 한데
남포에서 님을 보내며 슬픈 노래 부르네
대동강 물은 어느 때라야 다 마를거나
이별의 눈물이 해마다 푸른 강물에 더하는 것을

딱히 누구라고 정한 사람은 없지만 떠나보내는 슬픈 심정에 눈물이 대동강 물처럼 마를 날 없이 보태지기만 하는 그 애틋한 마음을 노래한 것이다. 정지상은 문학을 숭상하는 왕의 총애를 받으며 윤관, 김부식, 곽여 등 당대의 명사들과 교유했고 예성강변에 있는 장원정長源亭에 대한 시를 지어 명성을 드높였다.

옥루玉漏 소리 뎅겅뎅겅하고 달은 공중에 걸렸는데
한 봄의 홍취는 모란꽃에 바람 불도다
작은 마루에 발을 걷으니 봄 물이 푸르렀는데
사람은 봉래의 까마득한 가운데 있구나

지제고知制誥라는 벼슬을 지낸 정지상에 대한 고려 인종의 아낌이 대단했다. 왕은 정지상에게 곽여를 추모하는 〈산재기山齋記〉를 짓게 하여 비碑에 새겨 세웠다. 정지상은 고려의 절창絶唱 12인 가운데 한 사람으로 꼽히기도 한다.

정지상은 당시 개경 문단을 주름잡던 김부식과 역사적으로 최고의 라이벌 관계였다. 역사가이며 유학자였고 뛰어난 문재를 발휘했던 김부식이 개경 문단을 독식하던 시절 점차 정지상의 이름이 문단에 알려지기 시작했다. 곧이어 정지상은 뛰어난 문재를 발휘하며 개경 문단의 중심이 되었고, 그의 시 〈송인〉이 개경 사람들의 입에서 입으로 전해졌다. 개경 문단에서 쌍벽을 이루며 활동하게 된 정지상과 김부식은 조정에서도 만날 기회가 자주 있었다. 정지상은 특히 오언절구를 잘 지었는데, 하루는 그가 다음과 같은 시를 지었다.

법당에 염불 소리 그치니
하늘빛이 맑은 유리로다

새벽이 지나고 아침이 오는 풍경을 읊은 이 시를 전해 들은 김부식이 정지상에게 이 구절을 빌려주면 나머지 부분은 자신이 채우겠다고 했다. 그러나 정지상은 김부식의 제의를 한마디로 거절했다. 당시 김부식은 명문 귀족 출신으로 중견 관리였지만 정지상은 한미한 가문 출신으로 초급 관료였으니 김부식의 자존심이 얼마나 상했겠는가. 이 사건은 역사의 소용돌이 속에서 수면 아래로 잠시 내려앉았지만, 묘청의 난 때 정지상은 결국 김부식에 의해 비운의 죽음을 맞게 된다.

안정복安鼎福은 《동사강목東史綱目》에서 "김부식이 정지상을 죽인 것은 두 사람 사이의 개인적 감정 대립이 아니라, 춘추대의에 의하여 난적을 죽인 것이다"라고 기록했다. 신채호申采浩가 '조선 역사 일천년래 제일대사건'이라고 말한 묘청의 난 때 묘청妙淸과 함께 희생된 정지상에 관한 글이 이규보李奎報의 《백운소설白雲小說》에 다음과 같이 실려 있다.

시중 김부식과 학사 정지상은 문장으로 동시에 이름을 가지런히 하였기로 두 사람은 늘 사이가 좋지 못하였다. (…) 뒤에 정지상이 김부식에게 주살되어 음귀陰鬼가 되었다. 김부식이 어느 날 봄을 읊는 시를 지었다. "버들 빛은 천 줄기가 푸르고柳色千絲綠, 복사꽃은 일만 점이 붉구나桃花萬點紅." 그때 문득 공중에서 정지상의 귀신이 부식의 빰을 치면서 "천 줄기인지 일만 점인지 누가 세겠느냐? 왜 '버들은 실실이 푸르고柳色絲絲綠, 도화는 점점이 붉다桃

花點點紅'고 하지 않느냐?" 하였다. 이 일로 김부식은 마음속으로 사뭇 꺼림칙하게 여겼다.

그 후 김부식이 어떤 절 뒷간에서 일을 보는데 귀신이 된 정지상이 뒤에서 음낭을 쥐며 묻기를 "술도 안 마시고 왜 얼굴이 붉으냐?" 하였다. 김부식이 대답하기를 "저 건너 언덕의 단풍이 얼굴을 비춰 붉다"라고 하였다. 다시 정지상이 음낭을 단단히 쥐며 "이 가죽 주머니는 왜 이리 무르냐?" 하고 물었다. 김부식은 "네 아비 음낭은 무쇠였더냐?" 하면서 전혀 낯빛이 변하지 않았다. 그러자 정지상 귀신이 음낭을 더 힘껏 쥐어 김부식은 마침내 뒷간에서 죽었다.

김부식의 시에 맺힌 원한 때문에 정지상이 죽임을 당했지만, 죽은 정지상이 산 김부식을 죽음에 이르게 했다는 소설이다.

비운의 시인이라고 일컬어지는 정지상은 이렇게 허망하게 한 생애를 마감했고, 그의 문학적 라이벌이었던 김부식은 묘청의 난을 평정한 이후 《삼국사기》를 지었다. 빼어난 문장으로 한 시대를 풍미했던 정지상은 많은 시를 썼을 것으로 추정되지만 반란의 주모자로 처형된 탓인지 몇 편의 시만이 남았을 뿐이다. 허균의 글에 따르면 중국 사신들은 그들이 지나는 연변에 있는 조선 문인들의 시판詩板을 모두 떼어 냈는데, 정지상의 〈송인〉과 이색의 〈부벽루〉만은 그대로 두었다고 한다. 그만큼 살아생전에 회자되었던 그의 시는 후대에까지 널리 알려지게 되었다. 문학 평론가 조동일趙東一은 《한국문학통사》에서 정지상을 다음과 같이 평했다.

김부식이 문학에서도 귀족적인 규범을 수립하고자 한 사람이라면, 정지상

평양 사람들

북한에서도 평양은 특별시로 관리되므로 황해도나 함경도, 평안도 등 다른 지역과 살림살이가 월등히 달라 평양에 사는 사람들의 삶은 훨씬 윤택하게 보였다.

은 그러한 풍조에 반발하고 자기 향토의 정서를 살리면서 절실하고도 아름다운 표현을 구사하는 데 막힘이 없고자 하였다. 정지상은 표현 기법을 깊이 터득했으므로 근체시의 고정된 격식을 일부러 어기는 요체拗體라는 것을 택하더라도 그 묘리를 충분히 발휘할 수 있었다는 평을 듣는다.

정지상의 시에는 고향 서경에 대한 자부심과 서경 사람들의 고난이 함께 나타나 있다. 그는 칠언절구 시 〈서도西都〉에서 거리는 번화하고 집에는 푸른 창과 붉은 문이 달려 있다 하면서 서경의 번화한 분위를 표현했다.

일천년래 제일대사건 묘청의 난

고려왕조를 뒤흔들었던 묘청의 난의 특징은 승려가 주동 인물이었다는 것, 국호와 연호 등은 제정하면서도 왕을 새로 옹립하지 않은 채 왕에게 거사 소식을 스스로 전했던 것이라고 할 수 있다. 그렇다면 서경 천도와 칭제 건원 그리고 금국 정벌을 주장했던 묘청과 백수한, 정지상, 김안 등은 과연 혁명을 같이 준비했을까? 아니면 우발적 반란이었을까?

그들이 혁명을 꿈꾸었다면 그들의 세력이 개경과 서경으로 분산된 상황에서 난을 일으키지는 않았을 것이다. 그 당시 고려왕조에서 빼어난 재주와 지략을 자랑하던 그들이 더 큰 세력을 형성한 뒤 서경에서 난을 일으켰더라면 김부식을 비롯한 개경파로서도 쉬운 상대는 아니었을 것이다. 그러나 백수한, 정지상, 김안 등이 개경에서 손 한번 쓰지 못한 채 참살되고 묘청마저 허무하게 내부의 반란으로 무너진 뒤 묘청의 난은 막을 내렸다. 단재 신채호는 묘청의 난에 대하여 다음과 같이 평가하며 실패로 돌아간 것을 애석해했다.

> 서경 전역戰役은 낭불양가郎佛兩家 대 유가儒家의 싸움이며, 국풍파國風派 대 한학파漢學派의 싸움이며, 독립당獨立黨 대 사대당事大黨의 싸움이며, 진취 사상 대 보수 사상의 싸움이니 묘청은 곧 전자의 대표요, 김부식은 곧 후자의 대표였던 것이다. 이 전역에 묘청 등이 패하고 김부식이 승리하였으므로 조선사가 사대적 · 보수적 · 속박적 사상, 즉 유교 사상에 정복되고 말았거니와, 만일 이와 반대로 김부식이 패하고 묘청 등이 이겼더라면 조선사가 독립적 · 진취적 방면으로 진전하였을 것이니, 이 난을 어찌 일천년래 제일대사건이라 하지 아니하랴.

정지상이 묘청과 함께 추구했던 서경 천도 운동은 당시 상하층에 유포되어 고유 신앙으로 자리했던 풍수 도참설에서 비롯했다. 풍수 도참설이 널리 퍼지게 된 것은 고려왕조의 지배 이념이었던 유교 사상과는 달리 대다수 백성들에게 체질화된 전통문화에 바탕을 두었기 때문이다. 하지만 그들의 주장은 많은 사람들의 호응을 받았으면서도 변화를 두려워하는 보수 지배 계층의 견제를 받았던 것도 사실이다. 또한 묘청을 비롯한 서경 세력의 주장에도 무리가 없지 않았다. 금나라 정벌도 당시의 국제 정세상 가능한 일이 아니었고, 서경 천도의 당위성을 풍수 사상에만 의존했던 것도 문제였다. 묘청의 난이 실패로 돌아간 뒤 고려 사회는 표면상 평

만경대 김일성 생가

김일성이 태어났다는 만경대에 그의 생가가 복원되어 있다.
커다란 숲이 초가집을 둘러싸고 있다.

ⓒ 권태균

평양성벽

평양성은 산성 안에 왕궁을 갖추었다. 평지성과 산성이 통합된 평산성 형식이다.

온을 되찾았으나, 반란이 고려 사회에 끼친 영향은 컸다.

우선 서경의 권력 구조상 지위가 크게 격하되었다. 이와 함께 고려 권력 구조의 균형이 깨지면서 서경 세력이 개경의 문신 귀족 세력의 독주를 가능하게 했다. 그리하여 문신 귀족 세력이 더욱 득세하여 왕권마저 능멸하는 풍조가 널리 퍼졌다. 따라서 당시 문신 귀족 사회가 안고 있던 정치적·사회 경제적 모순과 폐단은 34년 뒤 김부식의 아들 김돈중金敦中이 정중부鄭仲夫에게 죽임을 당하면서 시작되는 무신 정변의 원인으로 작용했던 것이다.

정지상은 그의 시재에 열등감을 느낀 김부식 때문에 비명에 죽었다. 하지만 정지상의 시는 1000년이 지난 지금까지도 뭇사람들의 가슴을 울린다. 정지상의 또 다른 〈송인〉을 감상해 보자.

뜰 앞에 잎 하나 떨어지고
마루 밑에 온갖 벌레 슬프구나
홀홀히 떠남을 말릴 수 없네만
유유히 가면서 어디로 가는가
한 조각 마음은 산이 끝난 곳
외로운 꿈, 달 밝을 때
남포에 봄 물결 푸를 때
그대는 뒷기약 잊지 말게나

정지상의 시에 얽힌 이야기는 홍만종洪萬宗의 《명엽지해蓂葉志諧》

에도 전한다.

글을 모르는 어떤 선비가 관서 지방에서 원 노릇을 하고 있었다. 어느 날 평양의 연광정에 올라 경치를 감상하다가 정자 현판에 쓰인 '송군남포동비가送君南浦動悲歌'라는 시구를 보게 되었다. 그는 마음속으로 생각하였다.

'동비가 석 자는 명기名妓의 이름이겠지.'

"여기 기생들 중에 동비가가 누구냐?"

그러자 한 기생이 웃음을 머금고 대답하였다.

"그것은 소인의 할머니 이름인데요."

사람들이 배를 잡고 웃었다.

평안 감사 박엽

광해군은 박엽이 재능이 있다 하여 평안 감사로 발탁하였다. 그때 만주에서 난을 꾸며 서쪽 방면에 일이 많았으나, 박엽이 재주와 슬기가 있으므로 광해가 신임하여 무릇 10년 동안이나 벼슬을 갈지 않았다. 박엽은 재물을 활용해 첩자를 잘 이용하였다. 한번은 지방을 순시하다가 구성龜城에 도착하였는데 마침 청병淸兵이 와서 성을 포위하였다. 밤중에 호인胡人 하나가 성을 넘어 박엽의 침소에 들어와 귓속말을 하고 돌아갔다. 다음 날 아침에 박엽이 사람을 시켜, 술을 가지고 가서 청병을 먹게 하였다. 또 쇠고기로 긴 꼬치적을 만들어서 청나라 군졸에게 나누어 주게 하였는데, 남지도 모자라지도 않고 군졸의 수효와 똑같았다. 이것을 목격한 청나라 장수는 크게 놀라고 괴이하게 여겨 박엽을 신이라 하며, 곧 강화한 다음 포위를 풀고 가 버렸다.

계해년(광해군 15, 1623)에 박엽의 비장裨將 한 사람이 틈을 타서 귀띔하기를 "지금 조정은 패할 것입니다. 공은 왕이 총애하는 신하이니 반드시 화를 당하게 됩니다. 그러니 청국과 내밀히 결탁하였다가, 만약에 조정에 일이 벌어지거든 이 지역을 청나라에 바치고 일부는 떼어서 공이 차지한다면 자립하기에 넉넉할 것입니다만, 그렇지 않으면 화를 면하기 어렵습니다"라고 하였다.

이에 박엽은 "나는 문관이다. 어찌 나라를 배반하는 신하가 되겠는가" 하고는 듣지 않았다. 그 사람은 곧 박엽을 버리고 도망쳤다. 얼마 안 되어 인조가 반정하여 정권을 잡자 곧 사신을 보내 박엽을 임소任所에서 베어 죽였다.

《택리지》에 소개된 조선 중기 문신 박엽朴燁의 이야기다. 광해군 때 함경도 병마절도사가 되어 광해군의 뜻에 따라 성지城池를 수축하여 북변의 방비를 공고히 했고, 평안도 관찰사가 되어 6년 동안 규율을 확립하고 여진족의 동정을 잘 살펴 국방을 튼튼히 했으므로 외침을 받지 않았다. 당시의 권신 이이첨李爾瞻을 모욕하고도 무사하리만큼 명망이 있었던 박엽은 인조반정 뒤 인조 즉위년(1623)에 부인이 세자빈의 인척이라는 이유로 그를 두려워하는 훈신들에 의하여 처형되었다.

박엽에 대한 후대의 기록은 그리 아름답지가 못하다. 《응천일록凝川日錄》에 실린 내용을 보면, 박엽이 의주 부윤으로 있을 때 형장을 남용하여 가는 곳마다 사람을 죽이고 백성들의 고혈을 짜냈으며 음탕하고 더러운 짓을 마음대로 했다. 《속잡록續雜錄》을 보면 그가 평안 감사 재임 때 음탕하고 포악 방자하며 거리낌이 없어 새로 익랑翼廊 70여 칸을 지어 도내 명창 100여 명을 모아 날마다 함께 거처하며 주야로 오락과 음탕을 일삼았으며, 결미結米(조세로 바치는 쌀)를 곱절로 늘려 독촉하여 이행하지 않으면 참혹한 형을 가했던 관계로 그가 처형되자 군중이 모여들어 관을 부수고 시체를 꺼내어 마디마디 끊었다고 기록되어 있다. 시를 잘 지었던 박엽의 〈상춘곡〉을 보자.

연분홍 꽃 오련한 푸른 잎은 아침햇살 머금고
꾀꼬리 읊조리고 제비는 지지배배 남의 시름 자아내네
이끼 자욱 이슬에 함초롬 비취빛으로 젖었는데
흩날리는 눈 같은 살구꽃은 연지빛으로 향기롭다
봉황 무늬 저고리는 흐르르 얇아 봄추위 스며드는데
은병풍 기대어서 이별을 슬퍼하네
서방님 한 번 떠나 돌아오질 않아
손꼽아 기다리던 그 봄도 또 삼월이라니

조선의 벼슬아치들이 가장 선망했던 벼슬이 평안도 평양에 근무하는 평안 감사였다. 벼슬아치들이 '평안 감사도 저 싫으면 그만이다'라는 속담이 유래된 평안 감사를 하고자 했던 이유와 관련해 몇 가지 속설이 있다. 그 첫 번째가 평양의 빼어난 경치다. 최남선도 〈조선십경가朝鮮十景歌〉에서 대동강의 봄 경치가 일품이라고 적었다. 두 번째는 아름답기로 소문난 평양 기생이다. 세 번째는 평양의 돈이다. 평안도가 중국과 접해 있으므로 국제 무역으로 경제의 유통이 가장 활발하여 돈이 잘 돌아가는 곳이었기 때문이다.

평양 동쪽에 있는 성천군

평양 동쪽에는 성천부가 있다. 곧 송양왕(고구려 건국기 동가강 유역에 있었던 비류국의 왕. 송양왕의 딸이 유리왕의 비가 되었다)의 나라였는데, 주몽에게 합병되었다. 성천부 읍치는 비류강가에 있다. 광해군이 임진왜란 때 종묘사직의 신주를 받들고 부중府中에 와서 피난했다. 광해가 왕이 되자 부사 박엽을 시켜 객관 옆에 강선루降仙樓를 크게 지으라 했다. 누각이 300여 칸이나 되고 지음새가 굉장하여 팔도의 누각 중에 으뜸이다.

《택리지》에 기술된 성천군成川郡이다. 성천군은 정확히 평양의 북동쪽에 있다. 성천은 북쪽으로 은산군과 북창군, 동쪽으로 신양군, 남쪽으로 회창군, 서쪽으로 평성시와 인접한다. 본래 고구려 초기 5부족 가운데 하나였던 소노부(비류국)와 송양왕국의 옛 서울이었던 성천은 고려 태조 14년(931)에 강덕진을 두었고, 현종 9년(1018)에 성주방어사로 고쳤다. 조선시대에 들어와서 태종 15년(1415)에 성천으로 고쳐 도호부로 승격되었다.

《삼국사기》에는 "땅이 기름지며 산천이 험하고 견고하다"고 기록되어 있으며, 《여지도서》에는 "물이 깊고 땅이 기름지며, 사람들은 부지런하고 누에치기에 힘쓴다. 고구려의 옛 도읍으로 고구려의 풍속이 아직도 남아 있다"고 실려 있다. 성천의 진산에 대하여《신증동국여지승람》에서는 "성천부의 진산은 부의 동쪽 8리에 위치한 검학산劍鶴山이다. 좌우의 낭떠러지가 검劍과 학같이 생겼으므로 그렇게 이름 지었다" 했다. 또 열두 봉우리가 옹기종기 모여 있는 것 같은 흘골산을 사람들은 무산십이봉巫山十二峯이라고 부른다. 첫째 봉우리를 벽옥봉, 둘째 봉우리를 금로봉, 셋째 봉우리를 천두봉, 넷째 봉우리를 몽선봉, 다섯째 봉우리를 고당봉, 여섯째 봉우리를 양대봉, 일곱째 봉우리를 신녀봉, 여덟째 봉우리를 조운봉, 아홉째 봉우리를 모우봉, 열째 봉우리를 생학봉, 열한째 봉우리를 자지봉, 열두째 봉우리를 회주봉이라고 했다.

조선 전기 문신 박원형朴元亨은 시에서 "강 위의 여러 봉우리는 검처럼 뾰족하고, 봉우리 앞의 강물은 쪽을 풀어 놓은 듯하네"라고 흘골산을 노래했다. 《택리지》에는 "강선루 앞에 흘골산 열두 봉우리가 있으나 돌빛이 아담하지 못하고, 강이 얕고 빠르며 들판이 또한 비좁아서 평양보다는 훨씬 못하다"고 기록되어 있다. 하지만 흘골산 열두 봉우리의 자태는 비류강에 비쳐 지상 선경을 연출한다.

성천의 강선루를 두고 김수녕은 "우연히 송양松讓을 지나다가 꽃다운 샘에 목욕하고, 머리 말리며 흘골산 앞으로 돌아오네. 한 물은 뜰을 따라 물결이 다시 고요한데, 두어 봉우리는 문을 헤치고 들어와 푸르게 잇닿았네 하여라. 안개가 갠 산시山市의 저물어 가는 햇빛에 안개가 맑고 비가 내리려는 때에 바람은 강루에 가득하네. 재주 없어 황학루黃鶴樓의 글귀를 이루지 못하니, 다만 앵무주鸚鵡洲에 풀만 처량하네"라고 노래했다. 신숙주 역시 비류강과 무산십이봉에 대한 시를 한 편 남겼다.

노래와 춤이 강을 가로질렀는데 지는 해는 붉구나

풍류와 기개는 제공들의 것이로구나

뉘 능히 고당부高唐賦를 화답하여 이루겠느냐

운우가 의연하니 무산십이봉이네

비류강에는 고구려 미천왕에 얽힌 이야기가 남아 있는데, 《신증동국여지승람》의 기록은 다음과 같다.

고구려의 봉상왕이 그 아우 돌고를 죽였는데, 돌고의 아들 을불이 화를 피하여 집을 나가서 남의 집 하인이 되었다. 여러 신하들이 봉상왕을 폐하고 을불을 맞아들여 왕위에 올리려고 조불, 소우 등을 보내어 찾아보게 하였다. 비류강가에 이르러 찾아보았더니, 한 사람이 그 모습은 비록 여위고 쇠약하나 거동이 보통이 아니므로 소우 등이 나아가서 절하고 말하기를, "지금 국왕이 무도하여 여러 신하가 의논하여 폐하고, 왕손께서 인자하시어 대업을 이을 만하므로 신들을 보내어 받들어 맞이하게 하였습니다" 하였다. 을불이 의심하여 말하기를 "나는 야인이오, 왕손이 아니오" 하니, 소우 등이 또 말하기를 "여러 신하들의 왕손에 대한 바람이 매우 간절하오니 의심치 마소서" 하였다. 마침내 을불을 맞이하여 돌아와서 그가 왕위에 오르니, 이가 곧 미천왕이다.

이곳 성천의 객사는 출장 나온 관리들과 사신들이 묵었던 곳이다. 고려 충혜왕 복위 4년(1343)에 처음 세운 것으로, 사신을 맞거나 제사를 지내던 동명관과 사신들을 위한 연회장으로 쓰던 강선루가 있다. 비류강을 굽어보

평양 취타대

북한의 국경일이나 경축 행사에 꼭 등장하는 취타대는
화려하고 절도 있는 연주가 압권이다.

며 홀골산의 이름난 열두 봉에 걸맞게 12칸으로 길게 지어진 강선루는 조선시대 수준 높은 건축술을 보여 주었으나 한국전쟁 때 폭격으로 불타고 말았다.

높은 산이 호위하듯 빙 둘러 있고

성천 아래 황해도 수안군과 인접한 곳에 중화군中和郡이 있다. 면적이 909제곱킬로미터인 중화군은 동쪽으로 황해도 수안군, 서쪽으로 강서군과 용강군, 남쪽으로 황해도 황주군과 서흥군, 북쪽으로 대동군과 강동군에 접한다. 중화군은 동고서저東高西低 지형으로, 동쪽은 언진산맥의 산악과 구릉으로 기복이 심하고 카르스트 지형이 발달했다. 《여지도서》에 "백성의 성품이 꾸밈없고, 정직하여 도리로 다스리기 쉽다" 한 중화군은 1914년 상원군에 통합되었다.

조선 전기 문신 장덕량張德良의 기문에 "높은 산이 호위하듯 빙 둘러 있고, 나무숲이 울창하다. (…) 농사와 누에치기를 가장 소중히 여기고, 화목을 그에 못지않게 귀하게 여긴다. 살림은 무명으로 만든 옷을 입고, 좁쌀로 지은 밥을 겨우 먹을 정도다" 한 것으로 보아 물산이 풍요롭지 않았던 지역이다.

이 지역에는 북동쪽에 고령산(543미터), 동쪽 군계에 대청산(873미터), 군 중앙부에 무동산(240미터) 등이 솟아 있다. 이곳 중화군 일대의 기후는 겨울에 북서 계절풍이 강하게 불며 내륙에 위치해 일교차가 큰 대륙성 기후를 보인다. 연평균 강수량이 944밀리미터로 우리나라의 3대 과우寡雨 지역에 속한다.

조선 건국의 주역인 조준趙浚이 이곳 출신이다. 그는 우왕 즉위년(1374)에 문과에 급제한 뒤 좌우위호군 겸 통례문부사가 되었다. 그가 강원도 정선군에 이르러 시 한 편을 지었는데, "동해 바다를 말끔히 씻을 날 있으리니, 백성들은 눈을 씻고 밝기를 기다리라"였다. 세상일을 아는 사람들은 이 시를 접한 뒤 그가 큰 뜻을 품고 있다는 사실을 알았다고 한다. 여러 벼슬을 거친 그는 도검찰사로 있을 때 왜구를 토평해 선위좌명공신에 책록되고 은퇴했다. 우왕 14년(1388) 허금 등과 우왕의 폐위를 모의하고 이성계의 일파로 밀직사지사사 겸 대사헌에 올랐다. 이성계와 전제 개혁의 필요성을 협의하여 상소한 그는 공양왕 2년(1390) 문하부지사 겸 대사헌이 되어 전제 개혁을 단행해 조선 개국의 경제적 기반을 닦았다. 조선 태조 원년(1392)에 이성계를 추대하여 1등 개국 공신으로 평양백에 봉해진 뒤 오도도통사로 병권을 장악했다. 그 후 그는 이방원(태종)을 세자로 책봉해야 한다고 주장했으나 묵살되자 사직했다.

왕의 만류로 재차 문하좌시중을 지내다가 신덕왕후 강씨의 무고로 한때 투옥된 뒤 좌정승에 올랐다. 태조 7년 제1차 왕자의 난을 도모하고 그 후에도 이방원의 세자 책봉을 주장했으며, 그해 1등 정사공신에 책록되었다. 정종 2년(1400) 문하부판사 때 태종을 옹립하여 영의정 부사에 오르고 부원군에 진봉되었다. 시문에 능했고, 토지 제도에 밝은 학자 하륜 등과 함께 《경제육전經濟六典》을 편찬했다.

2

청천강 물은 가슴 시리게 푸르고

살수대첩의 현장

《신증동국여지승람》에 "청천강淸川江은 살수薩水라고도 하는데 묘향산에서 나와 안주의 북쪽 성 밑을 지나 서쪽으로 30리를 흘러 박천강과 합하여 바다로 들어간다"고 쓰여 있다. 이곳에서 벌어진 살수대첩薩水大捷은 영양왕 23년(612) 평양성 부근까지 침략했다가 후퇴하는 수나라의 군대를 고구려가 살수, 즉 지금의 청천강에서 크게 격파한 싸움이다.

수나라가 남북조시대의 혼란을 수습하여 중국을 통일할 무렵, 고구려는 통일된 중국의 세력이 반드시 동쪽으로 뻗쳐 올 것을 예견하여 그에 대비하고 있었다. 영양왕은 9년에 말갈족을 거느리고 수나라의 요서 지방을 공격했는데, 이것은 수나라의 침입에 대비하여 전략상의 요지를 선점하기 위한 작전으로 짐작된다. 이에 당시 수나라의 문제는 대군을 거느리고 고구려를 치려다가 갑작스러운 천재지변으로 이를 중지했다. 문제의 뒤를 이은 양제 때 고구려는 수나라를 견제하기 위해 지금의 몽골 지방에 있던 돌궐과 상통하고 있었는데, 이것이 수나라의 신경을 날카롭게 했다.

수양제는 영양왕 23년 1월 113만에 이르는 어마어마한 대군을 거느리고 고구려에 침입했다. 그중 수군은 바다를 건너 대동강으로 쳐들어와 평양성을 공격했으나 고구려군에게 대패했다. 한편 수양제가 친히 거느린 육군의 1개 부대는 고구려의 요동성을 포위 공격했으나 성공하지 못했다. 초조한 수나라 군대는 별동대 30만 5000명을 압록강 서쪽에 집결시켜 평양성을 공격할 계획을 세웠다. 그들의 계략을 눈치챈 고구려 명장 을지문덕乙支文德은 유도 작전을 펼쳤고, 이 계략에 걸려든 수나라 군대는 압록강과 살수를 건너 평양성 부근까지 깊숙이 쳐들어왔다. 을지문덕은 수군에게 거짓 항복하여 적진으로 들어가 그들의 허실을 탐지하고 돌아온 뒤, 평양성 부근까지 들어온 수군의 대장 우중문에게 시를 지어 보내 그의 어리석음을 비꼬았다.

신책은 천문을 꿰뚫었고
묘산은 지리에 통달했네
싸움에 이겨 공이 이미 높은데
족함을 알아 원컨대 그치시라

수나라 군사들은 고구려군에 속은 줄 알고 황급히 다시 북쪽으로 퇴각하기 시작했다. 퇴각하는 수군이 살수를 반쯤 건넜을 때 이를 기다리던 을지문덕이 미리 설치한 부교를 끊었다. 그러자 수군 대부분이 수장되어 30여 만 명의 수나라 군사 중 살아 돌아간 자는 3000명도 안 되었다. 살아남은 자들은 살수에서 압록강까지 150리 길을 하루 만에 도망쳤다고 한다.

수양제는 중국의 땅이 넓고 인구가 많아 물자와 인원을 쉽게 동원할 수 있는 이점을 믿었으나, 거리가 멀어 군량 공급이 곤란한 것은 미처 생각지 못했다. 또 고구려의 장병들이 모두 일기당천一騎當千의 강병이었을 뿐만 아니라 고구려의 모든 요새가 험고險固하여 쉽사리 공략할 수 없음을 생각지 못했던 것이다. 수양제는 수륙전에서 모두 패전했으므로 부득이 철군했는데, 이듬해 다시 대군을 이끌고 고구려에 침입했다. 그러나 고구려의 저항이 여전히 견고하여 요동성도 함락하지 못하고 있을 때 본국에서 반란이 일어났다는 급보가 도착하자 서둘러 퇴각했다. 수양제는 반란을 평정하고 제3차 고구려 원정길에 나섰다가 다시 실패했는데, 양제는 영양왕 29년 자신의 근거지였던 강릉에서 부하에게 살해되었다. 수나라는 결국 30여 년 만에 멸망하고 중국에는 새로운 나라인 당나라가 들어섰다. 《신증문헌비고新增文獻備考》에도 "청천강은 옛 이름이 살수인데 안주 북쪽 성 밖에 있다. 수나라가 고려를 침공할 때 을지문덕은 수나라 군사 30만을 여기서 여지없이 격파하였다"는 기록이 남아 있다.

이처럼 을지문덕의 살수대첩으로 유명한 청천강은 낭림산맥의 낭림산과 웅어수산에서 발원하여 남서쪽의 요동 방향을 취하여 유원진과 희천을 거쳐 영변군 연산면과 박천군 덕안면, 안주시 입석면을 지나 서해로 흘러 들어가는 길이 199킬로미터에 유역 면적 9470제곱킬로미터의 강이다. 가슴 시리도록 푸른 청천강은 강의 모양새가 거의 직선을 이루어 감

청천강의 시원지인 웅어수산 계곡

웅어수산은 웅어(어무리)가 많이 서식하는 와룡천(어무리강) 상류에 있어서 붙여진 이름이며 이 일대에서 가장 높은 산이다.

입 곡류가 심한 압록강이나 대동강과는 좋은 대조를 보인다. 중류에는 완만하게 흐르는 강의 흐름으로 침식된 평지를 형성하며, 하류에는 많은 토사를 퇴적하여 안천과 운천의 비옥한 충적 평야가 펼쳐진다. 또 지류인 희천강, 구룡강, 대령강과 합류하여 수량이 항상 풍부하다.

바다는 서쪽 벽에 연이어 남국으로 향하고

《택리지》에 "평양 서쪽 100여 리 되는 곳에 (청천강을 임하여) 안주가 있다"고 한 안주安州는 고구려 때부터 평안의 중심지였다. 당시에는 식성군息城郡이라 불렸고 통일신라 때는 중반군重盤郡, 고려 때는 팽원군彭原郡이라 하다 조선시대에 와서 안주군이 되었다. 이후 안주군은 오늘에 이르기까지 여러 차례에 걸쳐 행정 구역이 개편되었는데, 1895년에는 평양부 안주군으로, 1931년에는 안주읍으로, 1987년에는 덕천군과 함께 시로 승격되면서 교통의 요지로 발달하게 되었다.

안주를 두고 이색은 시에서 "바다는 서쪽 벽에 연이어 남국南國으로 통하고, 산은 동쪽 이웃에 솟아 북방으로 들어간다" 했고, 김극기는 "총총히 성한 정기 외로운 성 얼싸안고, 안팎 호와 산엔 정말 영물 있네" 했다. 인근에는 마두산, 서삼봉, 두미산, 원룡산 등이 솟아 있으며, 동남쪽에서 서북쪽으로 가면서 낮아져 청천강 하류 기슭에 넓고 기름진 평야인 안주평야가 펼쳐진다. 안주평야는 열두삼천리벌의 한 곳이다.

안주읍 도회리의 서삼봉西三峰은 안주읍의 진산으로 서산대사西山大

師가 묘향산으로 들어가기 전에 수도했던 곳이라고 한다. 전설에 따르면 서산대사가 어느 날 밭을 가는 농부에게 개구리 한 마리가 치여 죽어 있는 것을 보고 이곳은 부정한 곳이라고 했다. 그 말을 들은 농부가 가재家財를 모두 깊은 우물에 버리고 서삼봉으로 갔다고 하는데, 지금도 우물자리가 그대로 남아 있으며 가뭄 때 우물을 파면 비가 내린다고 한다. 안주는 수繡로도 유명하다. 서울의 궁정 귀인이 와서 살면서 수놓는 기술을 전수한 데서 유래했다고도 하고, 유배 온 사람들이 소일거리로 수를 놓기 시작한 데서 유래했다고도 하는 안주수는 정교하고 아름다운 것이 특징이다. 전국에 널리 알려져 혼숫감에는 반드시 안주수의 베갯모가 곁들여질 정도로 유명했다.

백 가지 경치를 볼 수 있는 백상루

안주 하면 떠오르는 것이 광활하게 펼쳐진 안주평야와 청천강 그리고 백 가지 경치를 볼 수 있다는 백상루百祥樓다. 고려 때 창건되고 조선시대에 개보수한 백상루는 관서팔경의 하나로 꼽혀 '관서제일루'라고 불리기도 했다. 한국전쟁 당시 파괴되었던 것을 1977년에 복구했다. 허봉의 《조천기朝天記》에는 명나라 사신으로 가던 길에 백상루에 들렀던 그의 감상이 남아 있다.

백상루는 성城을 따라서 지었는데, 청천강을 굽어보고 있으며, 강은 성 아래에 이르러 나누어져 세 군데로 흐르고 있었다. 백상루가 자리한 곳은 사면이 넓게 틔어서 여러 산이 띠처럼 둘러 있고 넓은 들이 끊임없이 멀리 뻗었으니, 연기에 덮인 수목의 푸름과 물가의 굴곡屈曲이 한눈에 천 리나 보이는 듯하여 그 경치가 자못 웅장하고 수려하였으며, 이곳이 곧 수나라의 군사가 함몰한 땅이었다. 강가에 석불 일곱이 있었는데, 세상에서 전하는 말이 극히 괴이하고 황탄하여 믿을 만하지 못하였다.

누대에서는 묘향산을 바라볼 만하였는데, 산의 형체가 하늘의 끝에 은은하여서 구름 기운이 공중에 가로놓여 있는 것 같았다. 나는 낭랑하게 주자의 "지초芝草 캐는 사람이 있어서, 서로 연우烟雨 밖에서 기약하였네"라는 시구를 읊으니, 나도 모르게 정신과 혼이 날아갈 듯 황홀했다.

명나라 사신 진가유陳嘉猷는 백상루에 올라 다음과 같은 시를 지었다.

비 갠 새벽 노를 울려 두 물을 건너가니
물결은 잔잔하여 편히 앉은 초정선草亭船이네
온 둑의 꽃이 지니 붉은 비 날리고
몇 점 백구白鷗 날라 푸른 연기 깨는구나
사람 그림자 물거울 속에서 번번이 움직이고
노랫소리 멀리 바다 구름 뚫네
나는 어떻게 신령한 바람을 만나
신선의 배를 얻어 곧장 하늘에 오르리

백상루

평안남도 안주군 안주읍에 있는 고려시대 누정이다.
정면 7칸, 동쪽 측면 6칸, 서쪽 측면 4칸의 합각지붕 건물로 청천강이 내려다보이는
'절경의 지'에 있어 백 가지 경치를 볼 수 있다는 아름다운 정자다.

고려 충숙왕은 시에서 "청천강 위 백상루에 삼라만경森羅萬景 벌여 있어 한눈에 보기 어렵고, 풀은 멀리 긴 둑에 한 줄로 푸르렀네. 하늘에 뻗은 멧부리 천으로 줄지었고, 비단 병풍 속을 나는 외로운 따오기, 옥거울 속에 뜬 한 점의 작은 배라. 속세에 선경仙境이 있는 것을 믿지 않았더니, 오늘 밀성密城에서 영주瀛洲를 보는구나" 했다. 이곳 백상루를 두고 광해군 때 문신 권득기權得己의 〈소금장수의 백상루 구경鹽商遊百祥樓說〉이라는 재미있는 글 한 편이 전해 온다.

안주 백상루는 빼어난 풍경을 지닌 관서 지방의 누각이다. 어떤 소금장수가 이 누각을 지나게 되었다. 때는 겨울철로 아침 해가 아직 떠오르기 전이었다. 소금장수는 누각 아래 말을 세워 놓고 백상루에 올라서 사방을 둘러보았으나 그저 보이는 것이라곤 긴 강에 깔린 얼음장과 넓은 들을 뒤덮은 눈뿐이었다. 구슬픈 바람은 휘휘 몰아치고, 찬 기운은 뼈를 엘 듯 오싹해서 잠시도 머물 수 없었다. 그러자 상인은 "도대체 누가 백상루가 아름답다 했는가?"라고 탄식하며 서둘러 짐을 꾸려서 자리를 떴다.

초록 잎들이 돋아나고 꽃이 피는 철에 소금장수가 찾아왔더라면 다른 사람들처럼 백상루의 경치를 찬양했을 것이다. 그러나 바람만 시베리아처럼 휘몰아치는 한겨울에 왔으니 무슨 경치를 봤겠는가. 무엇이든 365일 다 좋기는 힘든 것이다. 《택리지》에는 백상루와 그 곁에 위치한 칠불사七佛寺에 대한 기록이 다음과 같이 실려 있다.

청천강가에 백상루가 있고, 누 곁에 칠불사가 있다. 고구려 때 수나라 군사가 쳐들어와서 강가에 이르렀을 때다. 7명의 승려가 앞에서 물을 건너는데 물이 무릎까지도 차지 않았다. 수나라 군사도 승려들을 따라 공격해 나갔는데, 선봉에 선 부대가 빠져 죽기 시작하였다. 곧 시체가 내에 가득하여 물이 흐르지 못하였다. 그리하여 군사를 후퇴시키자 승려들도 이내 보이지 않았다. 이 지역 사람들은 이를 부처의 은덕으로 여겨 절을 짓고 제사를 지냈다.

지금도 그들이 위장으로 강을 건넌 곳을 오도탄誤渡灘이라고 부른다. 안주에 전해 오는 민요 가운데 하나가 〈안주애원성〉이다. 일명 '안주애원곡'이라고도 하는데, 아낙네들이 주로 물레질을 하면서 부르는 물레타령이다. 이 노래의 사설은 다음과 같다.

물레야 돌아라, 가다가 돌아가/두르고 보면, 아주 강하다
물레 가락은 살살 돌아도/기지개만 살살 나누나
한쪽 논에다 집 짓고 살아도/누워 살기에는 매일반이로다
보고 싶으면, 와서 보지요/누가 사정을 그대로 아느냐
다려가소 날 다려가소/한곳에 그 임아 날 다려가소

열두삼천리벌

평안남도에서 서해안 쪽으로 가장 북쪽에 있는 문덕군文德郡은 안주

의 서쪽에 있다. 1952년 안주군의 일부를 분리해 하나의 군이 된 문덕군은 청천강 하류의 넓은 평야 지대에 위치한다. 청천강 기슭에는 송림이 우거져 절경을 이루는 상공정相公亭 터가 있는데 조선시대의 명신 이원익李元翼이 강에서 뱃놀이를 하고 정자에 올라 자연을 즐겼다고 하여 정자 이름을 상공정이라 부른다 한다.

문덕 아래에는 숙천군肅川郡이 있다. 《여지도서》에 "창랑대滄浪臺는 관아의 서쪽 30리에 있다. 3000명의 군사를 거느린 12명의 장군이 들판을 내려다보고 있다. 초나라와 월나라 같은 먼 중국 강남땅이 눈 아래로 들어오니 서쪽 바다의 뛰어난 경치 중의 제일이라 할 만하다" 한 숙천의 고려 때의 이름은 평원군平原郡이며, 조선 태종 16년(1416)에 도호부가 되었다. 1914년에 평원군에 흡수되었고 1952년에 다시 군이 되었다. 숙천을 두고 이색이 남긴 시를 보자.

해는 처마 끝에 옮기고 바람은 누에 가득한데
푸른 그늘 문밖에 이미 가을을 알리네
인간이란 본시 청량한 것인데
정부征夫의 옷소매 땀 흐르는 것 부끄럽네

숙천의 남쪽에 열두삼천리벌이 있다. 열두삼천리벌에는 다음과 같은 전설이 전해져 온다. 고구려의 왕비인 녹족부인이 한 번에 아들 12명을 낳았는데, 모두 어머니처럼 사슴의 발을 하고 있었다. 왕은 상서롭지 못하다고 여겨 아들들을 모두 궤짝에 넣어 바다에 버리고 말았다. 20여 년

청천강 풍경

안주 일대를 흐르는 청천강변엔 산자락이 줄줄이 강물에 발을 담그고 있는 풍경이 펼쳐진다.

이 지난 뒤 당나라 장군 12명이 각각 3000명의 군사를 거느리고 바다를 건너와 침략했다. 이 말을 들은 녹죽부인은 들에 나가 누각을 세우고 12명의 장군을 초청하여 12개의 신발과 12개의 젓꼭지로 시험해 보았더니 발과 입에 모두 맞았다. 12명의 장군은 그때에야 비로소 녹죽부인이 어머니임을 깨닫고 부모의 나라를 침범할 수 없다 하여 그냥 돌아갔다. 그 뒤부터 그 들판을 열두 장군이 3000명의 군사를 이끌고 온 곳이라 하여 열두 삼천리벌이라 부르게 되었다고 한다.

명나라 사신 예겸倪謙은 숙천군에 있던 숙녕역肅寧驛을 지나며 다음과 같은 시를 한 편 지었다.

안흥安興을 새벽에 떠나 안개와 연기 무릅쓰니
달리는 말 나는 듯하여 채찍이 쓸데없네
칠십 리나 되는 길을 손가락 한 번 퉁기는 사이에 도달하니
붉은 해 아직 중천에도 오지 않았네

자동차로도 1시간에 80에서 100킬로미터밖에 못 가고, 잘 걷는 사람이 하루 종일 150리(60킬로미터)쯤 걷고 보통은 100리를 걷는다는데, 손가락 한 번 퉁기는 사이에 70리를 간다니, 이 얼마나 낭만적이란 말인가! 왕창王敞이라는 사신도 시 한 편을 남겼다.

수레를 몰아 숙녕으로 달리니
가는 길 험하고 멀기도 해라

푸른 숲은 초가집을 가렸고
맑은 시내는 돌다리에 걸렸네
가로질러 오는 데는 평평한 육지가 적고
빙빙 돌아 중첩한 멧부리를 지나네
들꽃은 간밤 비에 젖어서
송이마다 금전金錢이 향기롭네
높은 데 오르다 보니 화려한 집이 보이는데
완연히 산 중앙에 있네
모든 봉우리는 다투어 빼어난 것 같아
사방으로 둘러싸 담 두른 것 같네
한참 만에야 문에 들어오니
느티나무 싹 뾰족이 돋아나네
점심밥 배불리 먹으니
하필 술상을 벌리리
길에 올라 떠나니
앞에 벽제 소리 또한 드높네
멀리 노는 것 누가 즐겁다 하리
괴롭고 어려운 것 모두 맛보네
저물녘에 안흥에 돌아오니
하늘은 연기 빛에 흐려 있네

지금은 평원군에 편입된 영유군永柔郡은 조선 후기의 이름이다. 고구려 멸망 뒤 오랫동안 황폐한 채 있다가 고려 초에 정수현을 두었고 영청현으로 고쳤다. 태조 5년(1396) 영원과 유원 2진鎭을 합하여 영녕현으로 개편하고, 세종 5년(1423)에 영유현으로 개칭했다. 1895년에 승격해 군이 되었다가 1914년 평원군에 통합되고 일부 지역은 영유면으로 남았다.

이곳 영유군의 형승을 두고 조선 전기 문신 이지강李之剛은 "사면이 산으로 둘러져 있다"라고 평했고, 역시 조선 전기 문신이었던 원효연元孝然은 "서쪽은 넓고 큰 바다로 이어지고 바다와 마을이 잇닿았네"라고 노래했는데, 《여지도서》에 실린 영유군의 풍속을 보면 이 지역 사람들이 학문이나 농사일에 부지런했음을 알 수 있다.

> 선비는 글 읽기를 즐기고, 무인은 활쏘기에 부지런하다. 농부는 힘을 다해 수고하고 애써 밭농사를 생업으로 한다.

저마다 자기가 해야 할 역할을 다하다가 지금은 사라진 영유군의 진상품은 민어 혹은 석어石魚라고도 부르는 조기와 어란魚卵이었다. 《여지도서》에 "내의원에서 수량을 결정하는 것을 기다려 납하는데, 평안 감영에서 한데 모아 싸서 올려 보낸다"고 실려 있는 것을 보면 이 고을 저 고을에서 올라온 것들을 한데 모아 조정에 올려 보냈음을 알 수 있다.

조선 전기 문신 공부孔俯는 이곳 영유현의 지형을 두고 "만 그루 소나무 어울려 푸르러 고을 성을 감싸는데, 기름진 넓은 들판 10리나 평평하네" 했고, 신숙주는 "작은 마을 쓸쓸하게 옛 성을 지키고 있는데, 잔산殘山과 단롱斷隴이 하늘에 닿아 연했네"라는 시를 남겼다.

고구려의 무덤이 있는 대동군

평안남도 서남부에 위치한 대동군大同郡은 평양부에 속했다가 1914년에 분리되었다. 대동군 덕화리에 있는 봉화산 남쪽 기슭에는 고구려 고분 3기가 있다. 1952년에 강서군 일부를 분리해 군이 된 증산군甑山郡의 반룡리 서해안에는 쌀섬〔米島〕이 있다. 수나라 군사가 쳐들어왔을 때 을지문덕 장군이 섬에 빈 가마니를 높이 쌓아 군량미처럼 위장하여 적군을 물리쳤다는 이야기가 전해 온다.

온천군溫泉郡도 1952년에 강서군과 용강군의 일부를 분리, 통합하여 신설한 군으로, 평안남도 남서해안에 위치한다. 온천군의 신덕산 언덕에는 해외에까지 수출되는 신덕샘물이 있다. 강서샘물과 함께 북한의 명수로 널리 알려진 신덕샘물에는 철분, 구리, 몰리브덴, 칼륨, 나트륨과 소량의 불소, 아연, 망간, 알루미늄이 들어 있어 피부 미용이나 소화불량, 고혈압, 간장염, 무좀 치료 등에 효험이 있다고 알려졌다. 그래서인지 이 샘물을 마시고 사는 이 지역 사람들 중엔 100세 이상 장수하는 사람이 많다고 한다.

한편 대동강 건너 황해남도와 접한 북한 제2의 도시 남포직할시南浦特別市는 1900년 이전까지만 해도 오석산, 국사봉, 백암산에 둘러싸인 대진大津이라는 한적한 어촌에 지나지 않았다. 1897년 10월 남포가 개항되면서 관서 지방의 대표적인 항구 도시로 발전했으며, 일제 강점기 때 늪지대를 매립하여 진남포라는 항구 도시가 탄생했다. 이후 여러 번의 변천 과정을 거쳐 1979년에 남포직할시가 탄생했다.

남포직할시 용강군龍岡郡 옥도리에는 고구려의 석성인 황룡산성 黃龍

山城이 있는데, 오석산을 주봉으로 하여 여덟 봉우리와 능선을 연결하는 둘레 6.6킬로미터의 성이다. 또한 용강군에는 고구려의 벽화무덤군이 여러 곳에 있다. 남포의 명물로는 간석지에서 잡아 올린 대합조개가 이름이 높다.

남포직할시 아래 지역에는 염전이 펼쳐지고, 대동강 하구를 가로막아 건설한 서해갑문이 있다. 길이가 100미터에 달하는 이 댐은 3개의 갑실과 36개의 수문이 있으며, 수천만 세제곱미터의 담수를 저장하여 평안남도와 황해남도의 간척지 약 1000제곱킬로미터에 급수할 뿐 아니라 대동강 하류 유역의 생활용수와 공업용수도 충분히 공급할 수 있다고 한다.

평양직할시 동쪽에 위치한 회창군檜倉郡은 본래 강동군과 성천군에 속했으나 1952년 성천군과 황해도 곡산군의 일부를 분리하여 회창군이 되었다. 회창군에는 십자봉, 물금산, 시루봉 등이 솟아 있고 군내에는 지류인 봉명천 등이 흐른다. 평안도 북부 대동강 유역에 자리한 북창군北倉郡도 1952년 행정 구역 개편 때 신설된 군이다. 북쪽으로 장안산, 후선유봉 등의 높은 산을 끼고 있는 북창군에는 평안남도 내륙과 서부 및 중부를 잇는 미륵령이 있고, 북창군과 맹산군의 경계에 이스라치고개, 일명 매재령도 있다.

땅은 향산에 닿았고

북창군의 북쪽에 덕천시德川市가 있다. 평안남도 북부에 자리한 덕천시는 고려 때 요원군遼原郡 또는 장덕진長德鎭이라고 불렸다. 조선 태종 13년(1413)에 지금의 이름을 얻은 덕천은 1986년에 시로 지정되었다. 《여지도서》에 전하는 덕천의 풍속은 "농사와 누에치기에 힘쓰며, 무예를 잘 닦는다. 온화하지만 거칠고, 악착스럽지만 검소하다."

"땅이 향산에 닿았고 강이 황해도와 큰 바다로 통한다" 한 고려 말 문신 박은朴訔의 시가 덕천을 노래하고 있다. 향산은 곧 묘향산으로 시의 북서부에 있다. 덕천의 진산은 장안산이고, 북쪽으로 용문산, 풍덕산 등이 솟아 있고, 서부에는 월봉산, 백탑산이, 남부에는 장안산, 후선유봉이 솟아 있다. 그 산들 사이로 대동강의 상류 지류인 만탄강과 시량강 등이 영원, 맹산 등지로부터 흘러들어 와 덕천분지를 형성하며 개천시로 빠져나간다.

《신증동국여지승람》에 따르면 덕천 관아에서 서쪽으로 46리 떨어진, 지금의 덕천시 일하면에서 개천군으로 넘어가는 곳에 알일령戛日嶺이 있다. 이 고개를 넘었던 비숍은 《한국과 그 이웃 나라들》에 다음과 같은 글을 남겼다.

'한국에서 가장 위험한 고개.' 높이가 해발 1020미터이고 거리가 30리로 알려진 알일령 길로 접어든 것은 오후 늦은 시각이었다.

이 악명 높은 길은 바닥에 격렬한 급류가 흐르는 거친 바위 골짜기를 가로지르고 있었다. 그 골짜기에는 몇 킬로미터에 하나둘씩 기장 더미나 나뭇단, 분간하기 어려운 초라한 오두막이 있었다. (…)

서쪽으로는 산꼭대기의 절벽에 의해 계곡은 완전히 막혀 있었다. 좁은 샛길과 잘 닦여진 도로는 분수령의 가파른 산마루를 지그재그로 30미터가량 올라가다가 서쪽으로 75번이나 지그재그를 그리며 돌아 내려가고 있었다. 얼핏 보면 분명히 넘을 수 없을 것 같은 험로였으나 실제로 부딪혀 보면 그럭저럭 걸어갈 만한 길이었다. 티베트에서도 이런 비슷한 고갯길을 경험했던 생각이 났다. 산꼭대기까지 등반은 70분이 걸렸다. 비가 심하게 왔지만 북동쪽의 화려한 풍경은 별로 흐려지지 않았다. 30미터 정도의 평지가 있는 알일령 꼭대기에는 옛 시대에 지어진 듯한 산신당이 있었다. 그 산신당에서 모든 나그네들은 자신들을 상처 입히려 하는 많은 악령으로부터의 구원과 안전한 하산을 기원하는 기도를 올린다. 산신당에는 특별한 소원을 위해 헌금을 한 사람들의 이름이 기입된 여러 조각의 종이와 색 바랜 종이꽃으로 된 화관과 꽃다발이 있었다. 길가의 오두막에 살고 있는 여인은 떡을 제공하고 기도를 요구해서 나그네들로부터 돈을 받아 잘 살고 있었다. 돈 받고 고용된 듯한 그녀의 대리인이 경배를 대신했고, 같은 떡이 몇 번이고 치워졌다가는 다시 제상에 차려졌다.

산신당과 방 한 칸의 오두막 외에 거기엔 폭풍이 심할 때 피난처로 제공되는 기장 줄기로 만든 헛간이 있었다. 알일령 길은 1년에 석 달 동안 눈으로 막히지만 다른 때에는 그 험준함에도 불구하고 많이 이용된다. 914미터 높이의 산비탈에서 감자가 재배되고 있었는데 병충해가 전혀 없이 대량으로 재배되어 이 지역 사람들의 요긴한 식량이 되었다.

지금도 고지대에서 배추나 무, 감자가 대량으로 재배되는데, 그 당시부터 고랭지 채소 재배가 이루어졌음을 알 수 있다.

《신증동국여지승람》에서 덕천의 산천에 관한 기술 중 '삼탄三灘'이 나오는데 삼탄이란 세 여울, 즉 고성강여울, 모구지여울, 스무여울을 말하는 것이다.

> 삼탄은 덕천군의 동쪽 15리에 있는데 영원과 맹산의 물이 이곳에 이르러 교류하므로 삼탄이라고 한다. 여울가에 굴이 있고 굴속에 못이 있는데, 그 깊이를 헤아릴 수 없다. 날씨가 가물 때 범의 머리를 담그면 비가 내린다.

덕천시 남쪽에 위치한 막탄瘼灘은 일명 범여울 또는 병여울이라고도 부르는데, 덕천강의 하류이며 개천군으로 흘러 들어가는 길목이다. 많은 양의 급류가 폭포같이 쏟아져 소용돌이치면서 흐르므로 이 강을 운행하는 뱃사람이나 뗏목꾼들에게는 큰 공포를 주는 곳이었다. 그래서 막탄이라는 이름이 붙었는데, 이곳을 통과할 때는 사전에 제사를 지내고 통과하기도 했다고 한다. 상류에서 유실된 소형 선박이나 익사체를 찾을 때도 이곳이 종점이라고 한다.

한편 덕천시 덕천면 청룡리 덕천강가에 신산申山이라는 산이 있는데 영원산이라고도 부른다. 원래 영원군에 있던 산이 떠내려왔다고 하여 영원군에서 산의 대금을 받으러 왔다고 한다. 그때 덕천군 사람들이 덕천군에 필요 없는 산일뿐더러 오히려 산이 평지를 차지하고 있으니 떠서 가져가라고 응수하자 영원군 사람들이 괭이, 삽 등을 갖고 와 공사를 하다가 돌아갔다는 일화가 있다.

이곳을 조선 전기 문신이자 서예가였던 안숭선安崇善은 시에서 "질편한 긴 강은 외로운 성을 끌어안고, 넓고 깊숙한 골짜기는 한결같이 평평하네"라고 했고, 《악학궤범樂學軌範》을 편찬한 성현成俔은 "사면의 산이 싸고 둘러 겹성을 만들었고, 들은 넓고 넓어 손바닥같이 평평하구나"라고 노래했다.

평안남도 북쪽에 자리한 개천시价川市는 고려시대까지 안수진安水鎭, 조양진朝陽鎭, 연주蓮州, 익주翼州, 개주价州 등으로 부르다가 태종 13년(1413)부터 개천군으로 고쳐 부르게 되었다. 예로부터 산수가 빼어나고 지하자원이 풍부한 곳으로 이름난 개천군을 《여지도서》에서는 "예스럽고 질박함을 귀하게 여기는 풍속이다. 사람들은 온순하고 인정이 많다"고 했다. 개천군의 동쪽으로 대림산, 입봉, 백탑산, 묵방산, 월봉산, 알일령 등이 솟아 있으며, 서쪽으로는 경사를 보이면서 개천강과 대동강의 상류를 중심으로 준평원 지대를 이루고 있다.

평안남도 중앙부에 자리한 고을 순천

개천 남쪽 평안남도 중앙부에 자리한 고을이 순천시順川市다. 《여지도서》는 순천의 풍속과 지세를 다음과 같이 말한다.

순박하고 예스러운 기풍이 남아 있어 겉을 잘 꾸미는 맛은 없다. 생업으로 뽕나무와 삼나무를 기르며 학문과 무예에도 고루 힘쓴다.

긴 강이 활처럼 휘감아 돌고 아름다운 산기슭이 띠처럼 두르고 있다. 여기저기 고기잡이배가 떠 있으며 굽이마다 낚시터가 자리한다.

순천시의 고려 때 이름은 정융군靜戎郡이고, 조선 태종 13년(1413)에 순천군으로 고쳤다. 숙종 3년(1677)에 주인이 노복에게 살해되는 사건이 일어나자 현으로 격하되기도 했다. 《신증동국여지승람》에 따르면 순천 관아에서 동쪽으로 90리쯤에 있는 미륵령은 관북 지방으로 통하는 중요한 길목이므로 용연진을 두었다.

《여지도서》에서 "산천이 빼어나게 아름답고 들판은 넓고 깨끗하다"라는 평을 들은 은산군殷山郡은 동쪽으로 성천군, 서쪽과 북쪽으로 순천시, 남쪽으로 평성시와 성천군과 접한다. 북·동·남부는 산지이고 서부는 대동강과 그 지류인 장선강이 합류하는 평야 지대다. 광복 후 신설된 군으로, 광복 당시에는 평남 순천군의 일부 지역이었다. 1952년 행정구역 개편 때 순천군 은산면과 신창면을 중심으로 은산군이 설치되었다. 1974년 5월 은산군이 순천군에 통합되면서 폐지되었다가 1993년 다시 설치되었다. 옥수수의 주산지였으며, 평남 북부 탄전 지대의 일부로서 무연탄이 많이 매장되어 있어 광업이 발달했다. 평남신창종합청년탄광(신창탄광)은 특급 기업소이며 그 밖에 천성청년탄광이 있다. 1908년 은산군과 자산군이 폐지되고 순천군으로 통합되었다.

덕천 위쪽의 영원寧遠은 고려 때 영원진이었고, 세조 12년(1466)에 군으로 승격시켰다. 영원군의 진산은 쾌산이다. 영원군 동쪽에 간삼현이 있는데, 《신증동국여지승람》에는 "영원군 남쪽으로부터 이 현에 이르기까지 산은 높고 나무는 빽빽이 들어서고 돌길이 마치 실 같아서 사람과 말이 나란히 가기 어렵고, 시내가 있는데 지막지산에서 나와 고개 한쪽을 안고 남으로 흘러 덕천군 삼탄으로 들어간다"고 기록되어 있다. 이곳에 마유령이 있으며, 영원군 북동쪽에 있는 대흥군의 함경남도 경계에는 동백산이, 대동리 근처에는 소백산, 영단산 등의 높은 산이 솟아 있다.

함종 어씨의 고장 함종

강서군江西郡은 평안남도 남서부에 있는 군이다. 북쪽으로 평원군, 동쪽으로 대동강을 경계로 대동군과 중화군, 남쪽으로 용강군에 각각 접하고, 서쪽으로는 서한만에 면한다. 강서군의 지형은 서부 해안을 따라 지봉산, 운룡산, 광동산 등 낮은 산들이 남서쪽으로 뻗어 내려오고 남동쪽에 무학산이 솟았으나, 그 밖의 지역은 대체로 평야 지대다. 학이 춤을 추는 듯한 형국의 무학산은 강서의 진산으로 명당 중의 명당이다. 그런데 학이 춤을 추고 나서 딴 곳으로 날아가면 강서읍이 쇠망할지도 모른다는 말이 있었다. 그래서 수백 년 전에 강서 군수가 술사를 시켜 춤을 추고 있는 학이 영원히 강서에 머물도록 전방에 학란구鶴卵丘를 쌓았다. 그리고 남쪽에 있던 구룡산九龍山을 서학산栖鶴山으로 개명했다. 그래서 그런지 일제 강점기만 하더라도 읍내의 민가 500여 채 중 빈민은 한 집도 없었다고 한다.

서해안 연안은 해안의 굴곡이 심하고 작은 곶, 반도, 석호 등이 발달했으나 어업은 부진하다. 하천은 서해 연안의 산악들을 분수령으로 하여 산악 서부에서는 서해로 흘러들고 동부에서는 모두 대동강으로 흘러든다.

《여지도서》에 "저마다 분수를 지키며 편안히 생업에 힘쓴다. 오로지 농사짓는 일만을 귀하게 여긴다"고 실려 있는 함종咸從은 고구려 때 현이었다가 1895년에 군이 되었고 1914년 행정 구역 개편 때 강서군에 딸린 면이 되었다. 이곳에 있던 척서루滌暑樓를 두고 성현이 시 한 편을 지었다.

너른 들녘 푸른 바다와 잇닿고
옛 고을은 푸른 산에 기댔네
나그네 길은 노을 밖으로 나 있고
인가는 숲 그늘 사이라네
먼 시골 찾는 나그네 발길 드물고
송사 없어서 백성도 한가롭네
붉은 작약 섬돌에서 너울거리니
난간에 기대어 얼굴 한번 펴 보세

함종 어씨魚氏의 고향으로 조선시대의 문인 어변갑魚變甲, 어효첨魚孝瞻, 어세겸魚世謙을 비롯한 수많은 인물들이 이곳 출신이다.

3

산빛 물빛 고운 강계부

미인의 고장 강계

검산령에서 두 개의 큰 고개를 넘으면 강계부다. 부의 동쪽에서 백두산까지는 500여 리이며 그 사이가 폐사군廢四郡 지역이다. 세종 때 강계부에 예속하여 백성을 옮겨 오고 그 네 지역을 비워 버렸다. 그리하여 지금은 수목이 하늘을 가리는 아주 깊은 두메가 되었다. 인삼이 많이 산출되어 해마다 봄가을에 백성들로 하여금 산에 들어가 캐도록 허가하고 이를 관에 바쳐서 공물과 전세를 충당하게 한 까닭으로 강계가 인삼 산지로서 나라 안에 유명하다.

《택리지》에는 실린 강계江界다. 이곳 강계 지방, 즉 평안북도 동북부 지역과 함경남도 서부 지역의 일부를 1949년 새롭게 편성한 지명이 자강도다. 자강도는 현재 강계, 만포, 희천의 3개 시와 장강, 화평, 낭림, 시중, 자성, 중강, 위원, 초산, 우시, 고풍, 성간, 전천, 동신, 용림, 송원 등 15개

군이 있으며, 도청 소재지는 강계시에 있다.

아무리 하찮은 것이라도 다 같은 범주에 든다는 말을 쓸 때 '강계는 평안도 땅이 아니더냐'라고 하는 지역이 강계다. 이 지역은 예로부터 산이 아름답고 물빛이 곱기로 소문난 고장이다. 강계는 세 가지로 이름이 높았다. 남남북녀의 대표라고 할 수 있는 강계 미인과 포수砲手, 산삼이 그것이다. 그 외에도 예로부터 유명한 것이 강계간장이다. 그 이유는 물이 좋고 날씨가 차서 싱거워도 변질하지 않는 데 있다. 산과 돌이 많으며, 맑은 물이 깨끗하게 흐르고, 크고 작은 물줄기가 합해진다는 의미에서 석주石州, 청원淸源이라 부르기도 했다.

강계시에는 민봉, 초대봉, 대웅산과 같은 높은 산이 솟아 있고, 강계시와 위원군의 경계에 추포령과 작막령이 있으며, 북천과 남천이 독로강(장자강)으로 흐른다.

《신증동국여지승람》〈강계도호부〉에 기록된 황희의 시에 "땅은 궁벽한데 풍속은 어찌 순박하고 간략한가, 판잣집으로 하여금 빗소리만 많게 하는구나" 했다. 《여지도서》에 실린 글을 보자.

> 백두산의 산줄기 하나가 굽이굽이 뻗어 독로강禿魯江의 동쪽으로 떨어지니 산과 들이 탁 트였다. 땅의 너비는 700리요, 백성은 2만 호, 겹겹이 포개진 산봉우리가 비스듬히 서북쪽으로 뻗어 있다. 이것이 세상에서 말하는 "땅이 기름져 온갖 물산이 나는 곳天府之土"이고, "철벽같은 난공불락의 요새金湯之地라 하는 것이니, 평안도의 지세와 풍경 중에서 이곳보다 더 뛰어난 데는 없다"고 한다.

조선 전기 문신 정문형鄭文炯이 〈인풍루기仁風樓記〉에서 "땅은 말갈에 이어져서 서북쪽의 큰 진이다"라고 강계의 형승에 대해 기술했다. 강계의 옛 이름은 독로강이다. 발해시대에 압록부(서경)에 속했던 강계는 고려 공민왕 10년(1361)에 만호를 두고 18년에 지금의 이름을 얻었다.

정약용은《대동수경》에서 허술한 강계 지방의 방비를 염려하기도 했다.

> 강계는 동남쪽으로 설한령에 이르러 함흥과 경계를 이룬다. 그러므로 평지가 강원도나 황해도 등보다 많다. 매양 이르기를 황해도에 세 가지 못한 것이 있다 했는데, 그중의 하나는 평지가 강계만 못하다는 것이 그것이다. 땅이 크고 기름지기 때문에 금, 은, 인삼, 초피의 풍성함이 전국에서 으뜸이라 이 재력으로 다시 사군을 설치하고 남방에 사는 인가를 모집하여 이사시켜 채운다면 북부 변방의 방비가 완전할 것이다. 아! 그 누가 있어 그러할 것인가!

1895년 부·군제 실시로 강계부가 되었으며 다음 해에 조선 전역을 13도로 나눌 때 평안북도 강계군이 되었다가 1949년 자강도 강계시가 되었다. 강계는 유배지로도 이름이 높았는데, 명종 2년(1547) 윤원형尹元衡 등의 소윤 일파에게 모함을 받은 이언적李彦迪이 이곳에서 유배 생활을 하다 생을 마쳤고, 선조 24년(1591)에는 정철鄭澈이 유배를 오기도 했다. 정철이 그때의 착잡한 심정을 노래한 오언절구 〈청원의 가시울타리 속에서清源棘裏〉를 옮겨 보면 다음과 같다.

> 세상에 살면서도 세상을 모르고

독로강이 흐르는 강계의 시가지 풍경

강계 독로강 일대의 여섯 경승, 즉 남산 솔바람, 독로강 돛단배, 인풍루 달구경, 위원산 진달래 등을 꼽아 강계육경이라고도 했다.

하늘을 이고도 하늘 보기 어렵네
내 마음 아는 건 오직 백발이런가
나를 따라 또 한 해를 지나는구나

정철은 쉰일곱 살이던 선조 25년에 그와 가까이 지내던 이희삼李希參에게 편지 한 통을 보냈다.

전부터 귀양살이하는 사람의 호구책은 오로지 관가에 의뢰하게 되는 것이 회재 이언적 때부터 이루어진 선례입니다. 그런데 지금 여기는 법령이 지극히 엄하고 또 신관의 낯이 생소해서인지, 한 그릇 밥과 한 그릇 국도 다 스스로 마련해야 합니다. 또한 풍토가 심히 나쁘고 물이나 불도 서로 도와주지 않으니, 그 사이의 간난과 고초는 이루 형언할 수 없습니다. 그러나 속담에 '산 입에 거미줄 치랴' 하였으니 이 말만 믿고 살 따름이지요.

이런 이야기는 그만두기로 하고 이곳 역시 나를 감시하고 모함하는 사람이 있어 헛된 말을 지어내어 서울로 들여보냅니다. 요사이는 또 구봉 송익필이 멀지 않은 곳에 와 있다 하니, 장차 무슨 재앙을 불러올 말을 지어낼는지 모르겠습니다. 그러나 모든 것이 이미 다 정해진 상황이니 다만 마음 편히 지내는 것이 좋을 뿐, 달리 어찌하리오.

세끼 밥 먹는 것조차 힘들었던 시기를 보낸 듯싶은데, 그 지역에 전해오는 얘기에는 정철이 강계에서 기생과 더불어 아름다운 풍경에 반하여 유명한 시를 지었다고 전한다. 나이는 들고 병마저 깊은 정철은 〈병중에 회포를 쓰다病中書懷〉라는 시에서 다음과 같이 고백한다.

적소에서 집을 그리니 청산은 멀고
안위安危에 몸이 매여 백발만 길어 가네
밤새도록 시름겨워 매양 잠 못 이루고
서창에 기우는 차가운 달을 누워서 보네

위원군에서 날아온 위원산

강계 지방에 내려오는 설화 중에 위원산 설화가 있다. 독로강변에 호랑개벌이라는 들이 있고, 이 들 가운데 바가지를 엎어 놓은 듯한 작은 야산이 있다. 원래 그 산은 산이 많은 위원 지방에 있었는데, 어디든 산 없는 고장에 가서 명산 노릇을 하고 싶어 날아가는 학鶴에게 옮겨 달라고 간청했다. 그리하여 학이 그 산을 움켜쥐고 독로강 상공을 날아가고 있는데 빨래하던 아낙네들이 '산이 날아온다' 하고 소리치는 바람에 놀라 학이 그 산을 그만 놓치고 말았다. 산은 와르르 무너지면서 떨어져 바가지를 엎어 놓은 듯한 작은 산이 되고 말았다. 그런데 그다음 얘기가 더 재미있다. 본래 위원군에 있던 산이라 하여 위원군 수령이 해마다 강계에 와서 산세를 받아 가므로 강계 사람들의 불평이 컸다. 이에 새로 온 수령이 꾀를 내어 저 위원산은 우리 고을에 필요가 없으니 도로 가져가라고 하자 위원군 수령은 그냥 돌아갔고 그때부터 강계 사람들은 산세를 물지 않았다고 한다.

또 다른 전설도 있다. 강계는 평안도의 변경 지역에서도 드물게 번성한 지역이었는데, 단순히 교통과 지형상의 이유가 아니라 터가 옥녀개화형玉女開花形이기 때문이라고 한다. 즉 독로강을 사이에 두고 독산(남성)과 남산(여성)이 마주 보고 있기 때문에 영원히 왕성한 생기가 용출하여 강계는 예부터 번성했다는 것이다.

전설에 따르면 강계시에 임하는 남산이 여성의 성기이고 그 지형이 마치 옷자락을 펼치고 있는 것 같기 때문에 위원 땅에 있던 독산이 남산의 매력에 이끌려 하룻밤 만에 뛰어왔는데, 독로강에 가로막혀 그만 남산과 마주 보는 강가에 머무르게 되었다고 한다. 그리하여 그 발랄하고 원기 왕성한 음양의 양쪽 산이 늘 마주하고 있어 저절로 생기의 발동을 촉진하므로 강계의 번성이 지속된다는 것이다.

나라 안에서 가장 추운 중강진

강계시 남쪽에 있는 성간군城干郡은 1952년 전천군과 장강군의 일부를 떼어 내서 새로 신설한 군이다. 총곡령, 향래봉, 민봉, 비삼봉, 구봉령 등 높은 산과 고개가 줄줄이 솟아 있는 이 군의 북쪽에는 1949년 자강도가 생길 때 신설한 장강군長江郡이 있다. 원래는 강계시에 속했던 장강군에는 사랑봉, 황수령, 직고개, 사덕산 등의 높은 산이 솟아 있다. 매우 가파르다는 직고개는 흑수령이라고도 부르며, 분비나무, 가문비나무, 사스래나무, 피나무, 잎갈나무, 소나무, 참나무 등이 울창하게 우거져 있고,

강계에서 양강도로 통하는 육로가 개통되어 있다.

장강군 동쪽에 자리한 낭림군狼林郡은 함경남도 장진군에 속했다가 1952년에 신설한 군으로, 개마고원의 서부 낭림고원에 있다. 낭림군은 해발 1000미터 안팎의 전형적인 고원 지대에 속해 주변에 와갈봉, 회색봉, 천의물산, 연화산 등의 높은 산이 연이어 서 있으며, 장진강과 그 지류들이 흐르고 군의 중앙부에 낭림호가 있다. 주요 산업은 목재 산업과 양을 키우는 축산업이다.

자강도 북동쪽에 있는 화평군和坪郡 역시 1952년 후창군과 자성군의 일부를 분리해 만든 군으로, 천리산, 백삼봉, 오가산, 오봉산, 직고개 등 해발 1000미터가 넘는 높은 산과 고개가 줄지어 솟구쳐 있다. 이 중에 오가산은 1959년에 자연 보호 지역으로 지정되었으며, 오봉산은 기묘한 다섯 봉우리로 이루어진 산이라고 해서 붙여진 이름이다.

화평군 북쪽에 있는 자성군慈城郡은 자강도의 북쪽 압록강과 자성강을 끼고 있는 군으로, 갑산군의 옛 땅이 있었다. 1895년 강계부 자성군이 되었다가 1952년 자강도의 한 군이 된 자성군에는 학성산, 산두산, 전가봉, 무선동산 등이 있고 군의 가운데로 자성강이 흐른다.

자강도의 북쪽 압록강변에 자리한 중강군中江郡은 우리나라에서 날씨가 가장 춥다고 알려진 곳이다. 1949년 자강도가 신설되면서 평안북도로 편입되었던 이 군은 1952년 자성군에서 중강면과 장토면을 떼어 내서 군이 되었다. 신덕산, 향내봉, 금창산 등의 높은 산과 고원 평야가 발달했다. 1933년 1월 12일은 중강진의 기온이 영하 43.6도까지 내려가 우리나라에서 가장 추웠던 날로 기록되었다. 한편 경상남도 마산에서 출발해

대구를 거쳐 한반도의 중심을 관통하여 북상하는 국도 5호선의 종착지가 중강진이다.

중강진에서 압록강을 따라 내려가면 만포시滿浦市에 이른다. 압록강을 사이에 두고 중국과 맞닿은 만포시는 1949년 자강도가 생기면서 강계군 만포 지역(만포면, 외귀면, 이서면)이 갈라져 나와 만포군이 되었다가 1967년 시로 승격되었다.

《신증동국여지승람》에 "만포진은 강계부 서쪽 128리에 있다. 석성으로 둘레가 3172척, 높이가 5척이다. 병마첨절제사영이 있고 군창이 있고 또 행성이 있다"고 기록되어 있다. 만포시에는 독로강이 흐르는 곳곳에 크고 작은 여러 산이 솟아 있는 데 월기봉, 무선동산, 고추봉 등이 있다.

만포시 세검동에 있는 세검정洗劍亭 터는 관서팔경의 하나로 인조 14년(1636) 박남여朴南輿 장군이 압록강을 건너 침략해 오는 청나라 군사를 섬멸한 곳이다. 압록강 기슭에 세운 이 정자를 세검정이라 한 것은 당시 전투에서 승리를 거둔 우리 군사들이 피 묻은 칼을 압록강에 씻었다는 데서 유래했다. 오랑캐의 항복을 받았다는 의미로 복호정僕胡亭이라고도 했다. 세검정은 1938년에 화재로 타 버렸고 그 북쪽 700미터 되는 곳에 망미정望美亭이 있다.

고산진 근처 포산리에는 조선 세조 때 남이 장군이 남침하는 여진족을 평정하고 항복 받았던 장소인 고두암(꼴두바위)과 적과 치열한 싸움을 펼쳤던 접전암이 있다. 그 남서쪽이 시중군時中郡이다. 자강도 북부 독로강 하류 부근에 자리한 시중군은 강계 지역이었다가 1952년에 신설된 군으로 매바위산, 십이집산, 중지봉 등이 있으며, 압록강으로 흐르는 독로강과 그 지류인 상청강, 어뢰천, 이남천 등의 물길이 흐른다. 시중군의 남부 천장리에는 높이가 76미터에 이르는 용수폭포가 있고 1960년에 완공된 독로강호가 있다.

이여송의 조상 묘소가 있다는 위원군

시중군 아래쪽은 위원군渭原郡이다. 《택리지》에는 이 지역과 중국 명나라 명장 이여송李如松의 내력이 언급되어 있다.

> 위원은 명나라 사람 이성량李成梁의 조상 무덤이 있다. 성량의 아비는 위원 사람이었는데 사람을 죽이고 도망쳐 중국 광녕에 들어가 살다가 이성량을 낳은 것이다. 그래서 그의 아들 이여송은 항상 "나는 본디 조선 사람이다" 하였다.

위원군의 남동쪽 경계에 있는 숭적산에는 대수봉이 있다. 전설에 따르면 이 대수봉에 이여송의 조상(선친 이성량 또는 조부) 묘가 있어 이 묘에서 치성을 드리고 제사를 지내면 산삼을 캘 수 있었다고 한다.

《여지도서》에는 "학문의 풍습은 없으나 순박한 인심이 넘쳐, 서로 다투는 것을 좋아하지 않는다. 길 가던 나그네가 경계에 들어서면 여비와 양식을 꺼내지 않아도 된다" 하여 위원군의 인심이 남달랐음을 짐작할 수 있다.

고구려와 발해의 영토였던 위원군의 본래 이름은 이산군理山郡 도을한보都乙漢堡였다. 조선 세종 25년(1443)에 보가 사방과 멀리 떨어져 있어 갑자기 급한 일이 생기면 곤란하기 때문에 강계와 이산 땅을 나누어 위원군으로 고쳤다. 《세종실록지리지》는 위원군의 "땅이 메마르고 기후가 차며 풍속이 사냥을 숭상한다" 했고 당시 호수는 217호이고 인구는 1514명이었다.

1949년 자강도가 신설되면서 자강도에 속하게 된 위원군에는 높은 산들이 포진하듯 서 있다. 《신증동국여지승람》의 기록에 따르면 진산은 북산이고, 옛 이름은 대비라大非羅다. 숭적산, 백암산, 삿갓봉 등의 산 사이를 비집고 압록강과 그 지류인 독로강, 위원강이 흐른다. 위원군과 전천군 사이에는 오군령이라는 고개가 있다. 그 고갯길로 자동차들이 왕래하며, 그 산 남쪽 기슭에 창덕약수가 있고 초산군과 위원군의 경계에는 파발령이 있다.

위원군 서쪽에 자리한 초산군楚山郡은 본래 고구려, 발해의 옛 땅이었다. 발해가 멸망한 뒤 여진족이 살게 되면서 이름을 두목리라 했고, 조선 태종 13년(1413)에 이산군으로 개편되었다. 경종 4년(1724)에 초산으로 개칭한 뒤 도호부로 승격했고, 1949년에 초산군이 되었다. 이여송의 조상이 묻혀 있다는 숭적산이 이 군의 진산이다. 산악 지대인 초산군에는 삼각봉, 득측산, 피난덕산, 대바위봉, 남해태산 등 해발 1000미터 안팎의 산이 솟아 있고, 압록강과 그 지류인 충만강, 초산천 등이 흐르고 있다.

평안북도 경계에 있는 자강도의 우시군雩時郡은 1952년 행정 구역 개편에 따라 평안북도 벽동군의 우시면, 가별면, 오북면 전부와 벽동면의 일부를 통합하여 새로 만든 군으로 1954년에 자강도로 편입되었다. 부어골산, 대바위산, 대봉산, 조골령 등 높은 산과 고개가 있다.

초산군 동쪽의 고풍군古豊郡은 본래 초산군의 중심지였으며, 1952년 초산군에서 고면, 풍면, 강면이 갈라져 신설되었다. 북동산, 고암봉 등의 높은 산과 고풍분지가 발달했다. 고풍군 남쪽의 송원군松源郡은 청천강과 충만강 상류에 있다. 고암봉, 주사산, 피난덕산, 우현령 등이 있으며, 전창약수, 월현약수, 동소약수, 단풍약수, 붉은물약수 등 약효가 뛰어난 약수가 많이 난다.

김굉필의 유배지 희천시

송원군 동쪽에 있는 시가 희천시熙川市다. 농사일을 가장 중요하게 여기고, 화목을 그다음으로 소중히 여긴다고 알려진 희천시는 고조선과 한사군, 고구려를 거쳐 발해 때 서경압록부에 속했다가 고려 광종 때 고려의 영토에 편입되었다. 고려 때 이름은 청새진이었으며, 고종 4년(1217)에 거란군의 침입을 막는 데 공이 있다 하여 위주방어사로 승격되었다. 그러나 그 뒤에 오랑캐에게 투항하면서 희주熙州로 개칭되었다가 조선 태종 13년에 희천군으로 개칭되었고, 1967년 10월에 희천시가 되었다.

연산군 4년(1498) 무오사화 때 김굉필金宏弼이 이곳으로 유배되었고, 어천도찰방으로 부임한 아버지를 따라 이곳에 왔던 17세의 조광조趙光祖가 그에게서 학문을 배워 훗날 사림파의 거두가 되었다. 그 뒤를 이어 기축옥사로 서인 측의 제갈공명으로 알려졌던 송익필宋翼弼도 이곳으로 유배를 왔다.

남서부의 하천 유역을 제외하고는 사방이 대부분 높은 산지로 이루어진 희천군은 묘향산, 낭림산, 무동봉 등의 산과 북쪽의 적유령, 구현령, 극성령, 다섯령 등의 고개로 둘러싸여 있다. 그 동쪽에 위치한 동신군東新郡은 원래 희천군에 속했다가 1952년 희천 동쪽 지역을 나누어 생긴 군이다. 청학대, 밀풀덕산, 웅어수산, 소백산, 어룡산, 향라봉, 무동산 등과 갑현령, 적유령 같은 높은 산과 고개가 연달아 솟아 있다.

중국의 《대청일통지大淸一統知》에 "삭주의 서북쪽에 적유령이 있으니 조선에서 서북의 웅관이라고 하는 곳이 이것"이라 했고, 《팔도지리지八道地理志》를 편찬한 조선 전기 학자 양성지梁誠之가 "희천의 적유령 이북 300리 사이에 있는 산들은 높고 강은 크며 토지는 비옥하니 이 지역은 실로 포기할 수 없어 지키려 한즉 방비 태세가 아주 미약하다"라고 했던 적유령狄踰嶺은 적유령산맥으로 불린 청북정맥 중의 한 고개다. 희천시 동창면과 강계시 화경면의 경계에 있으며 해발 963미터다. 백산과 중봉 사이에 자리한 적유령의 남쪽에서 청천강의 상류 백산천이 발원하고 북쪽에서 독로강의 상류인 이만천이 발원한다.

특히 적유령은 고려 덕종 2년(1033) 8월부터 의주의 압록강 하구에서 운산, 희천, 영원을 지나 백두대간을 넘어 동해안의 정평군 도련포에 이르는 400킬로미터의 천리장성을 축조했던 곳으로, 여러 곳에 군창을 두었다. 본창, 성창, 위곡창, 고연주창, 해창, 산창, 신창, 북창 등이 당시의 군창이었다. 지금도 그 군창이 있었던 곳은 거점 도시로 발달해 있다.

또한 동북쪽에 위치한 용림군龍林郡은 자강도의 남동부에 있는 군으로, 1952년 강계군 용림면을 중심으로 새로 만든 군이다. 북쪽으로는 낭

ⓒ 권태균

의주 백마산성

백마산성은 북으로는 압록강을 건너 요동 지방과 통하고
남으로는 정주군과 안주군을 거쳐 평양시에 이르는 교통의 중심지다.

림산 일대에서 가장 높은 해발 2260미터의 와갈봉, 남쪽에는 밀풀덕산, 동쪽에는 천의물산과 낭림산 등이 솟아 있다. 낭림산에서 청천강 북쪽으로 뻗어 나간 청북정맥과 청천강 남쪽으로 이어지는 청남정맥이 시작된다. 청북정맥을 따라간 곳에 의주가 있다.

4

천하의 큰 강 압록강의 하류

압록강 이천 리는 서러운 눈물

압록강鴨綠江은 우리나라와 중국 동북 지방 사이 국경을 이루면서 서해로 흘러드는 강이다. 압록강은 "물빛이 오리의 머리색과 같아 압록수라 불린다"라는 《신당서新唐書》의 기록에서 비롯한 이름이다. 압록강의 길이는 일제 강점기 항공 촬영한 수치에 따르면 790킬로미터이고 북한에서 발표한 바에 따르면 803킬로미터인데, 어쨌든 우리나라에서 제일 길다. 백두산 최고봉인 병사봉 근처 8킬로미터 부근에서 발원하며, 상류 쪽에서 심한 곡류를 이루므로 실제 강 길이는 직선 길이의 두 배에 가깝다. 《송사宋史》에는 "고려가 압록강으로 한계를 삼았다는 강의 너비가 300보이고, 그 동쪽에는 바닷물이 맑아서 열 길 물속이 내려다보이고, 동남쪽으로는 명주와 바라보며 물이 다 파랗다"고 기록되어 있다.

이중환은 《택리지》에서 다음과 같이 서술했다.

> 압록강 밖 만주 땅에서 두 개의 큰 강이 동북으로 모여 와서 의주 북쪽에 이르러 세 개의 강이 된다. 매번 장마가 지면 물이 불어나면 세 개의 강이 하나로 합하여 바다로 들어간다.

이중환이 말한 두 개의 큰 강이란 서강西江과 애하愛河를 말하는 것이다. 《신증동국여지승람》 〈평안도〉에는 다음과 같이 실려 있다.

> 압록강은 백두산에서 발원하여 남으로 수백 리를 흐른다. (…) 그것을 압록강이라고 부르는데 물빛이 오리의 머리같이 푸른빛과 같다고 하여 그렇게 이름한다. 하나는 서쪽으로 흘러서 서강이 되고, 다른 하나는 가운데로 흐르는데 소서강小西江이라고 부른다. 검동도에 이르러 다시 모여서 하나로 되었다가 수청량水青梁에 이르러 또 두 갈래로 나뉜다. 하나는 서쪽으로 흘러 적강과 합류하고, 다른 하나는 남쪽으로 흘러서 대강大江이 되어 위화도를 감돌아 암림곶暗林串에 이른다. 여기서 서쪽으로 흘러 미륵당彌勒堂에 이르러 다시 적강과 합류하여 대총강大摠江이 되어 서해로 들어간다.

압록강은 김일성의 항일 유적지였던 보천보 부근에서 높은 하안 단구를 이루고, 가림천, 오시천 등을 합하여 함경남도의 신갈파진과 혜산을 지나면서 서쪽으로 그 물줄기를 바꾼다. 서쪽으로 흐르면서 수력 발전으로 유명한 허천강, 장진강을 비롯하여 평안북도에서 후주천을 합한 압록강은 중강진에 이른다. 압록강의 상류는 강폭이 비교적 좁고 유속이 빠르나 중강진 부근에서 남서쪽으로 물줄기를 바꾸면서부터는 강물의 흐름

진압 근교에서 바라본 압록강

우리나라와 중국 동북 지방 사이 국경을 이루면서 서해로 흘러드는 압록강은 청강青江이라 불릴 정도로 강물이 맑다.

이 갑자기 느려지고 여울도 많이 나타난다. 중강진에서 하류 쪽으로 흘러내리면서 자성강, 독로강, 위원강, 충만강, 삼교천 등과 중국 쪽의 훈강을 합하여 서해로 들어간다.

조선 전기 문신 강희맹姜希孟은 시 〈압록강을 지나면서過鴨綠江〉에서 "학 나는 들 저문 산은 푸르러 눈썹 같고 압록강 가을 물은 쪽빛보다 더 진하네"라고 했고, 유도순劉道順은 〈압록강 뱃사공〉에서 "이천 리 압록강에 노를 저으며, 외로이 사는 늙은 뱃사공이요. (…) 설운 소식도 강을 건너며, 뱃노래 목이 메는 사공이라오" 하여 압록강을 넘나드는 애처로운 삶을 슬픔으로 노래했다.

압록강에는 항상 강 위에 모습을 드러내는 '진짜 섬'이 40여 개 있고, 강물이 드나듦에 따라 사라지고 나타나는 하중도河中島가 205개 있다. 1962년에 맺은 것으로 알려진 조중변계조약에 따라 북한과 중국은 강은 서로 공유하되 섬은 공유하지 않는다고 합의했다. 북한의 섬과 북한의 영토 사이는 내하內河라 하여 북한이 영유권을 가진다. 하중도의 소유권은 북한이 127개, 중국이 78개다. 압록강 하구의 큰 섬들인 위화도, 황금평, 다지도, 구리도, 어적도, 유초도 등은 모두 북한 땅이다. 한때 섬이었던 어적도와 황금평은 세월의 흐름에 따라 흙이 쌓여 중국에 맞붙어 버린 '내륙 섬'이지만 두 섬 모두 북한의 땅이다. 중국이 소유한 섬들 중 쓸모 있는 섬은 없고 다만 위화도에서 3킬로미터 정도 아래에 있는 월량도만이 현재 개발 중이다.

민족의 비원을 안고 유장하게 흐르는 압록강 철교를 따라가면 만나는 신의주시新義州市는 평안북도의 도청 소재지로, 압록강 하구 좌안에서 상류 쪽으로 25킬로미터 지점에 있다. 축면산縮緬山 구릉 밑에 펼쳐진 범람원 위의 사주砂洲에 건설된 신의주는 장마 때마다 압록강 흙탕물이 범람하여 농사조차 불가능한 강기슭이었다. 그러던 신의주가 현재의 모습으로 탈바꿈한 것은 제방을 쌓고 다시 그 바깥쪽에 큰 제방을 축조하면서부터였다.

압록강변의 습지를 간척한 강안 지역에 신의주 공업 지구를 개발했는데 2002년 4월 신의주시와 의주군 일대를 묶어서 신의주 특별 행정구가 설치되었다. 신의주의 전신이 의주군이다.

백마산, 금강산, 삼봉산 등의 낮은 산이 펼쳐지는 의주군에는 금강산의 경치와 비길 만하다는 의주금강(석숭산)과 의주팔경義州八景이 있다. 의주팔경은 압수춘파鴨水春波(봄바람이 일고 있는 압록강의 파도), 골령모운鶻嶺暮雲(골령의 저녁 구름), 송산욱일松山旭日(송산의 일출), 해문비우海門飛雨(비 내리는 해문 모습), 조도황로鳥道黃蘆(조도의 가을 갈대숲), 요교송객凹橋送客(요교에 오고 가는 나그네의 모습), 평원엽기平原獵騎(들판의 수렵 광경), 용연취벽龍淵翠壁(구룡연 주변의 이끼 낀 절벽)을 이른다.

서희 장군의 흔적이 남은 의주

《택리지》에 "위원 서쪽에 여섯 고을이 있다. 의주는 국경의 첫 고을로서 중국 심양으로 통하는 길목이며, 고을 관아는 압록강변에 있다"고 기록된 의주는 평안북도 북서쪽에 자리한 군이다.

단동에서 바라본 신의주

압록강변에 위치한 신의주는 화학공업과 금속공업이 발달했지만
강 주변에선 한적한 마을 풍경을 만날 수 있다.

© 권태균

압록강

북한 땅에서 바라본 압록강 풍경으로 멀리 단동 시가지가 실루엣처럼 펼쳐진다.

의주군義州郡은 단군 조선, 기자 조선, 위만 조선 그리고 한사군을 거쳐 고구려, 발해의 영토였다가 발해가 망하자 거란의 근거지가 되었다. 그러나 고려 성종 12년(993) 거란의 1차 침입 때 서희徐熙의 담판으로 고려 영토로 수복되어 강동 6주의 하나인 흥화진이 설치되었다. 조선시대에 정주, 의주라 불렸고, 1895년에 의주부가 되었다가 다음 해에 평안북도 의주군이 되었다. 《신증동국여지승람》에는 "풍기가 굳세어서 활쏘기와 말타기를 잘하고 사냥을 좋아한다"고 풍속이 기록되어 있다. 의주의 지세는 《대명일통지大明一統志》에 "압록강이 천연 도랑을 이루고 있다" 되어 있는데, 명나라 사신 기순祁順은 "낙랑이 지경을 나누었다"고 표현하기도 했다. 의주의 진산은 송산松山이며, 그 북쪽으로 압록강이 흐른다. 이곳을 지나던 정몽주의 시가 남아 있다.

의주는 우리나라 문호門戶이어서
예로부터 중요한 관방이네
장성은 어느 해에 쌓았는가
꾸불꾸불 산언덕을 따랐네
넓고 넓은 말갈靺鞨 물이 서쪽으로
흘러 흘러 봉강封疆을 경계 지었네
내가 벌써 천 리를 떠나왔는데
여기 와서 이렇게 머뭇거리네
내일 아침 강 건너 떠나가면
요동 벌판에 하늘이 망망하리라

《여지도서》를 보면 "왕의 생일에 바치는 선물로 품질 좋은 무명 베〔正木〕 21필"이라고 실려 있고, 《균세均稅》에는 "고기잡이 배 13척, 봄에 내는 돈은 19냥 7전 5푼, 가을에 내는 돈도 19냥 7전 5푼인데 해마다 증감이 있다"고 실려 있다. 이를 보면 당시에도 어업권 같은 것이 존재했음을 알 수 있다.

《신증동국여지승람》에 실린 압록강을 보자.

> 압록강은 의주의 서북쪽에 있는데, 마자馬訾 또는 청하淸河 또는 용만龍灣이라고도 한다. 서쪽으로 요동도사遼東都司와의 거리가 560리이며, 그 근원은 만주 땅의 백두산에서 나오고, 수백 리를 남으로 흘러서 함경도의 갑산, 삼수를 거쳐 여연, 무창, 우예, 자성을 지나, 강계와 위원의 지경에 이르러 독로강과 합쳐지고, 이산군의 산양회에 이르러 포주강과 합해진다. 아이보阿耳堡에서 동건강과 합하고, 벽동, 창성, 소삭주를 거쳐서 주의 남쪽에 있는 어적도 동쪽에 이르러 세 갈래로 나뉘어 하나는 남으로 흘러 맴돌아 모여서 구룡연이 되는데 이 이름이 압록강이다. (…) 주자가 이르기를 "여진이 사는 곳에 압록강이 있다"라고 하였으며, 세상에 전하기를 "천하 세 군데에 큰 강이 있으니 황하, 장강(양자강), 압록이라 하는데 바로 이것이다"라고 하였다.

압록강 가운데 자리한 섬 위화도

의주시의 압록강변 삼각산 위에는 관서팔경의 하나인 통군정統軍亭

이 있는데, 임사홍任士洪의 기록은 다음과 같다.

> 주성州城이 압록강에 임하였으니, 그 북은 여진씨女眞氏의 지역이고 그 서쪽은 중국의 경계다. 섬들이 둘러 있고 언덕과 산들이 높고 험하며, 대창, 소창, 송골이라는 여러 산이 멀고 가까운 데서 층층이 나타나고, 겹겹이 보여 중화中華의 산하와 성곽의 장려함을 연상할 수 있는데, 바로 주州의 북쪽에 산봉우리가 뾰족이 서 있어 사방에 통하여 바라볼 수 있으며, 그 위에 정자가 있어 통군이라 하는데 어느 때 세웠는지 누가 이름을 지었는지는 모른다.

통군정에 대해 조선 전기 문신 조위曹偉는 "사방을 둘러보니 막힌 것이 하나도 없어, 망망한 만상들이 분주하구나. 한 조각 마음은 우주의 끝까지, 두 눈엔 하늘땅이 좁네. 해가 지니 강광江光이 흔들거리고, 연기가 사라지니 해기海氣 짙구나" 했고, 중기 문신 허굉許硡은 "관하關河가 멀고 먼데 내 마음 어떠한가, 연연燕然에 올라가 이름 새기고 싶네. 땅은 압록강에 다했는데 봄물이 넓고, 성은 위화도에 임했는데 저문 구름 평평하네. 연래年來로 나라에 몸을 바치니 마음만 부질없이 있고, 밤 고요한데 군악기 소리 들리니 꿈이 저절로 깨네. 기둥에 기대어 낮은 소리로 읊조리니 고향에 돌아갈 생각 간절한데, 기우는 달빛 추녀에 이르러 밝게 하네"라고 노래했다.

한편 이 정자에 대한 재미있는 설화가 전해져 온다. 임진왜란 때 이곳까지 온 선조가 명나라에 도움을 호소하여 원군을 기다리고 있었다. 명나라 장수가 도착해 선조를 만났는데 왕의 키가 작고 생김생김이 보잘것없자 "이렇게 못난 사람을 왕으로 삼는 나라는 구해 줄 가치가 없다"고 하면서 군사들을 데리고 돌아가려 했다. 이를 지켜본 선조는 너무도 슬퍼서 울음을 터뜨렸다. 그러자 신하 중 한 사람이 선조에게 통군정에 올라가 큰 독을 쓰고 울라고 했다. 선조가 통군정에 올라가 큰 소리로 울었더니 그 울음소리가 우렁차게 들렸다. 돌아가려던 명나라의 장수가 그 울음소리를 듣고서 "행색은 보잘것없으나 과연 왕다운 위엄이 있구나" 하고서 군사를 이끌고 돌아와 조선을 도와주었다고 한다. 그때부터 왕이 운 곳이라 해서 통군정을 통곡정痛哭亭이라고도 부른다.

이곳 의주 압록강 남쪽에 객사인 의순관義順館이 있다. 옛 이름은 망화루望華樓이며 중국 사신을 맞이하는 곳으로 조선 세조 때 누樓를 철거하고 관館을 두었다. 정몽주가 의순관을 두고 시를 한 수 지었다.

말을 달려 유유히 패강에 오니
배신陪臣이 곧 관광을 하고 싶구나
집 떠나 천 리 아득함을 차차 깨닫고
술을 드니 팔황八荒이 좁은 것을 알겠구나
말갈강靺鞨江 물가에는 산 겹겹이요
요양성 아래에는 길 망망하네
밤 깊은데 역려逆旅에서 잠 못 이루는데
한 곡 어가漁歌 소리는 짧고도 길구나

또 하나 의주의 명물이 '의주금강'이다. 의주의 금강산은 일명 석숭산이라고도 한다. 산세가 날카롭고 험준하며 빼어나 금강이라고 불렸으며, 의주 땅에 있다고 하여 의주금강이라 한다. 이 산 중에 금강사와 천왕사를 비롯해 고찰로 유명한 추월암이 있다.

압록강 가운데에 자리한 위화면에는 위화도威化島가 있다. 위화도는 조선 건국과 밀접한 관계가 있는 중요한 현장으로《신증동국여지승람》에 그 내용이 다음과 같이 실려 있다.

> 위화도는 검동도 아래에 있는데, 둘레가 40리다. 검동도와 위화도 두 섬 사이를 압록강의 지류가 가로막고 있는데 굴포掘浦라고 일컬으며 주성에서 25리 떨어져 있다. 위의 세 섬은 그 땅이 모두 기름지고 넉넉하여 백성들이 많이 개간해 경작했는데, 천순 5년(세조 7, 1461) 신사에 농민들이 건주위建州衛의 야인들에게 잡혀가 그 뒤부터는 관官에서 개간을 금하였다.

고려의 신우(우왕)가 그의 재위 14년(1388) 5월에 요동 정벌의 명을 이성계에게 내렸다. 당시 이성계는 군사 6만 명을 거느리고 위화도에 머물고 있었다. 한데 장마가 들어 크게 곤란해지자 좌군도통사 조민수曺敏修와 함께 회군을 간청하는 상소문을 올렸다. 하지만 고려 조정의 우왕과 최영崔瑩은 이를 허락지 않았다. 이성계는 다시 회군을 허락해 달라고 사람을 보냈으나 오히려 빨리 진군하라는 명령뿐이었다. 이에 이성계는 장군들을 향해 이렇게 말했다. "만약 상국上國의 지경을 침범한다면 천자에게 죄를 짓는 것이므로 나라와 백성에게 큰 재앙이 올 것이니, 어찌 경들과 왕을 뵙고 친히 화와 복을 아뢰고, 왕 곁의 간신들을 제거해서 백

© 권태균

압록강 위화도

압록강 가운데 자리한 위화도는 이성계가 대륙 정벌의 계획을 포기하고 말머리를 돌린 조선 건국과 밀접한 관계가 있는 중요한 현장이 되었다.

성을 편안하게 하지 않을까 보냐." 그러자 여러 장군들이 모여 말하기를 "우리 동방의 사직이 편안하고 위태한 것은 공의 한 몸에 달렸는데, 어찌 명령대로 따르지 않겠습니까"라고 했다.

이성계는 군사를 돌려 압록강을 건넜는데 그가 흰 말을 타고 활과 흰 깃 화살을 가지고서 물가에 서서 여러 군사가 다 건너기를 기다리니, 모든 군사들이 이를 바라보고 서로 말하기를 "고금古今 그리고 앞으로 올 세상에도 어찌 이러한 인물이 있겠느냐"라고 했다. 당시에 장맛비가 며칠 동안 내렸어도 강물이 넘치지 않았는데 돌아오는 군사가 겨우 다 강기슭에 닿자 큰물이 몰려와서 온 섬이 잠기고 말았다. 이것을 지켜본 병사들은 자신들의 목숨을 살려 준 이성계의 선견지명에 탄복했다.

이성계는 백성들로부터 술과 고기 등의 대접을 받으며 송도로 진군했고, 이 소식을 들은 우왕과 최영은 송도에서 군사를 모으려 했으나 겨우 수십 명에 불과해 결국 이성계에게 패하고 최영도 그의 손에 피살되고 말았다. 그 뒤 이성계는 공양왕을 왕위에 올렸으나 얼마 후 왕위를 물려받아 조선을 건국했다.

인물의 고장 의주

조선 태조 초기부터 고종 14년(1877)까지의 문과 급제자를 기록한 《국조방목國朝榜目》에 따르면 조선시대에 의주 출신으로 과거에 오른 선비는 모두 23명으로 평안북도에서 세 번째였다. 임진왜란 당시 의주로 피난을 왔던 선조는 〈의주 용만관에서龍灣書事〉라는 시 한 편을 남겼다.

나라의 사태가 황급한 날에
누가 곽자의와 이광필처럼 충성하랴
서울을 떠남은 큰 계책 때문이었고
회복은 공들에게 의지하네
관산의 달을 보며 통곡하고
압록강 바람 쐬며 상심하네
조정 신하들은 오늘 이후에도
또다시 동인 서인 따질 것인가

의주의 남서쪽이 신의주시다. 의주부에 속했던 이 지역에 경의선 종착역을 만든 뒤 1905년에 새로운 의주라 하여 신의주라 했다. 1914년 의주부를 신의주로 옮겨 신의주부라 했으며, 도청 소재지로 지정하고 1921년 평안북도 도청을 이곳으로 옮겼다.

예로부터 중국으로 통하는 관문이었고 수륙 교통이 편리한 신의주시는 국경 무역 및 압록강 유역 목재의 집산지로서 제재, 펄프, 성냥 등 목재를 주원료로 하는 공업이 발달했다. 2003년 현재 인구 28만 명의 신의주는 경의선의 종점으로, 압록강 철교를 통하여 만주의 안봉선, 남만선과 연결되어 시베리아를 거쳐 모스크바와 베를린으로 이어지고 파리로 연결되는 국제 교통의 관문이다. 2002년에는 자유무역 지구인 신의주 특구를 설치했다. 권근이 천자의 명을 받아 지은 시를 보면 조선과 중국의 관계에 대한 당시 사대부들의 생각과 압록강 건너기의 어려움을 알 수 있다.

변방 고을 쓸쓸한데 너무 늙었고
한 줄기 긴 강은 요양遼陽을 가로막았네
천자의 덕화德化(皇風)는 중국과 조선을 가리지 않는데
지리地理가 어찌하여 피차彼此를 구별하랴
물결은 조각배를 흔드는 것 맡겨 두고
천일天日이 멀고 거친 곳까지 비추는 것을 기쁘게 보겠네
누가 이 발길 바쁜 뜻을 알랴
천자 말씀 받들어 우리 님께 아뢰려네
나라에는 지경이 험한 곳 있고
하늘이 주어 지리地利도 웅걸雄傑하도다
세 강물 하도 깊어 헤아릴 길이 없는데
이 한 길 멀어서 통하기 어렵네
강이 넓어 물결이 바다에 잇달았고
바람에 파도 일어 하늘에 잇닿았네
작은 배 화살같이 빠르니
탈 없이 지난 것은 사공의 덕일세

박지원은 압록강을 건너던 상황을《열하일기熱河日記》에서 다음과 같이 기록했다.

물살은 매우 급한데 뱃노래가 일제히 터져 나왔다. 사공이 힘들인 공역으로 배가 마치 번개처럼 빨리 달리니, 갑자기 정신이 아찔하여 하룻밤을 지낸 듯싶었다. 저 통군정의 기둥과 난간 그리고 헌함軒檻이 팔면으로 빙빙 도는 것 같고, 전송 나온 사람들이 아직까지 모래펄에 섰는데 마치 팥알처럼 조그마하고 까마득하게 보인다.

나는 수역 홍명복 군에게 물었다.

"자네, 길을 잘 아는가?"

홍군은 팔짱을 끼고 대답했다.

"아, 그게 무슨 말씀입니까?"

그러기에 나는 또 물었다.

"길이란 알기 어려운 것이 아닐세. 바로 저 강 언덕에 있다네."

홍군은 물었다.

"이른바 먼저 저 언덕에 오른다는 말씀입니까?"

나는 또 이렇게 대답했다.

"그런 말이 아니네. 이 강은 바로 저 언덕과 우리와의 경계이므로 응당 언덕이 아니면 곧 물일 것이네. 무릇 세상 사람의 윤리와 만물의 법칙이 마치 이 물가나 언덕이 있는 것과 같은 것이니, 길이란 다른 데서 찾을 게 아니라 곧 이 물과 언덕 주변에서 찾을 것이란 말일세."

박지원은 강을 건너며 강 이쪽과 저쪽뿐 아니라 길은 어디에도 있다는 것을 말한 것이었다. 박지원보다 먼저 이곳을 찾았던 김극기도 시 한 편을 남겼다.

집을 떠나 탄식 버리고 봄놀이도 저버리고
필마로 서쪽에 오니 벌써 철 바뀌어 가을일세
나그넷길 몇 리냐고 묻지 마오
용만성 밖에는 다시 더 고을 없네

또한 이곳으로 유배를 왔던 임사홍은 나그네의 쓸쓸한 감회를 다음과 같이 노래했다.

큰바람이 바다에 불어 하늘이 어둡더니
용龍이 싸워 구름이 다투어 먼 마을이 안 보이네
귀양 온 나그네가 어찌 수심을 금할 수 있으랴
초가 처마에서 종일토록 빗물이 동이 뒤집는 것만 보네

귀주대첩의 현장

한반도와 대륙을 잇게 될 신의주 동쪽에 자리한 피현군枇峴郡은 의주군의 동남부 지역을 분리해 1952년에 신설한 군이다. 문수산, 천두산, 백마산 등이 솟아 있고 삼교천이 흐른다. 이 삼교천에서 강감찬姜邯贊 장군과 거란군 사이에 한판 큰 싸움이 있었다.

현종 9년(1018) 거란은 소배압과 10만 대군을 앞세워 강동 6주의 반환을 요구하면서 제3차 침략을 감행해 왔다. 이에 고려는 강감찬을 상원수,

신의주 들판

압록강 하류 지대는 퇴적 평야가 펼쳐지는 곳으로 북한에서 보기 드물게 넓은 평야 지대다.
평야 곳곳에 강이 흘러 압록강으로 합류한다.

강민첨姜民瞻을 부원수로 삼아 20만 8000의 대군으로 맞서 싸우게 했다. 강감찬은 적군을 수공으로 섬멸하기 위해 삼교천에 쇠가죽으로 둑을 만들었다가 이를 터뜨려 몰려오는 적군을 수장시켜 크게 이겼다. 그리고 거란군의 남은 군사들을 성 앞까지 들어오도록 유인한 뒤 크게 무찔렀다. 거란군은 큰 타격을 받았음에도 서경을 거쳐 개경 부근까지 내려왔다. 그러나 병력의 손실이 크자 소배압은 정벌을 포기하고 황해도 신은에서 회군하여 돌아가다가 귀주에서 강감찬과 병마판관 김종현의 공격을 받아 크게 패했다. 이때 살아남은 병력이 수천 명에 불과했을 정도로 거란의 패배는 심각했다. 《고려사》에도 "거란의 패함이 아직 이와 같이 심함이 없었다"고 기록되어 있다. 거란의 성종은 크게 노하여 소배압에게 사신을 보내 "네가 적지에 너무 깊이 들어가 이 지경이 되었다. 무슨 얼굴로 나를 만나려는가? 너의 낯가죽을 벗겨 죽이고 싶다"라고 책망했다고 한다. 귀주대첩 이후 거란의 성종은 힘으로 고려를 굴복시키려는 야망을 버리게 되었고, 강동 6주의 반환을 다시는 요구할 수 없게 되었다.

신의주 서쪽 압록강 하구에 자리한 용천군龍川郡의 고려 때 이름은 안흥군安興郡이었다. 조선 태종 13년(1413)에 용천군이 되었고 광해군 때 부로 승격되었으며, 1952년 군으로 개편되었다. 조선 전기 문신 유정현柳廷顯이 "긴 강이 발해에 잇달았고, 평평한 들이 요양에 잇닿았네"라고 그 풍경을 노래하기도 했다. 용천군은 삼교천에 의해 형성된 삼각주 평야 지대(용천평야)를 이루고 있어 벼 생산량이 평안도에서 가장 많다. 이러한 자연 환경 덕분에 《여지도서》에 의하면 용천 사람들은 "농사짓고 누에치는 일에 부지런하다. 사람들의 성품이 온순하고 부드럽다. 전세田稅와 공물을 잘 바치며, 민간의 풍습이 순박하고 정성스럽다"고 실려 있다.

《신증동국여지승람》에는 "용골산은 일명 용호산이라고도 하는데, 군의 동쪽 8리에 있는 진산이다. 서쪽으로 큰 바다에 임하고, 북쪽으로 압록강을 바라보며, 강 밖에는 송골 여러 산이 책상 앞에 있는 듯하여 가장 좋은 경치다"라고 되어 있다. 이 지역의 물산은 제호유鵜鶘油라고 부르는 사다새 기름(한방에서 종기, 중풍 환자의 변비 등에 쓴다)과 토화土花라고 하는 가리맛조개 그리고 무명석無名石이다. 이곳의 양책역良策驛을 지나던 이색이 시 한 수을 읊었다.

작은 관館이 황량하여 인마가 드문데
요란한 산 깊은 곳에 해 저물려 하네
괴상하구나! 우리 郵吏(역리)는 서로 아는 듯하니
흰밥 푸른 말꼴로 멀리 돌아온 것을 위로하네

고려 말 문신 이첨李詹 또한 다음과 같은 애절한 시 한 편을 남겼다.

몇 군郡에 와서 손님을 대접하니
차는 달고 술 또한 맑다
봉화 전하니 바다와 산의 일을 알겠고
세상 변한 것은 산성山城에 나타나 있네
골짜기 그윽하니 구름안개가 오래이고
창문이 차가우니 눈[雪] 달이 밝구나

꿈을 깨어 베개를 어루만지니

반이나 고향 생각일세

1988년 용천군에서 신도면과 몇 개의 리를 떼어 내서 신설한 신도군薪島郡은 코끼리가 물속에 코를 드리운 형상과 같은 코끼리바위(북한 천연기념물 제63호)와 간척지를 막아 조성한 비단섬의 갈대가 유명하다. 용천 남쪽은 염주군鹽州郡이다. 대부분 평야 지대인 염주군 역시 1952년 용천군에서 분리하여 새로 만든 군이다. 예로부터 순박하고 검소함을 높게 여기며, 학문을 좋아하고 무예에 힘쓴다고 알려진 철산군鐵山郡은 평안북도 서해안 중부 지방에 있는 고구려의 옛 땅이다. 서희의 활약으로 강동 6주가 수복되면서 철주鐵州라는 이름으로 고려에 편입되었으며, 태종 13년(1413)에 철산으로 이름을 바꾸었다. 철산군에는 철산반도가 뻗어 있고, 서림면 연산동은 고전 소설의 하나인 〈장화홍련전〉의 이야기가 서린 곳이다. 또한 임경업林慶業 장군이 철산에서 벼슬할 때 못에서 큰 뱀이 뱉은 검을 얻어 평생에 걸쳐 전투용으로 활용하며 간직했다는 기록이 남아 있다.

철산 동쪽에 자리한 동림군東林郡은 선천군의 북부와 철산군의 일부를 합해서 1952년에 신설한 군이다. 그 동남쪽에 선천군宣川郡이 있다. 《신증동국여지승람》 〈평안도〉 선천군 산천조에 "군의 서쪽 20리에 있다. 봉우리들이 뾰족하고 험하기가 칼끝 같은 까닭에 이름 지었다"고 기록된 검산劍山에는 검산성, 통주성, 동림폭포 등의 명소가 있다. 《여지도서》 형승조에 "북쪽은 큰 고개를 등지고 서쪽에는 숲이 무성해 햇빛이 들지

안주성

우리나라 서북 지방에서 남북으로 통하는 기본 통로에 쌓은 안주성은
군사적 요충지이자 교통의 중요한 거점이었다.

않는다. 남쪽은 커다란 바다와 닿았고, 동쪽에는 산등성이가 감돌아 서려 있다"고 실려 있고, 풍속조에는 "학문에 재주가 있으면 고전을 읽고, 근력이 있으면 활쏘기와 말타기를 익힌다"고 되어 있다. 이는 적성에 맞는 교육을 지향한 것으로 볼 수 있다.

선천군의 고구려 때 이름은 안화군安化郡이었다. 고려 때 통주通州와 선주宣州로 바꾸었다가 조선 태종 때 선천군이 되었고 인조 즉위년(1623)에 도호부로 승격되었다. 인조 9년에는 임경업 장군이 검산성방어사로 임명되기도 했으나 순조 11년(1811) 홍경래의 난이 일어난 뒤 선천부사 김익순金益淳(김병연의 할아버지)이 항복했다 하여 현으로 강등되었다. 1896년 다시 군이 된 선천군은 평야가 발달했으며 동래강이 흐른다.

《신증동국여지승람》에 따르면 선천군의 남쪽 30리에 자리한 남면에 신미도가 있는데, 높은 봉우리와 험한 벼랑이 바다 위의 큰 산을 이루고 있으며 목장이 있다. 신미도 가운데 있는 운종산에서 임경업 장군이 무술을 갈고닦았다고 한다. 앞에서 언급한 검산이 신부면 산성동에 있다. 검산은 세 개의 봉우리로 이루어졌는데, 그 아래에 임경업을 모신 충민사가 있으며 선천향교 옆에는 서포사西浦祠가 있다. 서포는 김만중金萬重의 호다. 숙종 15년(1689) 인현왕후를 폐하고 희빈 장씨를 왕비로 책봉할 때 남인들의 참소에 따라 김만중은 이곳으로 유배를 와서 생을 마감했다. 숙종 22년 현감을 지낸 전처형과 차성우의 건의에 따라 부사 남오성이 사교서원四敎書院의 하나였던 북서원北書院에 김만중을 배향했다.

선천군을 두고 조선 중기 학자 김식金湜은 시에서 "훈풍은 움직이지 않고 길은 겹겹인데, 풀 기운이 서로 섞여 더운 기운 짙었네. 돌아가고 싶은 마음이 화살처럼 바쁜 것이 이미 한껏 했는데, 사람의 말들이 벌 떼처럼 소란한 것을 견디겠는가" 했고, 예겸은 "동림 옛 성은 바다 언덕 구석에 있는데, 빈 성벽에는 사람 없고 미록麋鹿만 노네. 추석墜石(쌓은 돌)이 쓸려 무너져 평지에 가득하니, 많고 적은 가시나무가 그 위에서 났구나" 하고 노래했다.

한편《신증동국여지승람》에 따르면 이곳 선천군의 북쪽 25리에 임반역林畔驛이 있었다. 그곳을 지나던 명나라 사신 장근張瑾의 시가 애달프다.

> 지난밤에 하늘 가득히 눈이 날리더니
> 새벽이 되자 찬 기운이 사람의 옷에 다가오네
> 초거軺車로 또 운흥雲興을 향해 달리건만
> 천 리 우리 집 동산에는 어느 날에나 돌아갈까

곽산고개 아래 운흥역에서 낮 밥을 먹고

평안북도 남부 해안에 자리한 곽산군郭山郡은 본래 고려의 장리현長利縣이었다. 조선시대에 군이 되었고 정주군에 속했다가 1952년 정주군에서 갈라져 다시 군이 되었다.《여지도서》는 곽산의 지세를 "당알령堂遏嶺이 동쪽에서 막아 지키고, 큰 바다가 그 남쪽 경계가 된다. 묘봉산妙峯山은 북쪽에서 가장 높이 치솟았고, 철마천鐵馬川은 서쪽에서 감아 돈다" 했다. 묘봉산은 구성의 길상산吉祥山에서 뻗어 나와 이 군의 주 산줄기를 이루는 산이다. 곽산군에는 진산인 능한산을 비롯해 심원산, 독장산과 동래강, 사송강이 있으며, 서쪽에는 소함성열도, 동쪽에는 함성열도가 늘어서 있다. 《여지도서》에 소개된 풍속에 따르면 "첫째는 농사, 둘째는 무예, 셋째는 학문, 넷째는 고기잡이, 다섯째는 장사를 중시한다" 했다. 곽산군에서는 주로 민어와 조기가 많이 잡혔다.

운흥역을 지나던 예겸은 "곽산고개 아래 운흥역에서 낮 밥을 처음 먹고 다시 길을 떠나네. 섣달 눈 다 꺼져서 봄볕이 따뜻하고, 개간 밭에 불 지르니 하늘에 비추어 밝구나" 했고, 김식은 "길이 운흥에 들매 몇 번 물을 건넜던가, 두루 도니 지형이 좋은 것을 점점 알겠네. 높고 낮은 사롱斜籠(비탈진 언덕)에는 층층이 보리요, 끊어지고 이어지는 시냇가 밭엔 곳곳마다 벼로구나"라고 노래했다. 김극기도 이 역을 지나며 시 한 수를 읊었다.

용만龍灣에 안장을 풀고 어느 때나 쉴까
운흥을 지나지 못하였는데 말은 벌써 지쳤네
돌을 녹이고 모래를 찌니 천기가 호되게 덥고
강을 건너고 봉우리에 이르니 길이 멀구나
무더위는 정말 번흥부繁興賦를 괴롭게 하고
시원한 비에 부질없이 사조謝眺(중국의 시인)의 시를 생각하네
어찌 천 리 가는 수레를 잠깐 멈출 수 있으랴
원님은 숲 아래에 취해 곤드라졌구나

중국 단동 접경과 압록강

압록강이 멀리 내려다보이는 산자락에 빨간색 지붕이 펼쳐진 중국 땅이 보인다.
이곳은 고구려와 고려시대에 군사적 요충지였다.

인물이 많은 정주

곽산 동쪽은 정주군定州郡이다. 고려 때 이곳에서 강감찬 장군이 귀주 대첩을 승리로 이끌어 정원대도호부로 승격되었다가 목牧이 되었으나, 순조 11년(1811)에 일어난 홍경래의 난 이후 반역향으로 몰려 정원현으로 강등되었다. 그 뒤 복권되었고, 여러 번의 변천 과정을 거쳐 1952년에 정주군이 되었다. "서남쪽으로 바다가 드넓게 펼쳐지고 크고 작은 섬이 바둑돌같이 깔려 있다"고 《고려사》에 실려 있고, "고전 읽기를 좋아하고 농사와 누에치기에 부지런하다"고 《여지도서》에 실려 있는 정주에는 일제 강점기에 독립 정신을 일깨웠던 대표적인 민족 사학 기관인 오산학교와 용동교회가 있었다.

정주군의 진산은 마산이다. 예겸은 정주를 "당어령에 굳이 오르니, 작은 돌은 모나고 큰 바위는 완악하네. 말 달려 곧장 마루에 오르니 앞길에 아직도 만 겹의 산이 있네. 바다 따라 아득히 길이 머니, 잠깐 평야를 가다가 또 언덕을 올라가네. 산 밖에 산이 이어져 아직도 천 겹이요, 서늘한 산 찬 풀밭에 석양지기 몇 번인가"라고 노래했다.

《세종실록지리지》에 "땅이 기름지고 메마른 것이 반반이며, 어염(생선과 소금)과 사냥의 이利가 있다"고 기록된 정주의 당시 호수는 1033호, 인구는 5466명이었다. 정주는 예로부터 인물이 많이 배출된 고장으로, 《국조방목》에 따르면 조선시대에 과거 급제한 정주 사람들은 모두 277명이었다. 서울 출신이 292명인 것을 볼 때 정주 지역에서 과거 급제자가 얼마나 많이 배출된 것인지 미루어 짐작할 수 있다.

근현대사에서도 별반 다르지 않다. 이곳 출신들의 면면을 보면 1907년 오산학교를 세운 이승훈이 있고, 독립선언문을 발표한 민족 대표 33인 중 이명룡과 김병조가 있다. 소설가 이광수, 시인 김소월, 김억, 백석, 교육자 현상윤, 언론인 방응모, 의사 백인제도 이 고장 출신이다.

인물이 많은 정주에서 홍경래의 난이 일어난 것은 순조 11년(1811)이었다. 조선은 그 무렵 사회 경제적인 역량이 성장함에 따라 여러 가지 사회 모순에 대한 저항의 분위기가 확산되어 갔다. 교육 기회가 늘어남에 따라 지식인이 양산되었고, 경제력을 바탕으로 하여 무관으로 입신하려는 사람들도 많아짐에 따라 정부에서는 문무 과거 급제자를 크게 늘렸다. 하지만 종래의 관직 체계와 인재 등용 방식으로는 더 이상 그들을 수용할 수 없어 불만은 점점 커졌다.

평안도와 함경도 지역에 전해 오는 말에 '할 뻰 댁宅이다'라는 말이 있는데, 이는 평안도나 함경도에서는 벼슬한 사람이 귀하기 때문에 벼슬을 할 뻔했던 사람에게도 '할 뻰 댁'이라는 존칭을 붙인 것이다. 오죽했으면 벼슬을 할 뻔하다가 못 한 사람을 높이는 일까지 벌어졌을까.

영조 4년(1728)에 일어난 이인좌李麟佐의 난은 주도층이 비록 과격한 소론 중심의 지배층이었지만 중간층 및 하층민들이 적극 참여함으로써 기층 세력의 저항이 격화되는 양상을 보였다. 특히 평안도는 활발한 상업 활동을 바탕으로 하여 빠른 경제 발전과 역동적인 사회상을 보이고 있었으나 서북 지방이라는 이유만으로 정치권력으로부터 소외되어 지역민들의 불만은 더욱 커져만 갔다. 이때 평안도 용강군 출신인 홍경래洪景來가 나타났다.

용강의 평민 출신으로 유교와 풍수지리 등을 익힌 지식인이었으며 서당에서 아이들을 가르치기도 했던 홍경래는 용력을 갖춘 장사壯士였다. 그는 봉기 10년 전부터 각처를 다니며 사회 실정을 파악하고 동료들을 규합했다. 그리하여 비슷한 성격의 지식인이자 상인인 우군칙, 명망 있는 양반가 출신의 지식인 김사용과 김창시, 역노 출신의 부호로서 무과에 급제한 이희저, 장사로서 평민 출신인 홍총각, 몰락한 향족 출신인 이제초 등과 함께 최고 지휘부를 구성했다. 이들의 신분과 생업은 매우 복잡하게 뒤섞여 있었지만, 용력을 갖춘 지식인이 총지휘하고 저항적 지식인이 참모를 맡았으며 부자들이 봉기 자금을 대고 뛰어난 장사들이 군사 지휘를 담당하는 형태를 갖추었다.

가산의 대령강 인근 다복동에 비밀 군사 기지를 세워 세력을 포섭하고 군사력과 군비를 마련한 주도층은 순조 11년 12월 18일에 봉기했다. 봉기군은 가산, 박천, 안주 방향과 정주, 곽산, 선천, 철산을 거쳐 의주로 향하는 두 방향으로 나누어 각 고을을 공략하기로 했다. 홍경래가 지휘하는 부대는 19일에 가산을, 20일에 박천을 점령했다. 그러나 곧 내분이 생겨 안주 병영의 집사執事인 김대린과 이인배가 자신들의 의견이 받아들여지지 않자 홍경래를 죽여 정부 쪽에 공을 세우려 했다. 이 사건으로 홍경래가 크게 다쳤다. 김사용과 김창시가 이끄는 부대는 짧은 시일에 정주, 선천, 태천, 철산, 용천 등지를 무혈점령하고 의주를 위협했다.

중앙 정부가 이들의 봉기 사실을 안 것은 12월 20일이었다. 진압군은 신속하게 전열을 정비했고, 29일 박천 송림에서 결전이 벌어졌다. 결국 봉기군은 패했고 그날 밤 정주성으로 퇴각했다. 무자비한 관군의 약탈과 살육

ⓒ권태균

정주성

홍경래의 난의 근거지가 되었던 정주성에서 일반 농민들과 양민들이
대거 참여해 관군과 전투를 벌였다.

이 행해지는 가운데 봉기군 지휘부가 함께 행동하자고 역설했기 때문에 정주성에는 박천, 가산의 일반 농민들도 매우 많이 모여 있었다. 그 후 정주성의 봉기군은 서울에서 파견된 순무영巡撫營 군사와 지방에서 동원된 관군의 연합 부대에 맞서 성을 지켰으나, 순조 12년 4월 19일에 진압되었다. 이때 2983명이 체포되어 여자와 어린아이를 제외한 1917명 전원이 일시에 처형되었고, 지도자들은 전사하거나 서울로 압송되어 참수되었다.

진실로 맑지 않은 것이 없도다

홍경래 세력이 내세운 봉기 이념에는 정진인鄭眞人이 나타나 세상을 구원할 것이라는 참위설讖緯說이 가장 중요한 몫을 했으며, 토호 관속을 향해서는 지역 차별과 정치적 모순을 바로잡아야 한다는 점을 강조했다. 새로운 사회를 건설하기에는 그가 이끈 군사력과 봉기 이념에 명확한 한계가 있었지만, 당시의 지배 체제가 아니라 기층 사회에서 성장한 인물로서 대규모 항쟁을 주도했다는 점에서 중세 사회의 극복에 중요한 단계를 이룩했다고 볼 수 있다. 그 뒤를 이어 전국적인 민란이 계속되었다. 철종 13년(1862)에 진주민란, 고종 8년(1871)에 이필제의 난 등이 끊임없이 일어나면서 결국 고종 31년(1894) 동학 농민 혁명으로 분출된다.

정주에는 납청정納淸亭이라는 유명한 정자가 있다. 그 이름을 명나라 사신 당고가 지었다고 하는데 《신증동국여지승람》에 그 내력이 자세히 실려 있다.

아름다운 나무는 사시四時에 무성하며 먼 그늘이 우거졌고, 들꽃은 봄에 피어 그윽한 향기가 아름답도다. 물 위에 바람이 이니 거마車馬의 먼지도 날리지 않고, 산등에 달이 밝으니 기둥과 처마의 그림자가 그대로 어른거린다. 때로 어부가 배를 타고 오니 빠르지도 느리지도 않게 물결을 거슬러 지나가기도 하고, 때로 초동樵童이 지게를 지고 오니 총총히 구름을 뚫고 올라가기도 한다. 때로는 검은 사슴이 머뭇거리면서 노느라면 푸른 털과 서리 같은 털이 뛰기도 하고 거닐기도 하며, 들 학이 춤추면서 내려와 고개를 들고 둘러보고 추킨 날개가 눈같이 펄럭이고 때로는 조각구름이 고개를 지나가면 지친 새가 날아 돌아온다. 잔잔한 물결에 바람이 일면 물고기가 나와 뛰기도 하고, 어둔 안개가 밤에 걷히면 경치가 맑고 트여 별이 번득이고, 은하수는 돌고 쇠잔한 달은 서쪽으로 잠기며 새벽닭은 일찍이 울고, 서리 속 기러기는 멀리 날아갈 제, 흐르는 빛이 밝게 비치고 새벽바람이 우수수 분다. 그대는 생각해 보라. 정자의 맑은 것이 여기에만 그치는 것이 아니라, 어디를 간들 정자가 없으랴마는 또 이 정자의 처마와 마루는 소나무로 옹호하고 사면이 넓게 트여 대청 받침도 없고 동자기둥도 없으며 서까래를 깎지도 않고, 쳐 놓은 담도 없으니 진실로 맑지 않은 것이 없도다. 그리하여 맑은 것으로 맑은 것을 부르매 모든 맑은 것이 모두 모여들어 날마다 하늘빛과 구름 그림자 사이에서 떠돌아 한 점의 티끌 기운도 없어서 정자 밖의 맑은 것이 모두 정자 안으로 들어올 것이다. 이에 나는 이 정자를 납청이라 이름 짓고 싶은데, 그대의 마음은 어떠한가.

정자 이름 하나도 그냥 짓는 법이 없는 것이 옛사람들의 지혜이자 멋이었다.

허균의 형 허봉이 지은 《조천기》에 안주와 가산 일대를 지나던 노정이 실려 있다.

아침에 안주를 출발할 적에 권 목사牧使와 유 판관이 서로 누선樓船에서 전송하였다. 박천군博川郡 광통원廣通院에 이르니, 자리 사이에 산수를 그린 나지막한 8폭 병풍 하나를 펴 놓았기에, 나가서 자세히 보았더니 시 10여 편이 있었는데, 이는 곧 신군망辛君望(신응시辛應詩의 자), 이여수李汝受(이산해李山海이 자), 이숙헌李叔獻(이이李珥의 자) 등 여러 공公이 지은 것이었다.

먼저 신군망이 시를 지었다.

내는 평평하고 산은 끊기려고 하는데
복숭아꽃 살구꽃 핀 두어 집 사는 마을이었네
낚시질 끝낸 사람은 돌아가기에 늦었는데
시내의 다리에 비친 달의 한 흔적이어라
아지랑이 다하니 청산이 튀어나오고
강가의 성에는 사립문을 반쯤 가렸더라
서로 그리고 바람이 끝이 없는데
해는 저물고 조각배만 돌아온다

그러자 이여수가 시를 읊는다.

서리 내리니 창강이 차갑고

단풍잎 떨어지니 옛 성에 가을이 들었구나
석양에는 사람 소리만 시끄럽고
숲 밖에는 돌아가는 배가 있더라
옛 절에는 문이 처음 닫혀 있고
가끔 들리는 종소리는 산 아래까지 들린다
다리 위에는 사람이 아직 건너지 아니하였는데
저물녘 산에는 눈이 어지러이 날린다

그러자 이숙헌이 시를 짓는다.

관문 길은 돌아가려는 마음만 재촉하는데
들판에는 눈만이 차갑게 내린다

분명 고인故人의 자취가 문득 그림 병풍〔畫屛〕 사이에 있다고 하겠다. 나는 두세 번 깊이 음미했더니 그 사람을 보는 듯하였다. 그 나머지는 이순형, 서암, 윤두수, 민충원 및 이름 모를 두 사람이 지은 것이 있었는데 글이 많기에 기재하지 아니하였다. 대동大同의 김찰방이 나중에 나에게 별장첩別章帖 두 권을 보내 주었다. 오후에는 박천 군수 안의손과 같이 박천강에서 뱃놀이를 하였는데, 강 위에는 절벽이 병풍처럼 수십 보나 둘러져 있었고 우리는 배를 끌고 돌아서 절벽으로 올라가 구경을 하였다. 시간이 한참 지나자, 안공安公이 새로 빚은 술을 가지고 와서 들기를 권하였지만 우리는 굳이 사양하였다. 강가에는 강강정控江亭이 있었으나 지나치고 들어가지 않았다. 해 질 무렵에 가산군嘉山郡 가평관嘉平館에 들어갔는데 그 고을 사람인 서학수와 이예언이 와서 만났다. 저물녘에 천둥이 울리고 번개가 치며 소나기가 왔다. 이날 밤에는 유이현柳而見(유성룡柳成龍의 자)의 꿈을 꾸었다.

옛날 사대부들은 공무나 유람을 가면서도 학문에 대한 열정과 국토에 대한 애정의 끈을 놓지 않았음을 알 수 있다.

청천강과 대령강변의 박천군

정주 동쪽 평안북도 남쪽에 있는 운전군雲田郡은 1952년 정주군과 박천군의 일부를 분리해서 신설한 군이다. 운전군 서쪽의 정주군과 동쪽의 박천군으로 연결되는 가산령嘉山嶺이 운전군 북쪽에 자리하고 있다. 가산령은 서문령西門嶺 또는 석문령石門嶺이라고도 부르며, 《신증동국여지승람》에 따르면 가산 관아의 서쪽 2리에 있다. 관련해서 김식의 시가 한 편 전한다.

> 깎은 석벽 높은 봉우리 형세가 하늘로 들어가는데
> 말발굽 높았다 낮았다 간신히 오르네
> 구름 깊으니 산에 길이 없는 것 같고
> 나무 늙었으니 이곳에 신선 있는 것 알겠네
> 비를 등진 찬 바위에는 아직도 눈이 남았고

바람에 임한 약초에선 향기가 나려고 하네
머리를 돌리니 황홀한 저 하늘 밖에
한 줄기 소나무 소리 시냇물 소리 섞였네

명나라 사신 동월董越도 서문령을 넘다가 다음과 같은 시를 지었다.

어지러운 돌에 소나무 백 리 나왔는데
노려보는 굶주린 호랑이 걸터앉았네
사람은 가다가 대낮에도 놀라고
새는 날아 넘다가 황혼을 겁내네
돌고 구부러져 말 돌릴 데 없는데
하늘로 통하는 한 문이 보이네
어찌 모름지기 진재眞宰를 원망하랴
그대로 두어 번방藩邦을 굳게 하리

고개가 높고 험하다 보니 온통 첩첩산중이고 호랑이나 새밖에 보이지 않는 고개를 넘어야 새로운 길이 열리니 넘지 않을 수 없는 그 고개 동쪽에 박천군博川郡이 있다. 서남쪽은 낮은 평야로 바닷가에 이어지고, 동북쪽은 높은 지대로 산으로 둘러싸여 있는 박천군의 고려 때 이름은 박릉군博陵郡 또는 덕창德昌이었다. 박천군이 된 것은 조선 태종 13년(1413) 때 일이다.

군의 일부가 이곳저곳에 편입된 박천군의 청천강과 대령강 하구 연안에는 박천평야가 펼쳐진다. 《신증동국여지승람》에는 "박천강의 옛 이름은 대령강大寧江인데, 《대명일통지》에는 대정강大定江이라고도 쓰여 있다. 군의 서쪽 15리에 있으며, 근원은 창성부의 부운산에서 나와 태천현을 지나 안주의 노강과 합쳐져 바다로 들어간다"고 기록되어 있다. 또 예전부터 전해 내려오기를 주몽이 북부여로부터 남쪽으로 도망하여 이곳에 이르자 물고기와 자라가 다리를 만들어 물을 건너는 것을 도왔다. 그런 이유로 아주 편하게 건넜다 하여 대령강이라고 불렀다고 한다. 박천군의 대령강에는 대령강 장성이 120킬로미터에 걸쳐 이어진다. 한편 《신증동국여지승람》에 따르면 박천 관아의 서남쪽 60리에 망암望岩이 있다. 이는 청천강과 대령강이 합류하는 지점(망우동)에 있는 큰 바위산으로 옛날 중국을 오가던 사신을 실은 배가 지나던 길목이다.

박천 북쪽에 있는 태천군泰川郡은 평안북도 중부 내륙에 있는 군으로 원래 고조선의 땅이었다. 조선시대에 태천군으로 개편되었으며 《여지도서》에 따르면 "산천은 맑고 고우나 토지는 거칠고 메마르다. 백성은 농업과 누에치기에 힘쓰고 꾸밈없고 순수한" 풍속이었다. 이 군은 삼각산, 향적산 등의 크고 작은 산들이 많고 소니골〔尼谷〕약수, 덕화약수, 용전약수가 유명하다. 특히 옛날부터 명산이라고 소문이 자자했던 삼각산은 높고 계곡이 깊다. 산 안은 막힌 데 없이 넓게 트였고, 나무들이 하늘을 찌를 듯 늘어서 있다. 동·서·북 세 방향으로 험난한 지세라서 통행하기 어렵고 남쪽으로만 사람과 말이 다닐 수 있어서 1만 명의 장부로도 길을 틀 수 없는 땅이라고 말한다. 병자호란 당시 가산, 정주, 박천, 태천의 백성들이 이곳에서 전란을 피했다. 세상에서는 성을 쌓을 만한 곳이라고도 한다.

평안북도 중앙에 있는 구성시龜城市는 조선시대에 구성도호부가 있던 곳이다. 김소월의 시 〈삭주 구성〉을 보자.

물로 사흘 배 사흘
먼 삼천 리
더더구나 걸어 넘는 먼 삼천 리
삭주 구성은 산을 넘은 육천 리요

물 맞아 함빡히 젖은 제비도
가다가 비에 걸려 오노랍니다
저녁에는 높은 산
밤에 높은 산

삭주 구성은 산 넘어
먼 육천 리
가끔가끔 꿈에는 사오천 리
가다오다 돌아오는 길이겠지요
서로 떠난 몸이길래 몸이 그리워
님을 둔 곳이길래 곳이 그리워
못 보았소 새들도 집이 그리워
남북으로 오며 가며 아니 합디까

들 끝에 날아가는 나는 구름은
밤쯤은 어디 바로 가 있을 텐고
삭주 구성은 산 넘어
먼 육천 리

김소월이 노래한 삭주朔州는 발해 멸망 이후 거란과 여진족이 살았던 곳이다. 본래 영새현寧塞縣이었다가 고려 현종 9년(1018)에 이곳에 진을 설치하고 거란군의 침입에 대비하기 위해 삭주로 고쳐서 방어사를 두었다. 조선 태종 13년(1413)에 삭주도호부로 승격되었고, 세종 때 다시 군으로 강등되었다. 1899년에 평안북도 삭주군이 되었다.

고구려 고국원왕 때의 이름난 국상國相인 을파소가 삭주 출신이고, 수풍면에 우리나라 최대의 수력 발전소인 수풍발전소가 있으며 삭주온천이 유명하다. 이 군에 천연 요새라고 불릴 만한 여러 고개들이 있다. 계반령, 계반령에서 이어진 산줄기인 온정령, 돌로 쌓은 성이 있는 연평령, 판막령, 대방장령, 소방장령, 대속사령, 대성현, 소성현 등 수많은 험준한 고개들이 압록강변에 자리한 이 지역을 지키는 산줄기였다.

귀성이라고도 부르는 구성은 고려 때 만년군萬年郡이었고, 여러 변천과정을 거쳐서 1967년 구성리로 개편되었다. 이 군의 풍속은 "학문과 배움을 숭상하고, 활쏘기와 말타기에 힘쓴다. 간소하고 질박한 것을 숭상하며 농사와 누에치기에 부지런하다"고 《여지도서》에 실려 있고, 《신증동국여지승람》에는 "활쏘기와 말타기에 힘쓴다. 간소하고 질박한 것을 숭상한다"고 기록되어 있다.

대령강

대령강 주변은 평야가 넓고 온화한 땅이다. "내는 평평하고 산은 끊기려고 하는데 복숭아꽃 살구꽃 핀 두어 집 사는 마을"이라는 시구와 잘 어울리는 고장이다.

진산은 보십산甫十山이다. 《신증동국여지승람》에 따르면 구성 관아의 서북쪽 80리에 극성령棘城嶺이라는 큰 고개가 있고, 동쪽에 주운정籌運亭이라고 불리는 정자가 있다. 동쪽으로 시내와 연못, 숲과 들을 굽어보는 경치가 고을의 제일 풍경이라고 알려진 이 정자는 구주팔경龜州八景 중 동쪽 물가를 의미하는 '동고東皐'를 일컫는다. 또한 구성에는 길상산 기슭에서 서해로 흘러드는 달천강과 거란의 침략 때 강감찬 장군이 적을 격퇴한 귀주성이 있으며, 구성시 남쪽 상승동에는 10만여 거란군을 섬멸한 귀주대첩 전적지가 있다.

《임원경제지林園經濟志》에 따르면 1830년대 구성군 내에는 관전장과 방현의 남장, 사기면의 신장이 있어 주로 쌀, 콩, 밀, 깨, 포목, 솜, 생선, 과일, 놋그릇 등이 거래되었다 한다. 전국적으로 유명했던 구성의 남장은 정조 10년(1786)부터 5일과 10일에 열렸다. 교통이 편리하여 농산물과 가축, 생선, 목탄 등의 집산지로 유명해서 소달구지들이 줄을 이었다. 정주와 선천 일대에서까지 몰려들어 평안도에서 선천시장 다음으로 큰 시장이었고, 우시장은 전국적으로 유명했다.

인조반정 이후 평안병사로 좌천되어 이곳 구성에 머물고 있던 이괄李适이 난을 일으켜 서울까지 점령한 것은 인조 2년(1624)의 일이다. 이괄은 부하 이수백, 기익헌, 구성 부사 한명련과 함께 가까운 병영의 군사 1만여 명과 항왜병降倭兵 100여 명으로 먼저 개천을 점령하고 평양으로 진격했다. 이에 조정에서는 영의정 이원익을 도체찰사로 삼아 반란군을 토벌하게 하는 한편, 반란군과 내응할 것을 염려하여 전 영의정 기자헌 등 35명을 처형했다.

반란군은 평안도의 순천, 자산, 중화와 황해도의 수안, 황주 등을 차례로 점령하고 평산으로 진격했다. 반란군이 승승장구하여 경기도의 개성, 벽제에 이르자 어쩔 수 없이 인조는 공주의 공산성으로 피난했으며, 곧 한성까지 반란군에게 점령되었다. 이괄은 인조 2년 2월 11일 선조의 열째 아들 흥안군興安君 제瑅를 왕으로 추대했는데, 바로 그날 밤 반란군은 관군에 의해 한성 근교의 안령에서 크게 패했다. 패잔병을 이끌고 광희문을 빠져나온 이괄은 경기도 이천으로 달아났으나 정충신의 추격을 받았다. 이에 이괄의 부하 기익헌, 이수백 등은 자신들의 목숨을 구하기 위해 이괄, 한명련 등 9명의 목을 베어 관군에 투항함으로써 반란은 평정되었다.

하늘이 만들어 낸 견고한 당아산성

구성시 북서쪽에 위치한 천마군天摩郡은 1952년 행정 구역 개편 때 의주군의 동쪽 일부와 구성군 서북 지역을 통합하여 신설한 군이다. 천마산 서쪽 기슭에서 시작된 천마강이 흐르는 천마군 북쪽에 삭주군이 있다.

대관군大館郡은 1952년에 삭주군의 남부 지역을 분리해서 만든 군이다. 천마산, 오봉산 등이 솟아 있고, 온정령, 신배령, 연동령 등의 고개가 자리한 이 군의 북쪽에 동창군이 있다.

1952년에 군이 된 동창군東倉郡에는 관서 금강산이라고 일컬어지는 당아산이 있고, 대동약수가 유명하다. 동창군 북쪽에 창성군昌城郡이 있다. 본래 장정현이었으나 태종 2년(1402)에 창성군으로 개칭했으며,

1896년에 평안북도 창성군으로 개편되었다. 《여지도서》에서 창성의 형승은 "당아산성堂峨山城이 길목을 차지하고 앉았는데, 바위는 높고 가파르며 성은 튼튼하다. 압록강이 성벽을 휘감아 적의 침입로를 가로막는다" 했고, 풍속은 "말과 행동이 서투르고 꾸밈이 없다. 무예를 좋아하고 숭상한다" 했다.

당아산성은 돌로 쌓은 석성으로 태종 14년에 처음 쌓았고, 영조 때 고쳐 쌓았다. 성안에는 세 개의 폭포가 있으며, 아홉 산봉우리가 몰려 있다. 그래서 사람들은 중국 장안에서 촉나라로 가려면 지나야 하는 대검산大劍山과 소검산小劍山 사이의 험한 요새 길 같은 요충지라고 하면서 수많은 군사라도 열 수 없는 '하늘이 만들어 낸 견고한 성'이라고 말했다.

병자호란이 일어났을 때 성안 사람들의 기운이 팔팔하여 절대 패할 것 같지 않았는데, 성안에서 이상한 일이 일어났다. 불만을 품은 한 병사가 갑자기 화약 창고에 불을 붙이자 성안에서 자기들끼리 싸움이 일어난 것이다. 결국 내부의 분란으로 수많은 백성들이 떼죽음했다. 이것이 당아산성 전투다.

《여지도서》에 "학문을 하는 사람이 적고 무예를 닦는 사람이 많다. 농업에 힘쓰고 생업에 부지런하다" 한 벽동군碧潼郡은 평안북도의 끝자락에서 압록강을 사이에 두고 중국과 마주하는 군이다. 공민왕이 북진 정책으로 이곳을 수복하기 전까지는 여진족의 땅이었다. 1952년 벽동군으로 개편된 이곳의 진산은 구봉산이다. 이 군의 특산물은 미궐薇蕨이라고 부르는 고비, 산추자(산호도), 능인菱仁이라고 부르는 마름 열매, 자초용紫草茸이라고 부르는 지치 싹, 수달, 산머루 등이었다.

구주성과 동문천

구주성은 북한 국보 문화유물 제60호로 10세기 후반부터 13세기까지 구주라고 불린 구성시 북쪽 이구산의 지형을 이용하여 쌓은 석성이다.

영변의 약산 진달래꽃

평안북도 영변寧邊은 《택리지》에 "안주 동북쪽은 영변부다. 영변부는 산세를 따라서 성을 쌓았는데 절벽이 가파르고 험하여 철옹성이라 부르며, 평안도 전체에서 외적을 방어할 만한 곳은 오직 여기뿐이다"라고 기록되어 있다. 《여지도서》에는 "품성이 순박하고 꾸밈이 적다. 다른 사람의 잘못을 들추는 것을 부끄럽게 여긴다"고 그 풍속이 실려 있다.

영변의 고려 때 이름은 밀운군密雲郡이다. 고려 초에 연주와 무주로 분리되었으며 공민왕 15년(1366)에 연산부로 승격되었다. 조선 태종 13년(1413)에 도호부로 승격되었고, 영변대도호부가 된 것은 세종 11년(1419) 때다. 임진왜란 때 전주 사고의 《조선왕조실록》을 묘향산에 임시 보관한 일이 있고, 인조 2년(1624) 이괄이 이곳에서 반란을 일으켜 한양을 점령하기도 했으나 곧 관군에 의해 진압되었다. 그 뒤 1952년에 영변군은 향산군, 구장군 등 세 개의 군으로 나뉘었다. 다음은 허굉이 영변을 두고 노래한 시다.

> 홀로 붉은 난간에 의지하여 모자를 비스듬히 하고
> 취한 눈으로 멍하니 바라보네
> 백이 산천이 참으로 훌륭한데
> 겹겹이 피어오르는 연화는 몇 집이나 되는고
> 솔바람 소리 비를 지어 금탑에 시끄럽고
> 나무 그림자 봄을 흔들어 사창으로 들어오네

이 변성에는 아무 일도 없으니
춤추고 노래하며 풍경을 즐겨도 무방하리

《신증동국여지승람》에 "약산藥山은 영변부의 서쪽 8리에 있는 진산이다"라고 기록되어 있으며, 옛 기록에서는 "약산의 험준함은 동방에서 으뜸간다. 겹겹이 싸인 멧부리가 서로 사면을 에워싸 그 모양이 쇠독과 같다"고 했다. 구룡강 기슭에 자리한 약산은 산에 약초가 많고 약수가 난다는 데서 이름이 유래했다고 하며 관서팔경의 한 곳이다. 약산을 약산동대藥山東臺라고도 부르는 것은 옛날에 영변이 무주, 위주, 연주로 나뉘어 있을 때 무주에서 보면 약산이 동쪽에 우뚝 솟은 대 같았기 때문이라고 한다.

영변 하면 떠오르는 시가 김소월의 〈진달래꽃〉이다.

나 보기가 역겨워
가실 때에는
말없이 고이 보내 드리오리다.

영변에 약산
진달래꽃
아름 따다 가실 길에 뿌리오리다.

가시는 걸음 걸음

놓인 그 꽃을
사뿐히 즈려 밟고 가시옵소서.

나 보기가 역겨워
가실 때에는
죽어도 아니 눈물 흘리오리다.

김소월은 평안북도 구성에서 태어났다. 어려서 아버지를 잃은 소월은 할아버지 밑에서 성장했다. 오산학교와 배재고보를 거쳐 도쿄상대에 입학했으나 관동대지진으로 중퇴하고 귀국했다. 당시 오산학교 교사였던 김억의 영향으로 시를 쓰기 시작했고, 문예지 《개벽》 1922년 7월호에 떠나는 님을 진달래꽃으로 축복하는 한국 서정시의 기념비적 작품 〈진달래꽃〉을 발표하여 크게 주목받았다. 그 후에도 계속 〈예전엔 미처 몰랐어요〉, 〈못 잊어 생각이 나겠지요〉, 〈산유화〉 등을 발표했다.

그 후 처가가 있는 구성군 남시南市에서 동아일보사 지국을 경영하다 실패하고 실의의 나날을 술로 달래는 생활을 했다. 33세 되던 1934년 12월 23일, 부인과 함께 취하도록 술을 마신 이튿날 아편을 마시고 음독자살한 모습으로 발견되었다. 불과 5～6년 남짓한 짧은 문단 생활 동안 소월은 154편의 시를 남겼다.

평론가 조연현은 "그 왕성한 창작 의욕과 그 작품의 전통적 가치를 고려해 볼 때 1920년대에 천재라는 이름으로 불릴 수 있는 거의 유일한 시인이었음을 알 수 있다"고 김소월을 평가했다.

영변성 북문

"영변에 약산 진달래꽃"으로 이름난 영변성 북문은 아름다운 누각으로 손꼽힌다.

약산에 세운 철옹성

약산 제일봉 아래로 기암절벽과 학벼루가 있다. 특히 봄철이면 붉게 물든 진달래꽃이 바위산을 덮어 온 산이 불타는 듯한 장관을 이루는데, 이 산에 약산산성이라고 부르는 철옹산성鐵甕山城이 있다. 《약산읍지藥山邑誌》에 따르면 "동남의 형세가 극히 준엄하고, 남쪽은 곧 대야大野에 임하여 형세가 심하다"는 이 산을 조선 전기 문신 최치운崔致雲은 다음과 같이 기록했다.

> (…) 저 약산은 사방이 높고 험하고 바위들이 깎은 듯이 서 있어 하늘이 만든 성이라고 일컬으며, 땅이 또한 기름져서 뽕나무와 삼을 심기에 알맞아 실로 읍을 삼을 만한 곳입니다. 또한 의주, 삭주, 강계 등 여러 고을 중에서 군사를 모으기에 적당한 곳이므로 태종 16년(1416) 봄 정월에 공조가 왕의 뜻을 받들어 본도에 공문을 보내어 성을 쌓게 하였습니다.

여기서 최치운이 말한 그 성이 곧 철옹성이다. 쇠독처럼 튼튼하다고 이름 붙은 철옹성은 고구려 때 처음 쌓은 이래 조선시대까지 서북 방위의 중요한 거점 역할을 했다. 축성비에 따르면 태종 16년, 숙종 9년(1683), 숙종 10년 등 여러 차례에 걸쳐 개축했다. 철옹성은 본래 본성, 약산성, 신성, 북성 네 부분으로 이루어지며, 둘레는 14킬로미터에 성벽의 높이는 6~7미터다.

이곳 영변의 객사가 철옹관이었다. 임진왜란 당시 선조가 객사 동헌에 잠시 머물면서 밤늦게까지 촛불을 켜 놓고 신하들과 만나 의주로 이동하여 명나라 군대를 맞아들이자고 의논했다고 한다. 그때 의견을 같이했던 사람이 병조판서였던 이항복과 부제학 신충겸이었다. 철옹관 동북쪽 모퉁이에는 기둥을 뚫고 시렁을 튼튼하게 걸어 두었던 흔적이 지금까지 남아 있다. 전해 오는 말에 따르면 그곳이 바로 《조선왕조실록》을 보관해 두었던 곳이다. 현종 3년(1012) 철옹성에서 강감찬 장군이 거란군을 섬멸하여 대승을 거두었고, 임진왜란 때는 선조가 피난을 와 3일간 머문 곳으로, 북한 국보 문화유물 제36호로 지정되었다.

천리장성의 중심지였던 맹산군

일명 철성鐵城이라고도 부르던 평안도의 맹산군孟山郡은 동쪽으로 함경남도 영흥군에 접하고, 서쪽은 덕천군, 서남쪽은 순천군, 북동쪽은 영원군에 접하고 있다. 동북부는 높은 산악 지대이나 서남쪽으로 가면서 점점 낮아지는 지세가 되어 횡천령橫川嶺에 이른다. 맹산군에는 크고 작은 산들이 많은데, 군의 주산인 횡천령을 필두로 두미산, 철옹산, 병풍산, 약태산 등의 높은 산이 솟아 있고 그 지맥이 점차로 낮게 뻗어 내린다.

횡천령은 기반이 웅대하고 하늘 높이 솟아 있어서, 정상에 오르면 함경남도 영흥 일대와 동해안이 한눈에 보인다. 이 산에는 산삼을 비롯해 100여 종의 희귀한 약재들이 자생하고 있다. 이 밖에 수라산과 선유봉이 있다. 수라산은 옛 맹산군 읍터의 진산으로 '옥녀봉'이라고도 한다. 산세가 미인형으로 솟아 있으며, 거문룡현鉅門龍峴을 좌우로 끼고 감토학령坎土鶴嶺(일명 관봉冠峯)이 서북으로 둘러싸고 있다.

맹산은 천리장성의 중심이었다. 성종 12년(993)에 거란이 고려의 서북지방을 쳐들어와 나라가 어수선했는데 이듬해 서희가 여진족을 몰아냈다. 이때 지금의 안주군 동면 맹주리에 맹주를 설치했는데, 동면의 철옹산성은 서희가 성종 15년에 축조한 토성이다.

《여지도서》 맹산군에는 그 철옹산성을 다음과 같이 설명하고 있다.

> 관아의 동쪽 30리에 있다. 둘레는 650척이다. 네 방향이 깎아지른 듯한 낭떠러지로, 항아리 입구와 같이 생긴 까닭에 붙여진 이름이다. 지금은 함경도 영흥부에 속한다.

현종 10년(1019) 맹주방어사를 지금의 영흥군 횡천면 산성리에 두었으며 이때 천리장성을 축조했다. 덕종 2년(1033)부터 정종 10년(1044)에 이르는 11년 동안 압록강 입구 함원咸遠(현 의주)으로부터 안수安水(현 개천), 영변, 맹산을 거쳐 함경도의 영흥과 정평, 도련포에 이르는 천리장성을 쌓은 것이다. 이는 거란족의 침입에 대한 방비인 동시에 강성해진 여진족에 대한 대비책이었다.

지금도 맹산읍의 호연루와 남천강가 옥녀봉 위에 월파정이 남아 맹산군의 자취를 전하고 있다.

그윽한 향기를 풍기는 묘향산

영변군에서 갈라져 나간 군이 향산군香山郡이다. 우리나라 5대 명산 중의 하나인 묘향산이 있는 향산군은 1952년 태평면, 북신현면과 남송면의 일부를 떼어 내서 만든 군이다. 묘향산妙香山은 평안북도와 자강도의 경계에 솟아 있으며, 향산군, 구장군, 영원군, 희천시의 넓은 지역을 포괄한다. 둘레는 128킬로미터에 이르고, 최고봉은 해발 1909미터의 비로봉이다. 11세기 초부터 기묘하고 그윽한 향기를 풍긴다 하여 묘향산이라 불렸다. 전에는 연주 고을에 있는 산이라 하여 연주산延州山, 고려 중기 이후에는 밝은 산이라 하여 태백산太白山이라 부르기도 했다.

《신증동국여지승람》에는 묘향산에 대한 다음과 같은 기록이 있다.

> 묘향산은 태백산이라고도 하며, 옛 기록에 "그 산에 360채의 암자가 있다" 했고, 이색은 그의 기문에서 "향산은 압록강 남쪽 기슭 평양부의 북쪽에 있어 요양과 경계하고 있으니 산의 크기가 비길 것이 없으며 장백산에서 갈라진 것이다. 그곳에 향나무와 사철나무가 많으며, 선불의 옛 자취가 남아 있다" 하였다. 또한 고려 고종 3년(1216)에 거란의 금산 군사가 이 산에 뛰어들어 보현사를 불 질렀는데 관군이 추격하여 2400여 명의 목을 베었고, 적장 지노只奴는 화살에 맞아 죽었다.

김부식이 글을 짓고 문공유文公裕가 글씨를 쓴 〈묘향산보현사기妙香山普賢寺記〉에 보현사에 대한 기록이 자세히 나온다.

묘향산 보현사는 탐밀, 굉확 두 대사가 처음으로 이룩한 절이다. 탐밀은 본래 김씨인데, 황주 용흥군 사람이다. 25세에 출가하여 힘든 고행을 계속하였다. 승복 한 벌과 발우 하나로 생활하였으며, 여간 춥지 않고는 신발을 신지 아니하고 하루 한 끼 식사로 계율을 지니고 배움을 부지런히 하였다. 이름난 고승들을 찾아 화엄교관을 전해 받았다. 현종 19년(1028)에는 연주의 산에 들어가 암자를 짓고 머물렀다. 굉학은 탐밀의 조카로 정종 4년(1038)에 찾아와 제자가 되었다. 뜻을 같이하여 기운을 합하고, 덕을 키워 명예가 높았다. 배우려는 사람들이 명성을 듣고 몰려들자 암자에 모두 다 수용할 수 없어 정종 8년(1042)에 동남쪽 모퉁이 100여 보쯤에 땅을 택해 사찰을 창건하였는데 모두 243간間이었다. 그 산의 이름을 묘향이라 하고 그 절의 이름을 보현이라고 하였다. 이후에 승려 300여 명을 불러 모아 염불하고 경전을 읽으며 낮과 밤으로 그치지 않았다.

두 스님이 돌아가신 후에 제사들이 연이어 주지를 맡았는데 스승들이 정한 법도대로 계승하지 않음이 없었다. 문종 21년(1067)에는 왕께서 이를 듣고 훌륭하게 여기셔서 담담 관청에 명하여 토지를 내리셨다.

그 후 고려 말 나옹과 조선 중기 서산대사 등을 비롯한 이름 높은 스님들이 주석하면서 오늘에 이르렀다. 보현사는 북한 불교의 총요람이다. 북한 국보 문화유물 제144호 지정된 묘향산 보현사 팔각십삼층탑이 그 빼어난 아름다움을 자랑하고 있다.

특히 보현사에는 서산대사 휴정休靜의 자취가 많이 남아 있다. 임진왜란이 발생하자 당시 73세의 서산대사는 묘향산에서 전국 각지에 격문을 돌려 의승이 일어나기를 독려했다. 그는 묘향산으로 모인 의승들과 함께 평양성 전투에 참가했다. 그 공을 인정받아 선조로부터 팔도선교도총섭八道禪教都總攝이라는 최고의 승직을 받았지만, 사명당에게 물려준 뒤 묘향산에 들어와 입적했다. 서산대사가 입적한 뒤 묘향산 보현사에서는 사당을 지어 제사를 지냈는데, 세월이 흐르고 흘렀어도 그가 남긴 시는 그대로 남아 있다. 서산대사가 금강산에서 지은 〈삼몽사三夢詞〉를 보자.

주인은 나그네에게 꿈을 말하고
나그네는 주인에게 꿈을 말하네
지금 꿈을 얘기하는 두 사람
그 모두 꿈속의 사람이구나

묘향산에는 1만 개의 폭포가 있다고 해서 붙여진 만폭동계곡, 문수동계곡, 천태동계곡, 칠성동계곡 등이 있고, 환웅과 웅녀가 만나 고조선의 시조인 단군을 잉태했다고 전해지는 단군굴이 있다. 한편 백석白石의 〈서행시초西行詩抄〉 연작 중 묘향산을 배경으로 한 〈팔원八院〉이라는 시가 있다. 여기서 서행은 관서 지방을 여행한다는 뜻이다. 일제 강점기에 고난받는 민중의 모습을 그렸다.

차디찬 아침인데
묘향산행 승합자동차는 텅하니 비어서
나이 어린 계집아이 하나가 오른다

옛말 속같이 진진초록 새 저고리를 입고
손잔등이 밭고랑처럼 몹시도 터졌다
계집아이는 자성慈城으로 간다고 하는데
자성은 예서 삼백오십 리, 묘향산 백오십 리
묘향산 어디메서 삼촌이 산다고 한다
쌔하얗게 얼은 자동차 유리창 밖에
내지인(일본 본토인이라는 뜻) 주재소장('주재소'는 일본 경찰의 말단 기관) 같은 어른과 어린아이 둘이 내임(요금이라는 일본말)을 낸다
계집아이는 운다 느끼며 운다
텅 비인 차 안 한구석에서 어느 한 사람도 눈을 씻는다
계집아이는 몇 해고 내지인 주재소장 집에서
밥을 짓고 걸레를 치고 아이보개를 하면서
이렇게 추운 아침에도 손이 꽁꽁 얼어서
찬물에 걸레를 쳤을 것이다

묘향산은 예로부터 신령한 산이라 하여 수많은 유람객들이 찾았던 산이다. 조선 후기의 실학자인 박제가도 묘향산을 답사하고 〈묘향산소기妙香山小記〉를 남겼는데 물수제비 뜨는 것을 다음과 같이 묘사했다.

어천령을 넘어 석양 녘에 향산천을 건넜다. 자욱한 띠와 갈들은 싸각싸각 마른 소리를 내며 간들거리고 있다. 냇가의 돌바탕에서는 사람의 발걸음에 돌들이 딸각딸각 서로 갈리고 있다. 그중에서 얄팍한 돌들을 골라 가지고 몸을 나

보현사

묘향산에 위치한 사찰로 북한 국보유적 제40호다.
고려 광종 19년(968)에 창건되었고, 우리나라 5대 사찰의 하나로 꼽히는 유서 깊은 곳이다.
주변 경치가 아름답고 건축술이 뛰어난 사찰로 임진왜란 때 의병을 일으킨 휴정이
입적한 곳으로도 유명하다.

직이 비켜서서 물 가운데를 향하여 팔매를 쳤다. 돌은 물껍질을 벗기면서 세 번도 뛰고 네 번도 뛰어나간다. 느린 놈은 두꺼비처럼 덥적거리다가 빠지고 가벼운 놈은 날래게 제비처럼 물을 차며 나가는 것이다. 그러다가 어떤 놈은 우연히 수면에 참대를 그리면서 마디마디 연장되어 나가기도 하며 혹은 돌을 다금다금 던지듯이 찰락찰락 끝을 채며 인을 찍어 나가니 뾰족한 흔적은 뿔 같고 층층한 파문은 탑 같다. 이것은 아이들의 놀음이다. 물결이 겹겹이 수면에 움직이는 것을 겹물놀이라 한다.

우리가 흔히 '물수제비를 뜬다'고 하는 데 이를 '겹물놀이'라고 표현하는 옛사람들의 운치를 뭐라고 해야 할까.

나 역시 묘향산에 갔을 때 향산천을 건너며 박제가가 물수제비를 떴던 것처럼 얄팍한 자갈을 골라 낮은 자세로 던져 보았다. 하나, 둘, 셋, 돌은 잔잔한 물 위에 원을 그리며 날아갔고 다시 던졌다. 하나, 둘, 셋, 넷, 다섯, 내가 물수제비를 뜨자 방용승 씨와 여러 사람들이 동심으로 돌아가 돌을 던졌다. 오랫동안 나는 꿈꾸어 왔다, 그 푸른 청천강이나 이곳 향산천에서 세월을 낚듯이 물수제비 뜨는 꿈을.

잠시 휴식하는 사이에 나 혼자 향산천을 거슬러 올랐다. 길이 끝나는 곳에서 500여 미터쯤 떨어졌을까. 한 무리의 군인들이 소풍 차 나왔는지 와자지껄 내려와 향산천을 배경으로 사진을 찍는 사이 선생님 두 분이 예쁘게 물든 단풍나무를 꺾어 들고 내려왔다.

"안녕하세요" 하고 내가 인사를 건네자 환한 미소로 인사를 받으며 내게 단풍나무를 건넸다. 나는 이름조차 향기가 나는 묘향산에서 눈부신 봄

꽃보다 아름다게 붉게 물든 단풍나무를 북조선 여인에게 가지 채 받았다. 조선국제여행사의 버스에 올라 보현사로 가는 길은 지척이었다. 주차장에 차를 세우자 안내원이 안내를 시작했다.

"반갑습네다. 우리들은 꿈결에도 선생님들을 그리워했는데, 선생님들도 우리들을 꿈결에서조차 그리워했을 것입니다." 서정적이며 정이 듬뿍 담긴 인사말이었다. '말 한마디로 천 냥 빚을 갚는다'는 말이 있는데 말을 잘하기란 쉬운 일이 아니다.

안내원을 따라나선 보현사는 남측에 있는 어느 절보다 깨끗하고 정돈되어 있었다. 400여 년이 되었다는 보현사의 산뽕나무도 그렇고 오대산 월정사 팔각구층석탑이나 서울 원각사지 십층석탑과 너무도 흡사한 묘향산 보현사 팔각십삼층탑은 어찌나 아름다운지…. 더더구나 남측의 스님과 북측의 스님이 탑 앞에서 담소를 나누는 풍경은 한 폭의 그림이었다.

마음속으로 상원암에도 올라 보시고

안내원의 말은 이어진다. "이 절은 고려 정종 때 세운 사찰로서 6·25 때 불타 버렸습니다만 유물이 1만여 점이 있습니다. 팔만대장경을 보관했던 이 절은 용수봉 아래에 있고 석가모니 진신사리가 모셔져 있습니다. 좌청룡 우백호가 펼쳐진 이 절 앞 향산천 건너에 있는 산이 마이산입니다. 산내 암자는 상원암, 능인암, 하비로암, 상비로암이 있고 만폭동 지구 단군사와 20여 미터쯤 되는 곳에 단군이 계시던 단군굴이 있는데 너비와 높이가 4미터쯤 됩니다. 단군굴 뒤에 있는 단군대는 단군이 건너편 탁기봉 중턱에 있는 천주석을 과녁 삼아 궁술을 연마했다는 곳입니다. 법왕봉, 향로봉, 천태봉, 원안봉, 비로봉, 하비로봉, 보현대를 오늘은 갈 수 없으니, 마음속으로 상원암에도 올라 보시고, 천태봉에도 올라 보시고 얼굴에 새겨진 주름살을 펴고 가시기 바랍니다. 이곳 묘향산은 나쁜 사람들이 오셨다 할지라도 갈 때는 선한 마음을 얻어 간다고 합니다."

나는 보현사 안내원의 감칠맛 나는 이야기를 듣고 만세루를 지나서 보현사 팔각십삼층탑을 바라보며 대웅전에서 들리는 목탁 소리를 들었다. 관음전과 보현사 다라니석당을 지나 향산천을 보기 위해 나가려 하자 안내원이 길을 막는다. 갈 수 없다는 말에 강에 관심이 많은 사람이니 잠시만 보고 오겠다고 하자 젊은 안내원이 안내해 줬다. 서둘러 사진 몇 장을 찍고 오자 나이든 안내원 선생이 언짢아했다. 아직 나오지 않은 사람들을 기다리는 사이 묘향산 입구에서 묘향산 사진집을 팔고 있는 안내원의 곁으로 가서 가격을 물었다.

"19유로홥네다."

내가 장난스레 물었다.

"왜 하필 19유로화입니까?"

그러자 스무 살 남짓한 보현사의 젊은 여성 안내원인 박미선 씨가 능청스럽게 웃으면서 "18유로화보다는 낮지 않습니까?" 하고 내 말을 받았고, 금세 그 자리에 있는 사람들의 박장대소로 웃음꽃이 피었다.

한 남측 사람이 두 권을 사고 싶은데 20달러 밖에 없어 어쩌지 하고 농담을 건네자 "그러면 안 됩네다" 하고 웃음 짓는 그 모습이 순수하기가

보현사 성동리다라니석당

다라니석당이란 다라니불경을 돌에 새겨 기둥처럼 세워 놓은 구조물을 말한다. 고려 현종 18년(1027)경 세워진 불정사 옛 절터에 있던 것을 보현사로 옮겨 보존하고 있다.

보현사 산뽕나무

보현사 앞으로 흐르는 넓은 개울과 개울 건너 안산의 봉우리가
이 산뽕나무와 어우러져 멋진 풍경을 보여 준다.

김정일 선물관에서 바라본 묘향산

향나무와 측백나무가 뿜는 그윽하고 묘한 향기에서 그 이름의 유래를 알 수 있다.
묘향산의 산세와 풍경 소리는 선경을 연상케 하고 절경을 연출한다.

이를 데 없었다.

버스에 올라 "안녕히 계십시오" 하고 인사를 건네자 묘향산 보현사의 안내원들이 "통일되는 그 날을 손꼽아 기다리겠습니다" 하며 손을 흔들어 주었다. 가슴마다 김일성 휘장 배지를 달고 손을 흔들고 있는 북측 사람들과 묘향산을 두고 언제 다시 온다는 기약도 없이 떠나면서 사람들은 너나 할 것 없이 손을 흔들고 또 흔들었다. 문득 박제가의 〈묘향산소기〉 마지막 부분이 뇌리를 스치고 지나갔다.

> 무릇 유람이란 운치를 주를 삼나니, 시일時日에도 얽매임이 없이 아름다운 데를 보거든 마음껏 놀며 지기지우知己之友를 이끌고 마음에 맞는 곳〔會心處〕을 찾아야 한다. 복잡하고 떠들썩거리는 것은 본래 나의 뜻이 아니다. 대개 속된 사람들은 선방禪房에서 기생을 끼고, 시냇가에서 풍악을 베푸나니 이야말로 꽃 아래서 향 피우며 차茶 속에 과실을 두는 것이 아니겠는가? 어떤 사람이 내게 "산중에서 풍악을 듣는 것이 어떻던가?" 하고 묻기에 나는 "나의 귀는 다만 물소리와 승려가 낙엽 밟는 소리만 들었노라"고 대답하였다.

나의 묘향산 답사는 진정한 유람이었는가? 주마간산은 아니었는가? 묘향산 입구에는 산을 거스르지 않고 지었다는 향산호텔이 있다. 또한 멀지 않은 곳에 국제친선전람관이 있는데, 북한의 전 지도자였던 김일성에게 세계 178개국에서 보내온 선물(17만 8000여 점)을 전시하는 김일성관과 김정일에게 161개국에서 보내온 선물(5만 1510점)을 전시하는 김정일관으로 나뉘어 있다(2003년 기준). 영변군의 약산면, 백령면, 남신현면을 떼어 내서 1952년에 군으로 만든 구장군球場郡에는 형제봉, 칼봉, 용문산, 가마봉 등의 높은 산이 솟아 있는데, 그 아랫자락에 청남정맥이 지나간다.

청남정맥이 대동강으로 빠져들고

청남정맥은 낭림산에서 비롯하여 묘향산을 지나고 알일령, 용문산, 서래봉, 강룡산, 만덕산, 광동산 등을 거쳐 평원, 강서 고을을 지나 남포직할시에서 대동강 하구 광량진으로 들어간다.

청남정맥은 청천강의 남쪽 유역과 대동강의 북쪽 유역을 구분하는 분수령이다. 구장군의 서북쪽은 운산군雲山郡이다. 운산은 중국에서 평양으로 들어가는 길목이라서 수양제의 침공 때 많은 피해를 입었던 곳이다. 그래서인지는 몰라도 북진읍 동림산 남쪽에 연개소문의 무덤이 있다고 한다.

운산군은 평안북도 동쪽에 있는 군으로 고려 때는 운중군 또는 고원화진으로 불렸다. 조선 태종 13년(1413)에 운산군으로 개칭했고, 1895년 의주부 운산군이 되었다가 1896년에 평안북도 운산군으로 개편되었다. 운산군은 우리나라 최대 금 생산지로서 1895년부터 개발되기 시작했다. 조선 정부와 미국인 모스J. Morse 간에 금광 채광 특허 협약을 체결한 뒤 운산금광 채굴권을 주어 1939년까지 금을 채광했다. 운산금광에서 노다지란 말이 생겨났는데, 이 말은 미국 광산업자가 순도 높은 금이 나오자

외부인의 접근을 막기 위해 '노터치No touch'라고 지시한 데서 유래했다고 한다.

《신증동국여지승람》에 따르면 "백벽산은 군의 서쪽 20리에 있는 진산이다. 산꼭대기에 용지龍池가 있어 가물 때에 비를 빈다. 운대산雲臺山은 군의 북쪽 30리에 있다. 꼭대기에 용연龍淵이 있어 물의 깊이를 헤아릴 수가 없으며, 가물면 비를 빈다" 했다. 운산군에는 운산온천과 함께 〈나무타령〉이 전해져 온다.

> 오다가다 오동나무 가다 노다 가죽나무 십리절반 오리나무 소가 간다 소나무 개가 간다 개살구나무 거짓 없다 참나무 칼로 찔러 피나무 발발 떠는 사시나무 배 아프다 배나무 배고프다 시닥나무 젖 먹어라 전나무 살이 찐다 살구나무 떡 먹어라 떡나무 캄캄하다 밤나무 무서워라 옻나무

《택리지》에 "영변부 북쪽이 검산령이다. 고구려 환도성丸都城 자리인데 옛 성터가 아직도 남아 있다"고 기록되어 있는데, 이중환은 견해는 현재의 관점에서 합당하지 않다. 환도성은 고구려의 옛 도읍지인 국내성과 이름만 같을 뿐 다른 곳으로 보는 견해가 많다. 그러나 국내성이 어디에 있었는지는 정확한 위치를 논하기는 어렵고, 현재는 중국의 길림성 집안현 소재의 통구성으로 보는 것이 통설이다. 《신증동국여지승람》〈평안도〉 의주목에 실린 국내성에 관한 설명을 보자.

> 국내성은 불이성不而城이라고도 한다. 고구려 유리왕 21년에 교외의 돼지

가 달아나는 일이 있었는데, 왕이 장생掌牲(제사용 희생 동물을 관리하는 직책) 설지에게 명하여 쫓게 하니 국내의 위나암尉那岩에 이르러 잡아서 국내의 인가에 가두어 기르게 하자 돌아와서 아뢰기를 "신이 돼지를 쫓아 국내에 이르러서 그 산수를 보니 깊고 험하며, 땅이 오곡 재배에 알맞고 또한 미록麋鹿 어별魚鼈의 자산資産이 많습니다. 서울을 옮긴다면 백성에게 이로움이 무궁할 뿐 아니라 병란 걱정을 면할 수 있습니다" 하니, 왕이 친히 가서 지세를 보고, 22년 겨울에 국내로 서울을 옮기고 위나암성을 쌓은 후 425년을 지냈다. 그 뒤 장수왕이 평양으로 서울을 옮겼다.

정인지鄭麟趾의 《고려사지리지高麗史地理志》에 "인주에 장성 터가 있는데, 덕종 때 유소가 쌓은 것이며, 주州의 압록강이 바다로 들어가는 곳으로부터 시작되었다" 하였고, 《병지兵志》에는 "서쪽 바닷가에 있는 옛 국내성 경계의 압록강이 바다로 들어가는 곳으로부터 시작하였으니 국내성은 마땅히 옛 인주의 지경 안에 있을 것이다" 하였으며, 김부식의 《고구려지》에는 "국내성이 꼭 어느 곳에 있었는지는 모르겠으나 마땅히 압록강 이북의 한漢의 현도군 경계, 요遼의 동경東京인 요양의 동쪽에 있었을 것이다" 하였으니 (…).

미인과 인재의 고장 평안도

서울과 중국을 이어 주는 길목이었으며, 수많은 인물들이 나고 스러져 간 평안도는 조선시대에 전라도와 함께 차별받는 대표적 고을이었다. 그러나 '남남북녀南男北女'라는 말이 역사 속에 회자되는 것은 평안도의 여자들이고, 그중에서도 평양 기생은 나라 안의 으뜸이었다. 평안도 땅의 여자들을 김주영은 소설《객주》에서 다음과 같이 묘사했다.

평안도 아낙네들은 금침과 패물 치장을 즐겨 하고 강계와 평양에는 미색들이 많아서 흡사 가을 물에 잠긴 부용과 같고 봄바람에 방긋 웃는 반개의 모란과 같은 여자들이 많다고 하였습니다. 초면 구면을 가리지 않고 말 한마디라도 활발하고 다정하게 굴어서 잘 드는 칼로 물 많은 참외를 선뜻 베어 먹는 맛과 같다고 하였지요. 안주 여자는 자수刺繡를 잘하고 항라亢羅도 잘 짜며 덕천, 양덕, 성천의 여자들은 황라黃羅 길쌈에 능하고 영변, 희천, 태천의 여자들은 명주 길쌈에 능하고 맹산의 여자들은 마포 길쌈을 잘한다 하였지요.

활발하고 다정하고 아름다운 여자들과 인재가 많이 태어난 고장 평안도를 이중환은 다음과 같이 마무리한다.

청천강 이남을 청남淸南이라 부르는데 지형이 동서로 좁다. 청천강 이북은 청북淸北이라 하는데 지형이 동서로 뻗쳐서 매우 넓다.

평안도에서 동쪽으로는 등성이와 가까워서 산이 많고 평지가 적으며, 또 관개에 필요한 냇물과 못물이 모자란다. 그런 까닭에 논이 아주 적고 들은 모두 밭이다. 기씨(기자)와 고씨(고주몽)가 한창이었을 때는 땅은 좁은데 백성은 많아 산을 뭉개서 개간한 곳이 많았다. 그러나 한나라 군대 탓에 땅이 황폐해졌다. 또 왕씨가 통일한 뒤에는 백성이 삼남 지방으로 많이 내려가서, 지금은 들이 넓으나 사람이 드물어 산에 농사짓는 곳이 적다.

서쪽으로 바다와 가까워 여러 고을에는 조수를 막아 논을 만든 곳이 많지만 밭보다는 적은 까닭에 평안도의 쌀값이 삼남보다 항상 비싸다.

민간 풍속이 뽕과 삼을 심어 베 짜기를 일삼고 생선과 소금은 아주 귀하다. 그러므로 비록 바닷가 고을이라도 소금 굽는 곳이 많지 않다. 이 지방에서 대나무와 감나무, 닥나무, 모시는 생산되지 않는다. 청천강 북쪽 지역은 더구나 지대가 높고 추우며 북쪽 국경과 가까운 까닭에 꽃과 과실이 없고 물산도 매우 적다. 그러므로 백성들이 몹시 구차하게 산다.

오직 평양과 안주 두 고을만이 큰 도회지가 되어 저자에 중국 물품이 풍부하다. 장사치로서 중국에 가는 사신을 따라 왕래하는 자들은 큰 이익을 얻어서 부유하게 된 자도 많다.

또 청남은 내지와 가까워서 지방 풍습이 문학을 숭상하나, 청북은 풍속이 거칠어 무예를 숭상한다. 오직 정주만은 과거에 오른 인사가 많이 나왔다.

평안도는 자강도가 분리된 뒤 현재 북한의 수도인 평양과 신의주시를 비롯한 곳곳이 새로운 형태로 개발되고 있으며, 남한의 서울·경기 지역이나 다름없는 곳이다.

황해도

산천에 쓴 신화

개요

황해도는 경기도와 평안도 사이에 있다. 백두산에서 남쪽으로 뻗은 맥이 함경도 함흥부 서북쪽에서 불쑥 떨어져 검문령劍門嶺이 되고, 또 남쪽으로 내려와 노인치老人峙가 된다. 여기서 다시 두 줄기로 나뉘어 하나는 남쪽으로 가 삼방치三方峙를 지나 조금 끊어지는 듯하다가 다시 솟아나 철령이 되고, 한 줄기는 서남쪽으로 뻗어 곡산谷山을 지나 학령鶴嶺이 된다.

학령에서 또 세 줄기로 나뉘어 한 줄기는 토산兎山과 금천金川으로 와서 오관산과 송악산이 되는데 바로 고려의 옛 도읍 터다. 다른 한 줄기는 신계新溪를 지나 평산平山의 멸악산이 되는데, 이 산이 황해 일도의 조종祖宗이 되는 산이다. 이 산맥이 다시 서쪽으로 가서 해주의 창금산과 수양산이 된다. 또 산맥이 들판으로 내려가서 평평한 둔덕이 되었다가 서북쪽으로 가면서 신천信川의 추산이 된다. 다시 북쪽으로 돌아 문화文化의 구월산에서 그치는데, 곧 단군이 도읍을 정하였던 곳이다. 나머지 다른 한 줄기는 곡산과 수안을 지나면서 태산준령이 끊임없이 뻗어 나가 자비령 혹은 절령이 되고, 서쪽으로 황주黃

州의 극성棘城에서 그친다.

《택리지》〈팔도총론〉 황해도의 도입부다. 황해도黃海道는 우리나라 중서부에 자리하며, 동쪽은 함경남도와 강원도, 서쪽은 서해, 남쪽은 경기도, 북쪽은 평안남도와 인접한다. 황해도는 경기해京畿海(인천과 강화도 앞바다) 서쪽에 위치하여 해서海西 지방이라고도 불렸다. 마한의 옛 땅이었던 황해도는 고구려의 소유가 되었고, 신라가 삼국을 통일하면서 신라의 땅이 되었다. 통일신라 후기에 궁예가 태봉국을 건설했다가 왕건에 의해 후삼국이 재통일되면서 고려와 조선으로 이어져 오늘에 이른다.

백두산에서 비롯한 백두대간이 박사봉 아래에서 북동쪽으로 뻗어 나간 장백정간과 갈라진 뒤 희사봉, 마대산을 지나 장수산에 이르고, 두류산, 추가령으로 이어지는 백두대간을 멀리하고, 가사산, 동백년산, 입암산을 지나 화개산에 이른다. 그곳에서 해서정맥과 임진북예성남정맥이 서로 나뉘어 저마다 길을 재촉한다.

해서정맥은 두류산에서 비롯하여 아호비령, 덕곡산, 대각산, 언진산, 천자산, 멸악산을 지나고, 천봉산, 유설산, 달마산, 불타산을 거쳐 장산곶으로 이어진다. 도상圖上 거리는 457킬로미터쯤 되고 실제 거리는 600킬로미터에 이른다.

임진북예성남정맥은 화개산에서 해서정맥과 갈라진 후 남쪽으로 뻗어 내려 학봉산, 수룡산, 천마산으로 이어지며, 개성의 송악산에서 용틀임을 하고 임진강과 한강의 합수점, 즉 개성의 남산인 진봉산에서 한강의 마지막을 굽어다 본다.

황해도의 구월산은 나라의 명산 중에서도 신령한 산이라고 일컬어지는데《세종실록지리지》에도 그와 같은 내용이 실려 있다.

《단군고기檀君古記》에 신령스럽고 이상한 일에 대해 "상제 환인의 서자가 있으니 그 이름이 웅雄인데, 세상에 내려가서 사람이 되고자 하여 천부인天符印 세 개를 받아 가지고 태백산 신단수 아래에 강림하였으니, 이가 곧 단군천왕이다. 손녀로 하여금 약을 마시고 인신人神이 되게 하여 단수檀樹의 신과 더불어 혼인해 아들을 낳으니, 이름이 단군이다. 그가 나라를 세우고 이름을 조선이라 하니 조선, 시라尸羅, 고례高禮, 남·북옥저, 동·북부여, 예와 맥이 모두 단군의 다스림을 받았다. 단군이 비서갑 하백의 딸에게 장가들어 아들을 낳으니, 곧 부루다. 이를 곧 동부여 왕이라고 부른다. 단군이 당 요堯와 더불어 같은 날에 왕이 되고, 우禹가 도산塗山의 모임을 당하여 태자 부루를 보내어 조회하게 하였다. 나라를 누린 지 1038년 만인 은殷나라 무정武丁 8년 을미에 아사달로 들어가 신이 되니, 지금의 문화현 구월산이다.

김주영의《객주》에 나오는 황해도 여자들에 대한 이야기도 재미있다.

황해도 여자들은 신실하고 근검하기가 불같아서 머나먼 서울에까지 가서 젓갈과 소주를 목판과 함지에 이고 다니면서 행매를 한다고 하였지요. 해주는 색향이라 여자들의 살갗이 흡사 배꽃과 같고, 황주·봉산 여자들은 김매기타령이 들을 만하다 하였지요.

황해도와 관련한 속담으로는, 구월산이 높아 그 그림자 때문에 밤과 낮을 가리지 못해 밤낮없이 부지런히 일하는 것을 이르는 말인 '황해도 처녀 밤낮을 모른다'가 있다. 무턱대고 허둥지둥 뒤따라가는 것을 '황해도 판수 가얏고 따르듯'이라고 한다. 그리고 '황해 바다 고기는 동해 바다 물 맑은 줄 모른다'는 말이 유래하기도 했다.

1

단군이 도읍을 정했던 구월산

서도의 요긴한 지방 황주

"황주는 절령 북쪽에 위치하여 평안도 중화부와 경계가 닿는다. 황주에는 병마절도사의 병영을 설치하여 서쪽에서 오는 길을 지키게 한다"고 《택리지》에 기록된 황주군黃州郡은 황해북도의 북서부 대동강 하류 연안에 있는 군으로, 고구려 때의 이름은 동홀冬忽이다. 궁예가 태봉국을 건설했던 905년에 황주란 이름이 처음 등장했고, 고려 성종 때 전국에 12목이 설치되면서 황주목이 되었다. 여러 차례 부침을 겪으면서 1895년 황주군이 되었고, 1952년 지금의 군이 되었다. 황주군의 풍속에 대하여 《신증동국여지승람》에는 "농사짓고 누에치기에 힘쓰며 음사淫祀를 숭상한다"고 기록되어 있다.

또한 서거정은 객관客館 〈중신기重新記〉에 "황주가 서도의 요긴한 지방에 있어 사신과 거마車馬가 모여드는 곳이다. 고려 때는 관내도에 속했는데 토지가 기름지고 백성이 많아서 요부饒富(넉넉하고 부유함)하기가 여러 고을 중에 으뜸이었으며, 군을 설치하여 천덕天德이라 했다. 후에 황해도에 예속되었으며 본조에 이르러서도 그대로 했다. 고을 서북쪽에 대동강이 흐르고, 동남쪽에 절령과 극성이 있으니, 모두 국가의 요새지로서 제어하는 일을 소홀하게 할 수 없다"고 했다.

황주의 진산은 벽화산이다. 고정산, 천주산, 정방산 등 나지막한 산들과 넓은 평야로 이루어진 황주군을 대동강과 재령강이 군계를 따라 흐른다. 두 강이 합류하는 지점인 황주군 삼전면 철도리에는 기자 유허지가 있다. 중국 은나라의 기자가 그를 따르는 5000여 명의 백성을 거느리고 한반도로 올 때 철도리 부근의 급수문에서 길을 잘못 들었다 하여 뱃사람을 베어 죽였는데 그때 그곳이 기자가 한반도에 첫발을 내디딘 곳이라고 한다. 대동강 어귀에 인접한 정족산에는 기자묘가 있으며 기자가 팠다는 기자우물이 있다.

황주군에는 고구려 때 쌓은 황주성이 있으며, 황주사과는 맛 좋기로 이름이 높다. 이색은 "절령의 서쪽, 서해 머리에 경계가 평야에 닿은 곳, 여기가 황주라네" 했고, 고려 전기 문신 이양李揚도 "물은 천 길 바다에 인접하고, 산은 백 리 성을 둘렀네"라고 노래했다. 명나라 사신 당고의 시도 남아 있다.

황해를 달리는 긴 해는 아직 저물지 않았는데
동쪽 나라 사람들 오가며 사신을 기다리네
소나무 가지 길에 드리우니 말 자주 놀라고

전설의 산 구월산

단군이 도읍을 옮긴 후 은퇴한 아사달산이 바로 구월산이라는 전설이 있다.
고려시대 불교의 중심지로서 많은 절과 암자가 있었다고 한다.

버드나무 수풀을 이루었으니 까마귀 자기 좋겠네

(…)

한편 황주목에는 역원들이 많았는데 경천역과 인제원, 제중원, 보제원, 저복지원 등이 그것들이다. 경천역을 지나던 김시습金時習이 시 한 수를 지었다.

동부洞府는 선경 같고

사람 사는 곳은 무릉도원 같구나

예법이 다르니 술상차림 특이하고

산이 첩첩하니 붉은 노을이 피어오르네

보리 이랑에 가는 바람이 불고

차 심은 언덕엔 따스한 기운 오르네

가다가 머리 돌려 바라보니

절령岊嶺이 푸르게 우뚝우뚝 섰네

봉산탈춤의 고장

《택리지》에 "황주에서 남쪽으로 절령을 넘어 봉산, 서흥, 평산, 금천 네 고을을 지나 개성에 이르는데, 이것이 남북으로 통하는 직로直路다"라고 기록한 네 고을에서 가장 가까이 자리한 봉산군鳳山郡의 원래 이름은 휴암군鵂岩郡이다. 고려 초기에 봉주鳳州라 불렸고 조선 태종 때 지금의 이름을 얻은 봉산군은 황해도에서 해주와 평산 다음으로 큰 고을이 되었지만, 1952년 행정 구역 개편으로 대부분의 지역이 은파군에, 1973년 미곡리, 만금리, 어수노동자구가 분리되어 사리원시에 편입되었다.

기순이 지은 부賦에서 "내가 조선의 봉산을 지나는데, 영물靈物이 이르는 것이 있을 것처럼 생각되어 거짓으로 지은 이름이 아닌 것 같다. 부를 지어 펼치면 거의 적막하지 않을 것 같다. 기이하고 상서롭다. 봉鳳의 새 됨이여, 천지의 영수靈秀한 기운을 타고 조화의 정영精英함을 빼앗았도다" 했다. 봉산군은 재령평야의 동부에 있다. 자비산, 가마봉, 정방산 등의 산들이 솟아 있고 남서부에 재령평야와 봉산평야가 있다.

명나라 사신 주맹헌祝孟獻이 "친히 윤음綸音(왕의 말씀) 받들고 해 뜨는 지역으로 내려오니 봉양 정절이 개인 시내를 비치네. 먼 지방이 조공하여 전란이 그쳤으니 봉양 정절이 개인 시내를 비치네. 먼 지방이 조공하여 전란이 그쳤으니 일만 나라의 기쁜 노래 순임금 거문고를 즐기네" 라고 봉산군을 지나며 전쟁이 끝난 뒤의 평화로움을 노래했다. 중종 때의 문신 김식이 "푸르른 연기 낀 풀 반이나 처량하고 희미하니, 이것이 산중의 옛날 길이라네. 폭포수 뿌려서 안개를 이루고, 바위에 꽃 떨어지자 밟아 진흙 되네 (…)"라고 서정을 그린 봉산군은 그 유명한 '봉산탈춤(국가무형문화재 제17호)'의 고장이다.

황해도 일대 5일장이 서는 거의 모든 장터에서는 1년에 한 번 씩은 탈춤놀이가 벌어졌다. 그중에서도 봉산은 남북을 연결하는 교통의 요충지로서 사신들이 오가기 때문에 영접하는 행사가 잦았다. 또한 여러 지역의 농산물이 모여드는 중심지였기에 더욱 이런 놀이가 성행했다.

처음에는 나무 탈을 쓰고 봉산탈춤을 벌렸으나, 대략 200여 년 전 봉산에서 관아의 구실아치 노릇을 하던 안초목이 전라도에 있는 한 섬에 유배되었다가 돌아온 후 종이탈로 바뀌었다고 한다. 이후 19세기 말부터 봉산탈춤은 해서 탈춤의 대표적 놀이로 발전했다.

봉산탈춤이 열리는 시기는 원래 4월 초파일이었으나 5월 단옷날로 옮겨졌다. 단옷날 밤에 시작해 다음날 새벽까지 이어졌으며 그 외에도 원님 부임하는 날이나 원님 생일, 사신의 영접, 탈춤대회가 있을 때도 연희되었다.

봉산탈춤이 열리는 장소는 봉산의 옛 읍인 경수대였으나 1915년경 군청 등 행정 기관이 사리원으로 옮겨지자 이 놀이판도 사리원 경암산 아래로 옮겨졌다. 놀이에 사용되는 비용은 지방의 유지나 상인들이 각출하여 부담했다고 한다.

한편 조선 후기에 이곳 봉산장은 이 일대에서도 큰 장에 속했다. '눈먼 새도 간다'는 옛말이 있을 만큼 장날만 되면 어중이떠중이 모두 장으로 몰려들었는데 어떤 모습이었을까? 1894년 황해도 봉산장의 풍경이 비숍의 《한국과 그 이웃 나라들》에 묘사되어 있다.

> 평상시 잠잠하고 답답했던 마을들은 장날에 일변한다. 떠들썩해지고 울긋불긋해지고 사람들의 물결로 뒤덮인다. 이른 아침부터 공식적으로 지정된 장터로 가는 길은 농부들이 팔거나 교환할 물건들로 가득 찬다. 이들은 주로 닭, 돼지, 짚신 그리고 모자나 나무주걱과 같은 자기들이 생산한 물건을 시장에서

팔거나 다른 물품과 교환하기 위해 장으로 가는 것이다. 동시에 커다란 길에서는 보부상들이 무거운 짐을 스스로 지고 가거나 또는 짐꾼이나 황소 잔등에 짐을 싣고 길을 메운다. 보부상들은 정기적으로 일정 지역에 서는 모든 시장을 두루 돌아다니는 것이다. 이들 중 소수의 사람만이 차양을 치고 주로 여러 가지 품질의 종이 그리고 견포, 견사, 허리띠로 사용되는 끈, 호박, 금은 견사, 담배쌈지, 남자용 빗, 바지 끈, 작은 거울 등을 판매한다. 그러나 많은 양의 필수품과 사치품들은 대부분 낮은 탁자나 땅 위에 놓인 돗자리 위에 진열되는데, 상인은 시설물을 설치하기 전에 집주인에게 얼마간의 돈을 치른다. 책상 위에 놓여 있는 물건은 다음과 같다.

주먹 크기만 한 알사탕(이것들 중 어떤 것은 그 안에 참깨가 들어 있다), 대량으로 판매되는 감미 식품, 여러 가지 직물, 즉 영국이나 일본산 모직물, 마포, 대마포, 적색 면직물, 한국산 희귀 견직물, 주로 정기 시장에서 대량으로 팔리는 아닐린 염료 그리고 사프란, 인디고와 형광 염료다. 바로 그 걸상에는 또한 긴 담뱃대, 청소년층에 널리 보급되어 있는 일본제 궐련초, 가죽 가방, 일본제 성냥, 나무빗, 끝에 금·은실이 달려 있는 머리핀과 은전을 넣는 돈지갑 등이 진열되어 있다.

한국의 공산품 중 최고인 종이는 전라도에서 최상의 제품이 생산되었고, 노점 진열대에서 가장 인기가 좋았다. 모든 종류의 종이를 시장에서 살 수가 있는데, 모두가 최상의 품질을 자랑하고 있다. 그 모양과 질긴 면에서 쇠가죽과 거의 비슷하여 중상류 계층의 집안에서 장판으로 사용되는 아름답고 반투명하며 담황색인 기름종이와 벽지로 쓰이는 단단한 종이에서부터 글씨를 쓰는 데 사용되는 얇고 강한 종이와 무거운 짐을 싸는 데 사용되는 조잡한 섬유질 종이, 섬세한 천을 싸기 위한 짜임새가 화려하고 천박한 종이 그리고 뽕나무로 만들어지는 끈처럼 여러 가지 용도에 사용되는 중간 등급의 종이에 이르기까지 다양하다.

땅에 깔려 있는 좌판 위에는 짚으로 만든 돗자리, 짚신과 노끈으로 만든 신, 규석, 조잡하고 거친 한국산 견직물, 수요가 많은 말고삐용 줄, 빗자루, 나막신, 흑색유포 그리고 짚·갈대·대나무로 만든 여러 가지 형태의 갓이 진열되어 있다. 또 거기에는 한국산 철제 제품으로서 음식을 만드는 데 사용하는 단지, 제철, 삽, 문고리 못, 망치, 조선산 초근 등이 있고 과일로는 크고 딱딱한 배, 밤 그리고 땅콩, 생강 등이 놓여 있었다. 거기에는 닭장 속에 갇힌 닭과 매에 잡혀 온 꿩, 호화로운 새들도 있어 1원에 6마리씩 팔려나갔으며, 토막 난 쇠고기도 볼 수 있었다.

비숍이 본 바에 따르면 그 당시 한국에는 두 종류의 상인이 있었다. 하나는 작은 읍과 마을을 찾아다니며 쌀과 곡물 등을 사서 항구를 통해 일본으로 실어 나르는 일본 상인들이며, 다른 하나는 '보부상'이라는 한국의 전문 상인이었다.

봉산의 남서쪽에 있는 은파군銀波郡은 1952년에 봉산군, 재령군, 신원군의 일부를 분리해서 신설한 군이다. 은파군 동쪽에 위치한 인산군麟山郡은 평산군과 서흥군의 일부를 분리해서 1952년에 신설한 군으로, 동쪽에 멸악산과 감악산 그리고 남쪽에는 주지봉 등의 산이 솟아 있으며, 재령강과 예성강의 지류들이 흐르고 있다. 본래 황해도 평산군에 속했던 멸악산은 운달산, 장수산으로 이어지며 산세가 험한 편이다.

서흥군에 자비령이 있다

봉산군 동쪽에 서흥군瑞興郡이 있다. 원래 고구려의 땅으로 오곡군五谷郡 또는 우차탄홀于次呑忽이라고 불렸던 서흥군은 고려 현종 때 평주에 속했고, 원종 때 왕의 태를 묻은 뒤 서흥군으로 이름이 바뀌었다. 세종 6년(1424)에는 명나라 조정에 들어간 윤봉尹鳳의 고향이라 하여 승격시키고 도호부로 삼았다. 전주산, 부인당산 등이 솟아 있는 서흥군 소사면과 봉산군 산수면 사이에 《신증동국여지승람》에서 절령 또는 자비령이라고 부르는 고개가 있다.

《신증동국여지승람》에서 "자비령은 부의 서쪽 60리에 있으며 절령이라고도 하는데, 평양에서 서울로 통하는 옛길이다. 세조 때 호랑이의 피해가 많고 또 중국 사신이 모두 극성棘城 길을 경유하여 통행하므로 그 길이 폐지되었다"고 했고, 《대명일통지》에서는 "원나라 때 여기를 경계로 삼았다"고 기록하고 있다. 자비령에 대하여 고려 후기 문신 이장용李藏用은 시에서 "자비령 길 열여덟 굽이에, 한 칼로 가로막으면 일만 창이 어찌하지 못하네. 지금은 천하가 모두 태평하니, 두견새만이 부질없이 지는 달에 울고 있네" 했고, 조선 중기 문신 이발李潑은 "동부엔 민가가 적은데 소나무, 전나무 빼어난 빛 짙었네. 그늘진 벼랑에 샘물이 밤에 소리 내고 갠 밭두둑엔 사슴이 새벽에 지나가네. 산중 술에 실컷 취하여 언덕 위 꽃 속에서 미친 듯 노래 부르네. 멀리 노는 이내 마음 그지없이 말 위에서 세월을 보내네"라고 노래했다.

율리면의 숭덕산 정상에는 신선이 내려와 놀며 마셨다는 샘물이 남아 있으며 산자락에는 귀진사가 있다. 서흥강 북쪽의 녹과산에는 북한 사적으로 지정된 고구려 석성인 휴류산성이 있으며, 1961년에 완공된 서흥호瑞興湖도 있다.

한편 서흥군 도면 신전리에는 선인봉이 있는데 정상에 오르면 뾰족뾰족한 산봉우리들이 내려다보이고, 서북쪽으로는 대동강의 물줄기가 아득히 시야에 들어와 경관이 매우 아름답다. 옛날에 신선들이 내려와 놀았다고 해서 '선인봉仙人峰'이라는 이름이 붙었다고 하며, 정상에는 신선들이 밥을 지어 먹었다는 가마 모양의 바위와 신선들이 사용했다는 우물이 있다. 이 우물은 아주 깊어서 그 안에 절굿공이를 빠뜨리면 6개월 만에 대동강으로 나간다는 전설이 있다.

관청이 한가한 수안군

남북 직로 동쪽에 있는 수안과 곡산, 신계, 토산 등의 고을이 모두 만첩 산중에 위치하여 지세가 험하고 백성이 사나우며, 골짜기가 깊숙하여 환부萑符(도둑)가 많이 들락날락한다. 예로부터 문학 하는 선비와 높은 벼슬을 한 자가 적다. 남북 직로 옆의 여러 고을도 그러하다. 그러나 오직 평산과 금천에는 다른 지방에서 흘러와 사는 사족士族이 조금 있는 편이다.

위의 《택리지》의 기록에서 보이는 여러 고을 중 한 곳인 수안군遂安郡은 황해도 북동부에 있는 군으로 고구려 때는 고소어古所於 또는 장새獐

塞라고 불렀다. 《여지도서》에 따르면 수안군의 풍습은 "본업本業에 힘쓰고 상례와 제례를 삼가며, 검소하고 소박함을 숭상하고 명문을 바르게 한다." 고려 초기에 현재의 지명이 된 수안군은 정유재란 때는 왕비 일행이 가궁궐을 짓고 피난한 곳이기도 하다.

수안의 진산은 읍 근처에 있는 요동산이고, 언진산, 대각산, 시루봉 등이 솟아 있다. 읍 근처의 광제굴은 병자호란 때 수많은 사람들이 피난했던 굴이다. 언진산맥이 지나는 대천면의 문산진文山鎭(방원진防垣鎭)이 수안에서 평안도로 통하는 길목에 있었다. 숙종 10년(1684)에 일어난 이괄의 난 때 이곳에 이른 반란군 세력을 군수 이정이 막자 이괄의 군대가 침범하지 못하고 물러갔다. 성가퀴가 완전하게 갖추어졌으며, 국경을 지키는 요충지다.

조선 전기 문신 이석형李石亨은 "새벽에 황주를 떠나 여기저기 더욱 바쁘다. 절월節鉞을 새 정자에 멈추니 벌써 석양이 되었네. 하늘에 병풍을 펼쳤으니 구름이 한 조각이요, 돌문에 일산이 번뜩이니 나무가 천 그루네. 부슬부슬 안개에 거문고와 책이 축축하고, 산들산들 가벼운 바람에 침석枕席이 서늘하네. 거기에 다시 꽃이 붉어 사방 자리를 비치니, 먼저 항아리 열고 술 따르며 춘광을 구경하네"라고 수안을 노래했다. 또한 최부崔府가 이곳을 두고 "작은 고을은 수풀 기슭을 의지했고, 시냇물은 짧은 담을 지나간다" 했고, 이익박李益朴은 "일은 지나갔는데 청산은 있고, 관청이 한가하니 백 일이 길구나" 했다.

수안 군수를 지낸 인물 중 단연 눈에 띄는 이가 허균이다. 선조 37년(1604)에 허균이 수안 군수로 부임하자 그를 마뜩잖게 본 사관들이 실록에 "강릉에 가서 그곳 명기에 빠져서 어머니가 원주에서 세상을 떠나도 오지 않았다"는 기록을 남겼다. 이처럼 《조선왕조실록》의 허균에 대한 기록들은 눈에 띌 만큼 악평이 많은데 이는 허균과 관계가 나빴던 신율申慄이 실록 편찬에 참여했기 때문이기도 했다. 선조 37년에 가깝게 지냈던 서산대사 휴정이 죽었고 다음 해에 허균은 불교를 믿었다는 규탄을 받아 수안 군수에서 파직되어 서울로 돌아왔다. 그의 나이 서른일곱이었다.

《성소부부고》 〈최분음崔汾陰에게 답하는 글〉에는 불교에 대한 허균의 생각이 담겨 있다.

> 저는 세상과 어긋나서 죽고 삶, 얻고 잃음을 마음속에 개의할 것이 없다고 여겼습니다. 그래서 차차로 노자老子와 불자佛道의 유를 따라 거기에 의탁하여 스스로 도피한 적이 오랜지라 저도 모르게 젖어들어 더욱 불경佛經을 좋아하게 되었습니다. 달견達見을 보면 골짜기가 갈라지고 강이 터지며 문자가 황홀하고 아득하여 나는 용이 구름을 타고 오르는 듯해서 꼬리, 갈기, 손톱, 껍질을 판별할 수 없었습니다. 읽으면 읽을수록 더욱 아득하여 정신이 팔극八極(팔방의 끝)의 밖에 노니는 듯하였습니다. 그래서 항상 이 책을 읽지 않았다면 아마 일생을 헛되게 보냈으리라고 말하곤 했습니다.

허균이 명필 한석봉과 화가 이정李霆을 초대해 노닐었던 수안 북쪽에 연산군延山郡이 있다. 연산군은 평양시와 평안북도에 맞닿은 군으로 1952년 행정 구역 개편 당시 옛 수안군의 북부 지역과 곡산군 일부를 분리해 신설한 군이다. 대동강으로 합류하는 남강이 흐르는 이 군의 언진산과 가덕산 사이에 고개가 굽이굽이 휘감아 돌아 학처럼 훨훨 날아갔으면 좋겠다는 뜻에서 이름 지은 학고개가 있다.

황해도 북동부에 있는 신평군新坪郡은 1952년에 곡산군 일부를 떼어 내서 신설한 군이다. 하람산, 천을봉, 육판덕산, 대각산, 서백년산 등의 높은 산 아래를 남강 지류인 두무강, 봉명천 등의 작은 하천이 흐른다.

산이 높고 물이 아름다운 곡산

신평군의 남쪽에 자리한 곡산군谷山郡의 고구려 때 이름은 십곡성十谷城 또는 덕돈홀德頓忽이었다. 곡산은 태조 이성계의 왕비 신덕왕후神德王后 강씨康氏의 고향이기 때문에 곡산도호부로 승격했으며 그때부터 오늘날까지 곡산이라 부른다. 1952년 행정 구역 개편 당시 군의 북부 지역 6개 면이 신평군으로 분리된 뒤 오늘에 이른 곡산을 이색은 다음과 같이 묘사했다.

> 곡산 고을은 서해도의 궁벽한 곳이다. 동쪽으로 교주에 인접하고 북쪽으로 평양에 경계하였는데, 산이 높고 물이 아름다우며, 한 구역이 평형하고 넓은 곳이 고을의 치소治所다. 공관은 북쪽에 가까운데 여염집으로 둘렀으니 빈객이 와도 올라가 구경할 곳이 없어서 마치 우물 속에 있는 것 같았다.

곡산군의 진산은 남산이고, 바위가 절벽을 이루며 높이 솟았다는 선바위산과 명지덕산, 덕업산, 대각산, 구봉산 등의 높은 산이 솟아 있다. 곡산군에 대하여 세종 때 문신 김처례金處禮는 시에서 "천 번 돌아도 역로는 서울로 돌아가고 일만 번 굽이쳐도 시냇물은 대동강으로 들어가누나" 했고, 서거정은 "누대 서쪽 지는 해 이미 붉은데, 항아리 술에 조용히 담소하네. 얼마의 우거진 숲은 푸른 멧부리 감추어졌고, 두세 집 초가 주점은 푸른 산을 곁에 뒀네. 산은 곡령鵠嶺에서 달려오니 모두 북쪽에서 왔고, 물은 저탄으로 들어가니 다 남쪽을 향하누나"라고 했다. 이곳 곡산군의 동부 산간 지대에는 중석이 대량으로 매장되어 있다.

'울고 들어갔다가 울고 나오는 곡산'이라는 말이 있는데, 곡산 고을로 가는 길이 하도 험하여 울면서 들어갔다가 의외로 인심이 좋고 살기 좋아 떠날 때는 아쉬워서 울며 나온다는 말이다. 또한 곡산 지역은 궁벽한 산골인데도 '장작불에 쌀밥 먹는다'는 말이 있을 만큼 곡산천을 젖줄로 하여 형성된 곡산천평야의 쌀 생산이 풍부하다.

곡산 서남쪽에 신계군新溪郡이 있다. 신계군은 원래 고려의 신은현新恩縣으로 세종 27년(1445)에 지금의 이름을 얻었다. 군의 동쪽에는 향로봉, 고주애산, 율목산 등이 있고, 서쪽에는 봉화산, 오봉산 등의 산자락 아래 신계곡산평야가 펼쳐진다. 이 군의 진산은 구봉산이며, 그 산의 지맥인 학소봉이 있다. 신계군의 동남쪽에 있는 기달산은 고려시대에 3대 영지靈地 중 하나로 꼽혔고, 북소北蘇(소백산)라 하여 신성시했으므로 명종 때와 우왕 때 두 번에 걸쳐 이 속에 궁궐을 지으려고 공사를 일으켰다. 그러나 이곳으로 천도하려 했던 우왕의 꿈은 선박을 이용한 수상 교통이 불편하다는 신하들의 반대로 실현되지 않았고, 북소궁北蘇宮 터가

구월산

황해남도 은율군과 안악군 경계에 있는 구월산의 본래 이름은 궁홀산弓忽山이다. 후에 궐산闕山이라 하다가 다시 지금의 이름으로 개칭했다고 한다.

남아 있을 뿐이다. 이 군의 남쪽이 선조 때 정치가이자 허균의 형 허성許筬이 시에서 "멀고 높은 벼랑에 한 길이 평평한데, 수목이 우거진 촌락엔 저녁 연기 일어나네"라고 했던 평산군이다.

평산 신씨의 고장 평산

평산군平山郡은 고구려 때 대곡군大谷郡 또는 다지홀多知忽이라고 불렸으며, 여러 차례의 변천 과정을 통해 조선 태종 13년(1413)에 평산으로 바뀌고 도호부로 승격되었다. 《세종실록지리지》에 평산도호부는 "땅이 메마르고 산이 높아서 서리가 일찍 오며, 풍속이 누에치기와 나무 가꾸기에 힘쓴다" 했으며, 당시 평산도호부의 호수는 2130호이고 인구는 6323명이었다. 예성강을 끼고 솟은 평산군 태백산에는 험한 산세를 이용해 쌓은 태백산성이 있다. 고구려 광개토왕 4년(394)에 백제의 침입에 대비한 것으로 북한 국보문화유물 제93호다. 평산군의 진산은 멸악산이며, 악대산, 철봉산, 학봉, 총수산 등이 솟아 있다. 명나라 사신 동월董越의 기문에 남아 있는 총수산의 풍경은 다음과 같다.

> 보산관寶山館에서 서쪽으로 10리쯤 가면 산이 있는데 높은 절벽이 흐르는 물을 내려다본다. 구부러진 소나무와 괴이한 돌이 빈 바윗골 사이에 층층으로 보이고 첩첩으로 나와서 돌니〔石齒〕가 잇몸처럼 되었는데 비에 젖은 이끼로 점이 되고 담쟁이넝쿨로 얽혔는데 위태로워 떨어질 듯한 것이 반이나 된다. 그

> 사이에 비스듬히 걸려 있어 손과 주인이 나누어 앉은 것 같기도 하다. 흐르는 물이 북쪽에서 와서 돌 틈으로 흘러나오며 부딪쳐 쏘고, 거품을 뿌리는 것이 구슬이 뛰고 흰 해오라기가 날개 치는 것 같으며, 굽이돌고 꺾여서 동으로 가서 멈출 곳을 알지 못한다.

평산도호부의 북쪽 20리에 있던 보산역을 지나던 김식도 시 한 수를 남겼다.

> 먼 길 열흘 동안에 몇 번이나 옷 갈아입었나
> 앞길을 소미성少微星에게 물어볼까
> 비 온 뒤의 시냇가 삼[麻]은 아직도 다 거두지 못했고
> 길가의 산살구는 따고 나니 드물구나
> 다가가 말을 멈추면 행주行廚가 있고
> 가는 곳마다 시를 쓰는데 장막이 둘렀네
> 이내 심정 다 풀지 못한다고 하지 마라
> 도리어 산 위의 구름 따라 훨훨 나누나

교통의 요지였던 평산군을 예겸은 시에서 "안성역 지나니 또 보산역인데, 수레 창밖엔 가는 곳마다 산봉우리 들어가네. 뜰 앞의 제일 사랑스러운 두 그루 소나무 늙었는데, 달밤에 누가 있어 백학이 돌아오는 것 보았는지"라고 노래했다.

《신증동국여지승람》에 따르면 평산 관아의 남쪽 110리쯤 떨어진 곳에

태조봉이 있다. 왕건이 신숭겸申崇謙과 더불어 사냥을 하며 삼탄에 이르러 이 산에 머물렀기 때문에 태조봉이라고 불렀다. 또한 왕건을 도와 고려를 세우고 개국 공신이 된 신숭겸과 유금필庾黔弼은 각각 평산 신씨와 평산 유씨의 시조가 되었다. 특히 전남 곡성 사람인 신숭겸이 평산 신씨의 시조가 된 데에는 전하는 이야기가 있다.

신숭겸이 고려 태조를 따라서 사냥을 나갔다가 삼탄에 이르러 점심을 먹고 있었다. 마침 그때 기러기 세 마리가 공중에서 유유히 떠돌고 있었다. 태조가 "누가 쏘겠는가?" 하자, 신숭겸이 "제가 한번 쏘아 보겠습니다" 답했다. 태조가 화살과 활, 안장을 얹은 말을 주었다. 신숭겸이 "몇 번째 기러기를 쏘았으면 좋겠습니까?" 하고 묻자, 태조가 웃으며 "세 번째 기러기의 왼쪽 날개를 쏘아라"라고 말했다. 신숭겸이 태조의 명령에 따라 활을 당겼다. 과연 태조의 명령대로 세 번째 기러기가 왼쪽 날개를 맞고 떨어졌다. 태조가 놀라 감탄하며 평주(평산)를 신숭겸의 본관으로 삼게 했고, 아울러 기러기를 쏜 그곳의 밭 300결도 주어 대대로 그 조세를 수취하게 했다. 이에 그곳의 땅을 궁위弓位라 이름 지었다고 한다.

조선시대의 정치가이자 유학자인 박세채朴世采와 백인걸白仁傑도 평산에 거처를 정하고 살았다. 벼슬이 좌의정에 이르렀던 박세채는 말년에 관아 남쪽 구봉산 아래에 터를 잡고는 모암帽岩 아래에 두서너 칸 되는 정자를 지어 날마다 제자들과 함께 도道를 논하며 지냈는데, 전국에서 유학자들이 구름처럼 몰려들어 황해도에서 글을 숭상하는 풍습이 이때부터 비롯되었다고 한다.

멸악산 자락에 있는 금천군

금천군金川郡은 현재 황해북도 남부에 있는 군으로《택리지》와《여지도서》의 기록은 다음과 같다.

> 금천은 강음, 우봉 두 현을 합쳐서 된 군이다. 예부터 장기瘴氣(풍토병)가 있었는데 근래에는 더욱 심하여 거주하기에 적당하지 못하다. 평산에도 장기가 있다. 평산 서쪽에 면악의 동쪽 산기슭에 화천동이 있다. 화천동 산꼭대기에 봉축을 높다랗게 한 무덤이 있는데, 청나라 황실 조상의 무덤이라는 말이 전해온다. 그 아래는 들판이 제법 널따랗게 펼쳐졌고 땅도 기름진 까닭으로 부유한 마을이 많고 높은 벼슬을 한 사람도 나왔다.

> 지역은 동쪽과 서쪽이 서로 다르고, 풍속도 동쪽과 서쪽이 서로 다르다. 산골 사람들은 화전으로 생계를 유지하고, 포구 사람들은 땔나무 배로 살아갈 따름이다. 그리하여 먼 외딴 시골에 대대로 이어 내려온 교화의 전통이 거의 단절되었다. 선비, 농민, 장인, 상인이 각각 자기 직분을 잃어버려 풍속과 교화를 통해 달리 바뀔 가망도 없다.

급속하게 사회가 해체, 분산되는 과정의 조선의 모습을 미루어 짐작할 수 있는 기록이기도 하다.

금천군은 신라 경덕왕 때 우봉현, 토산군, 강음현이 설치되었다가 몇 번의 변천 과정을 거쳐 효종 2년(1651) 우봉현과 강음현이 합쳐져 금천군이 되어 오늘에 이르고 있다. 금천군은 야트막한 산들과 예성강을 끼고 있으며 저동과 마산, 친선, 백양 등의 충적 평야가 발달했다.

옛 강음현의 진산은 서북면 백석리에 있는 천신산天神山(해발 372미터)으로 고려 때는 송도를 지키는 서북진산이었으며 8만 암자가 있었다고 전해져 온다. 주변 경관이 수려하여 명승지로 손꼽힌다. 고려 때 승왕사, 현암사, 용암사, 천신사 등의 큰 절이 있었는데 모두 폐사되었다. 그 가운데 승왕사는 고려 공민왕의 사부였고 개혁 정책을 총괄했던 승려 신돈辛旽이 거했던 절이다. 지금은 절터만 남았지만 당시의 융성했던 모습을 희미하게나마 찾아볼 수 있다.

한편 이 산에는 임진왜란과 관련 있는 이야기가 전해진다. 임진왜란 때 왜군을 피해 동굴로 피난 온 주민들은 부처의 힘에 의존하자는 데 뜻을 모아 큰 돌에 나한상을 새겨 동굴 깊숙이 봉안하고 밤낮없이 무사하기를 기원했다. 얼마 후 점차 적군이 산을 휩쓸며 굴로 접근해 왔다. 그러자 어디서 나타났는지 신장神將이 신병을 지휘하여 왜군을 물리쳐 1000여 명의 피난민은 무사할 수 있었다. 이러한 연유로 산의 이름을 천신산 또는 1000여 명의 생명을 보호했다고 하여 천인산千人山이라 부르게 되었다.

《신증동국여지승람》에서는 금교역金郊驛에 대해 정리하면서 권근의 〈금교역루기金郊驛樓記〉를 실었는데 그 일부를 보자.

> 우리나라에서 명나라 섬기기를 매우 삼가하여, 해마다 직공을 거행하여 감히 혹시라도 어기는 일이 없으니, 명나라 조정에서도 사방 만국 중에 조선만이 제일 충성하고 순종한다 하여 해마다 사신을 보내서 교화를 선포하여 행차가

앞뒤로 서로 잇달았으니, 상국과 하국의 사이가 흡족히 화합한다고 할 만하다. 금교역은 서울에서 서북쪽으로 겨우 30리인데, 중국 사신이 올 때나 복명하러 갈 적에 언제나 여기서 잔다. 대개 사신이 올 적에는 왕이 반드시 먼저 대신을 보내어 여기서 맞아 위로하고, 이튿날 이른 아침에는 많은 사람들을 거느리고, 의위儀衛를 갖추어 멀리 나가 맞이하며 사신도 아침에 들어온다. 갈 적에는 왕이 장막을 설치하고 멀리 나가 전송하며, 또 대신을 보내어 위로하며 전송하는데 사신이 반드시 늦게 들어온다.

조선의 국왕이나 대신들이 중국 사신을 얼마나 깍듯이 대접했는지 짐작할 수 있는 글이다. 금교역을 두고 명나라 사신 기순은 "다시 금교역 지나니 돌아가는 길 왔는고. 좋은 바람은 수놓은 깃발 휘날리고, 이름난 말은 화려한 굴레에 얽매였네. 시흥이 장함을 더욱 깨닫겠고, 경치가 맑은 줄 이제 새삼 느끼겠네. 먼 나라 사람들 예의에 돈독하니, 만세토록 황명을 섬기리" 했고, 조선 개국 공신인 정총鄭摠은 "송악산이 한 점 가늘게 보이는데, 여윈 말 긴 행로에 어느새 석양이네. 무기가 쓸데없는 날 언제나 있으려나, 풍진이 눈에 아득하니 객의 마음 슬프구나"라는 시를 읊었다.

조선 전기의 문신으로 《고려사》 편찬에 참여한 신개申槩는 강음현을 두고 "고을 이름은 남포로 해서이고, 땅의 영기는 사방으로 산이 둘렀네" 라고 노래했으며, 서예가 성개成槪는 "어렴은 바다의 이익을 통하고, 밀물 썰물은 인가에 들어오네"라고 했다.

강음현에는 조읍포창助邑浦倉 터가 있다. 조읍포창은 조선시대에 황해도 관내의 황주, 봉산, 안악, 재령 일대 열두 고을의 세곡을 보관해 서울로 수송하던 창고다. 서해 조수가 들어오던 조읍포는 경기도 개성과 배천, 해주, 재령과 길이 닿는 길목으로 해륙 교통의 요충지였다.

또한 토산면의 삼성대는 단군 왕검이 아들 부루와 함께 왔고 기자도 다녀갔다는 말을 들은 이이가 그 이름을 지었다는 정자다. 일설에는 기자 때 세 성인이 선녀들과 하늘에서 내려와 놀았다고 하며, 삼성대 아래 임진강의 뱃놀이는 중국 청벽의 뱃놀이와 비교되기도 했다.

임꺽정의 난 진원지 청석골

경기도 개풍군과 인접한 금천군 고동면 구읍리의 제석산에는 조선시대 3대 도적 중의 한 사람인 임꺽정의 산채가 있던 청석골이 있다. 임꺽정은 제석산 산줄기의 영향으로 지형이 삼태기 속 같은 천연의 요새 청석골을 근거지로 삼아 활동하며 명종 14년(1559)부터 3년간 조선 조정을 괴롭혔다.

임꺽정, 일명 거정巨正은 양주의 백정이었으나 정치적 혼란과 관리의 부패로 민심이 흉흉해지자 명종 14년에 불평분자들을 규합한 뒤 황해도와 경기도 일대의 곡식 창고를 털어 빈민에게 나누어 주고 관아를 습격해 관원을 살해하기도 했다. 개성으로 쳐들어가 포도관 이억근李億根을 살해하기도 했다.

백성들의 호응으로 관군의 토벌을 피했으나 명종 15년에 형 가도치加都致와 참모 서림徐林이 체포되어 그 세력이 위축되다가 명종 17년 토포사 남치근南致勤의 대대적인 토벌로 구월산에서 체포되어 처형되었

구월산 삼성전

구월산에는 환인, 환웅, 단군을 모시는 삼성전과 단군대, 어천석, 사왕봉 등
단군 관련 유적이 남아 있다.

다. 《조선왕조실록》에는 그의 이름이 임거질정林巨叱正으로 기록되어 있다.

임꺽정이 사람들에게 널리 알려지게 된 것은 홍명희가 소설 〈임꺽정전〉을 신문에 연재하면서부터다. 1928년 11월 21일부터 1939년 3월 11일까지 《조선일보》에 연재되었고 1940년 《조광》 10월호에도 발표되었으나 미완인 채로 끝났다. 이 소설은 조선시대 최대의 도적이었던 임꺽정 부대의 활동상을 그린 역사 소설이다. '살아 있는 최고의 우리말 사전'이라 일컬어질 정도로 토속어 구사가 뛰어나며, 구어적 문체를 통해 박람강기博覽強記(동서고금의 책을 널리 읽고 잘 기억함)의 재사인 작가가 구연하는 한 편의 길고 긴 이야기다.

한편 고려 후기 문신 백문보白文寶가 시에서 "산사람들 매를 많이 기르는데, 서로 부르며 산언덕을 올라가누나. 돌아와서는 마주 앉아 술 드는데, 집집마다 멧짐승 매달아 있네"라고 한 것으로 보아 금천군에서는 지금은 보기 드문 매잡이가 성했다는 것을 알 수 있다. 금천군의 특산물은 맛이 좋고 크기로 유명해 서울이나 평양 등지로 반출되었던 금천대두다.

연암 박지원이 살던 곳

금천군 연암협燕巖峽은 연암 박지원이 한때 살았던 곳이다. 당시 홍국영洪國榮이 실권을 잡고 있어 벽파였던 연암은 의심을 받게 되면서 생명의 위협까지 느끼게 되었다. 결국 연암은 영조 47년(1771)에 과거를 포기하고 백동수白東脩와 함께 개성을 유람하다가 그 근처인 황해도 금천군의 연암협을 답사한 뒤 은거지로 결정하고 가솔들을 데리고 이주하기에 이른다. 강원도 산골짜기로 떠나는 백영숙(백동수)에게 주는 연암의 증서贈序에 그 정황이 자세히 그려져 있다.

영숙이 일찍이 나를 위해서 금천의 연암협에 집터를 살펴 준 적이 있었다. 그곳은 산이 깊고 길이 험해서 하루 종일 걸어가도 사람 하나 만나지 못할 정도였다. 갈대숲 속에 둘이 서로 말을 세우고 채찍을 들어 저 높은 언덕을 구분하며, "저기는 울을 쳐 뽕나무를 심을 만하고, 갈대에 불을 놓아 밭을 일구면 1년에 조[粟] 천 석은 거둘 수 있겠다" 하면서 시험 삼아 부시를 쳐서 바람 따라 불을 놓으니 꿩이 깍깍 울며 놀라서 날아가고 노루 새끼가 바로 앞에서 달아났다. 팔뚝을 부르걷고 쫓아가다가 시내에 가로막혀 돌아와서는 나를 쳐다보고 웃으며 "인생이 백 년도 못 되는데, 어찌 답답하게 나무와 돌 사이에 거처하면서 조 농사나 짓고 꿩, 토끼나 사냥한단 말인가?" 하였다.

그래도 연암은 연암협에 정착해 벌집도 100여 통으로 늘릴 생각이었고, 주변에 양어장을 만들려고 했으며 과일나무도 많이 심고자 했다. 그러나 겨우 초가삼간을 짓고 몇 뙈기의 밭을 일구었을 뿐인데 손이 부르트고 발바닥이 갈라졌다. 이 무렵 연암이 홍대용에게 보낸 편지를 보면 당시의 상황이 얼마나 힘들었는지를 짐작할 수 있다.

제가 산골짜기로 들어와 살려고 마음먹은 지가 벌써 9년이나 되었습니다.

물가에서도 잠자고 바람도 피하지 않고 밥 지어 먹으며 아무것도 없이 두 주먹만 꽉 쥐었을 뿐이라, 마음은 지치고 재간은 서투르니 무엇을 이루어 놓았겠습니까. 겨우 자갈밭 두어 이랑에 초가삼간을 마련했습니다. 그 가파른 비탈과 비좁은 골짜기에는 초목만 무성하여 애초부터 오솔길도 없었지만, 골짜기 입구를 들어서고 나면 산기슭이 다 숨어 버리고 문득 형세가 바뀌어 언덕은 평평하고 기슭은 부드러우며 흙은 희고 모래는 곱고 깨끗합니다. 평탄하면서 툭 트인 곳에다 남쪽을 향해 집터의 형국을 완전히 갖추었는데, 그 집터가 지극히 작기는 하지만 서성대며 노닐고 쉴 만한 공간이 그 가운데 모두 갖추어졌지요.

집 앞 왼쪽에는 깎아지른 듯한 푸른 벼랑이 병풍처럼 벌여 있고, 바위틈은 깊숙이 텅 비어 저절로 동굴을 이루매 제비가 그 속에 둥지를 쳤으니, 이것이 바로 연암燕巖(제비바위)이라는 거지요. 집 앞으로 100여 걸음 되는 곳에 평평한 대臺가 있는데, 대는 모두 바위가 겹겹이 쌓여 우뚝 솟은 것으로 시내가 그 밑을 휘감아 도니 이것을 조대釣臺(낚시터)라 하지요. 시내를 거슬러 올라가면 울퉁불퉁한 하얀 바위가 마치 먹줄을 대고 깎은 듯하며, 혹은 잔잔한 호수를 이루기도 하고 혹은 맑은 못을 이루기도 하는데 노는 고기들이 몹시 많지요. 매양 석양이 비치면 그림자가 바위 위까지 어른거리는데 이를 엄화계罨畫溪(엄화는 채색화라는 뜻)라 하지요. 산이 굽이지고 물이 겹겹이 감싸 사방으로 촌락과 두절되니 한길을 나가 7, 8리를 거닐어야만 비로소 개 짖는 소리와 닭 울음소리를 듣게 된답니다.

지난가을부터 불러 모은 이웃도 현재 서너 가구에 지나지 않는데, 모두 해진 옷에 귀신 같은 몰골로 무슨 소리인지 지절지절하며 오로지 숯 굽는 일에만 종사하고 농사는 짓지 않으니, 깊은 계곡에 사는 오랑캐가 호랑이나 표범을 이웃 삼고 족제비나 다람쥐를 벗 삼는 것과 다를 바가 없습니다. 그 험하고 동떨어짐이 이와 같은데도, 마음속으로 한번 이곳을 좋아하게 되자 어떤 곳과도 바꿀 수가 없게 되었습니다. 이미 집 뒤에다 형수님의 묘까지 썼으니 영영 옮기지 못할 땅이 되었지요.

떠 지붕과 소나무 처마로 된 집은 겨울에 따뜻하고 여름에 서늘하며, 조와 보리로 한 해를 무사히 넘길 수가 있고 채소와 고사리가 매우 왕성하게 자라 한번 캤다 하면 대바구니에 가득 찹니다.

농사도 안 지어 본 사람이 얼마나 고달프고 힘들었겠는가? 연암이 지은 〈산중에서 동짓날 이생에게 써 보이다〉라는 시를 보면 집을 짓고 살았던 풍경이 고스란히 드러난다.

연암이라 그 아래 집을 지으니
바로 화장산華藏山 동쪽이로세
(…)
해 다 가도 사람은 아니 보이니
적막에 사로잡힌 장지기 신세
어찌 보면 선정禪定에 든 중과도 같고
공곡空谷으로 도망간 부처와도 같네
(…)

오죽 살기가 막막했으면 황해도 금천 땅 연암으로 들어갔겠는가. 연암이 쓴 맏형수의 묘지명에는 연암협에 들어간 그가 형수에게 한 말이 남아 있다.

형님이 이제 늙었으니 당연히 이 동생과 함께 은거해야 합니다. 담장에는 빙 둘러 뽕나무 천 그루를 심고, 집 뒤에는 밤나무 천 그루를 심고, 문 앞에는 배나무 천 그루를 접붙이고, 시내의 위와 아래에는 복숭아나무와 살구나무 천 그루를 심고, 세 이랑 되는 연못에는 한 말의 치어를 뿌리고, 바위 비탈에는 벌통 백 개를 놓고, 울타리 사이에는 세 마리의 소를 매어 놓고서, 아내는 길쌈하고 형수님은 다만 여종을 시켜 들기름을 짜게 재촉해서 밤에 이 시동생이 옛사람의 글을 읽도록 도와주십시오.

연암의 말을 들은 형수는 당시 병이 심했으나 자기도 모르게 벌떡 일어나서 머리를 손으로 떠받치고 웃으며 "그렇게 사는 것이 바로 나의 오랜 뜻이었소"라고 말했다 한다. 하지만 그의 형수는 다시 일어나지 못하고 심어 놓은 곡식이 다 익기도 전에 유명을 달리하고 말았다. 연암은 형수의 묘를 연암협에 쓰고 묘지명에 다음과 같은 시를 남겼다.

연암 골짜기는 산 곱고 물 맑은데
여기에 시아주비(시동생)가 터를 닦았네
아! 온 가족 다 함께 은거하려 했더니
마침내 여기에 몸을 맡기셨도다
안온하고도 견고하니

후손들을 보호하고 도와주시리라

그 뒤 박지원은 연암협에 거주하면서 가끔 서울을 다녀갔다. 그의 호가 연암으로 불리게 된 것도 이에 연유한다. 한편 연암은 형 박희원朴喜源이 죽자 형수 묘에 합장한 뒤 〈연암에서 선형先兄을 생각하다〉라는 시를 지었다.

우리 형님 얼굴 수염 누굴 닮았는가
돌아가신 아버님 생각날 때마다 우리 형님을 쳐다보았지
이제 형님 그리우면 어디에서 본단 말고
두건 쓰고 도포 입고 가서 냇물에 미친 나를 봐야겠네

과연 연암의 글은 읽을 때마다 몇백 년의 시공간 차이에도 불구하고 눈시울이 붉어지게 한다.

한석봉이 호를 지은 금천의 석봉산

금천의 한 지명을 자신의 호로 삼은 사람이 명필로 널리 알려진 한석봉이다. 본명이 한호韓濩인 한석봉은 경기도 개성에서 태어났다. 금천군 구이면에 있는 침벽정枕碧亭을 좋아한 한석봉은 그 정자에 올라 속세의 잡념을 털어 버리고 글공부를 했다고 전하며, 석봉산石峯山 아래에서 살았기 때문에 호를 석봉이라 지었다. 그가 친구인 유기柳綺(유여장柳汝章)를 위해 엮은 서첩은 보물 제1078호로 지정되었는데, 중국 한무제의 시 〈추풍사秋風辭〉가 수록되어 있다.

한석봉은 왕희지王羲之와 안진경顔眞卿의 필법을 익혀 해楷, 행行, 초草 등 각 서체에 모두 뛰어났다. 명종 22년(1567)에 진사시에 합격하여 가평 군수를 거쳐 흡곡 현령과 존숭도감서사관을 지냈다. 명나라에 가는 사신을 수행하거나 외국 사신을 맞을 때 연석宴席에 나가 정묘한 필치로 명성을 떨치기도 했다. 친필은 별로 남은 것이 없으나 석봉의 필적을 본떠 펴낸 《석봉서법》, 《석봉천자문》과 허균의 부친 허엽許曄을 위해 쓴 〈허엽신도비許曄神道碑〉처럼 직접 쓴 비문碑文이 많이 남아 있다. 한석봉과 가깝게 지냈던 허균은 그의 죽음을 두고 다음과 같은 제문을 지었다.

숭악崧嶽의 정기를 받아
특이한 재질을 결성하였으니
공의 태어남이여
성하게도 무리 중에 으뜸이었네
서까래만 한 큰 붓으로
못물이 먹물 되도록 연습하더니
마침내 사마시에 합격하여
이름이 왕국에 떨쳤네
(…)

두 달 동안 머물다가
너무 오래라고 떠나기에
교외郊外까지 전송하며
가을에 만나자 기약했는데
가을이 되기 전에
갑자기 부음을 받았네
첫 번엔 놀라고 의심을 하면서
눈물이 앞서고 말문이 막혔네
하늘이 보살피지 않아
우리 어진 사람을 앗아갔네
인자仁者가 오래 살지 못한다고
그 누가 신에게 따진단 말인가
계석桂席에 채 먼지도 앉기 전에
옥루로 아득히 떠났구려
신선과 노닐 것을 생각하니
간장과 골수를 점점이 도려내듯 아프기만 하네
영령은 없어지지 않고
어찌 티끌로 변하리까
천지의 정기가 섞여서
달과 별같이 빛나리니
적막한 정자나
깨끗한 빈집에선

그 모습 보이는 듯
그 목소리 들리는 듯하리
이름이 썩지 않으리니
죽었다 하여 무엇이 슬프라마는
살아 있는 자들이
부질없이 서러워하네
직분에 구애되어
호리蒿里(태산 남쪽에 있는 죽은 사람들이 산다는 마을)로 떠나는 길 전송도 못 하고
멀리서 비박한 제수를 올리오니
나의 이 뇌문誄文을 들어주시기 바라네
아, 슬프다

허균은 요산에 고을 수령으로 있을 때 한석봉을 초대하여 누각에 올랐다. 한석봉은 허균이 지켜보는 가운데 금니金泥로 〈반야심경〉을 썼는데 저수량褚遂良과 구양순歐陽詢이 놀랄 정도의 필법을 보여 주었다고 한다. 한석봉은 그곳에서 두 달간 머무르다가 가을에 다시 만나자고 약속하고 떠났으나 그 약속은 지켜지지 못했다.

자비령 넘어가는 길

금천군의 동쪽에 있는 토산군은 고구려 때 오사함달현烏斯含達縣이었고, 신라 경덕왕 때 지금의 이름을 얻었다. 1945년에 금천군에 속했다가 1952년에 토산군으로 새로 신설되었다. 토산군의 북쪽에는 학봉산이 있고, 남쪽에는 수룡산이 솟아 있다. 토산이 토산군의 진산이다. 이 고을을 두고 조선 개국 공신 함부림咸傅霖은 "멧부리 높이 솟아 사면을 둘렀는데, 나르는 샘물〔飛泉〕 한 갈래가 푸른 뱀처럼 달리네. 문득 들으니 닭, 개 소리 안개구름 저 너머로 들리는데, 울타리 사이 봄바람에 산살구꽃 피었네"라고 노래했고, 조선 전기 문신인 이행은 시에서 "산이 높으니 소나무와 도토리나무 무성하고, 골짜기 깊으니 여우와 토끼도 많구나" 했다. 토산군의 특산물은 담배와 땅콩이다.

《택리지》에 "예전에는 북쪽으로 통하는 큰길이었으나 고려 말부터 자비령 길을 없애려 수목을 가꾸어서 막아 버렸다. 대신 절령 길을 만들어 남북으로 통하는 큰 관문을 두었다. 산맥이 절령을 지나 10리를 못 가서 끊겨 낮은 둔덕이 되고, 둔덕 앞으로는 들판이 펼쳐지는데, 이것이 극성棘城 들판이다"라고 기록되어 있는 자비령慈悲嶺은 가까운 곳에 절령역이 있어 일명 절령岊嶺이 라고도 한다. 해발 489미터인 절령은 황주 남동쪽 25킬로미터 지점에 있으며, 황주군 구락면, 봉산군 산수면, 서흥군 소사면과 목감면 경계에 있는 고개다. 황주의 준평원과 보명산, 가마산, 정방산 등 비교적 낮은 산지를 지나는 이 고개는 예로부터 개성에서 평양으로 통하는 정치적·군사적 요충지였다. 고려시대에 최탄崔坦이 난을 일으켜 서경을 비롯한 북계 54성과 자비령 이북 6성을 가지고 몽골에 귀순하여 이곳을 동녕부라 칭함으로써 원종 11년(1270)부터 충렬왕 16년(1290)까지 자비령이 고려와 원나라의 국경이 되었다.

공민왕 10년(1361) 11월에는 홍건적이 쳐들어와 이 고개에 방책을 쌓고 방비하기도 했다. 조선 세조 때는 이 고개에서 사람이 호랑이에게 잡아먹히는 호환虎患이 많았다. 명나라 사신들이 황주 남쪽 10킬로미터에 있는 극성진의 극성로를 통해 왕래하게 되자 이 고갯길을 폐하기도 했다.

절령 아래쪽에 있는 극성은 고려 때 여러 번 병란을 겪었기 때문에 들판에 백골이 드러날 정도였다. 그 뒤로 사람들은 하늘이 음침하고 비가 오면 귀신들이 원통함을 부르짖으며 모여들어 전염병이 돌게 되어 황해도 백성들이 많이 죽었다고 여겼다. 그래서 나라에서는 이곳에 제단을 세우고 매년 봄가을로 향축을 내려 보내 제사 지내게 했다.

2

교통의 요충지 사리원

그리운 사리원

황주 아랫자락 봉산군 서쪽에 자리한 사리원시沙里院市는 광복 전까지 봉산군의 군청 소재지였고, 조선시대에는 관원들이 공무로 올 때 머물던 숙소인 사리원이 있던 곳이다. 사리원시는 신의주로 가는 경의선과 국도 황해선, 장연선이 지나는 교통의 요충지며, 1977년에 신설한 계획도시로 인구 30만(2002년 기준)의 중소 도시다. 정방산, 한철산, 발양산이 솟아 있고, 봉산평야와 재령평야가 있다. 정방산에는 고려 때 쌓은 정방산성이 있다. 이곳 정방산에는 무덤을 쓰면 안 된다고 한다. 이 산이 워낙 시신의 음기를 받아들이지 못하기 때문이라는데, 누군가가 몰래 시신을 묻으면 반드시 가뭄이나 홍수가 나서 사람들이 그 사실을 알게 된다고 한다.

최창조는 《북한 문화유적 답사기》에서 시름이 깊은 사람들은 정방산 성불사成佛寺를 찾아가라고 권하면서 "군센 아들을 낳으려면 구월산으로 가고, 예쁜 딸을 낳으려면 정방산으로 가라"라고 했다. 정방산의 주봉인 천성봉 기슭에는 신라 효공왕 2년(898)에 도선국사가 창건한 성불사가 있다. 이 절은 평양과 사리원 사람들이 즐겨 찾는 절로, 노산鷺山 이은상李殷相의 시 〈성불사의 밤〉의 소재가 되기도 했다. 이 시는 가곡으로도 만들어져 널리 애창되고 있다.

> 성불사 깊은 밤에 그윽한 풍경 소리
> 주승은 잠이 들고 객이 홀로 듣는구나
> 저 손아 마저 잠들어 혼자 울게 하여라

《택리지》는 다음과 같이 이어진다.

> 그러므로 고려 때 몽골 군사가 절령 길을 통해 쳐들어왔고, 인조 때 청나라 군사가 우리를 습격할 적에도 또한 극성을 경유하여 들어왔다. 극성 들은 동서의 너비가 10여 리이고 서쪽은 남오리강(재령강)에서 그친다. 강 하류에는 조수가 통하여 겨울에도 얼음이 얼지 않는다. 만약 자비령에서부터 장성을 쌓아서 극성의 남오리강 언덕까지 뻗게 한다면 남북을 가로막을 수 있을 것이며, 남오리강은 천연적인 참호가 될 것이다. 절령은 구월산과 동서로 마주하여 하나의 큰 수구水口를 이루고, 남오리강은 들 복판을 가로질러 북향하여 대동강으로 흘러든다. 대동강 동쪽에는 황주, 봉산, 서흥, 평산이 있고, 서쪽에는 안악, 문화, 신천, 재령이 있다.

성불사

성불사는 사리원시 정방산의 주봉인 천성봉 기슭에 있다.
현재 극락전, 응진전, 명부전, 청풍루, 운하당, 산신각 등 여섯 채의 건물과
오층석탑이 남아 있다.

재령군載寧郡은 황해남도의 동부에 있는 군으로 북쪽은 안악군, 서쪽은 신천군, 남쪽은 신원군과 잇닿아 있으며, 동쪽은 재령강을 사이에 두고 황해북도 은파군, 봉산군과 마주 보고 있다. 이곳은 고려 초기에 안주安州라 불리다가 고종 4년(1217)에 지금의 이름을 얻었으며, 1952년에 재령군으로 개편되었다.

《세종실록지리지》에 "땅이 메마르며 기후가 일찍 춥고, 풍속이 누에치기와 뽕나무 가꾸기를 숭상한다"고 기록된 재령군의 당시 호수는 1293호이고, 인구는 3885명이었다. 장수산, 천마산 등이 솟아 있지만 거의 대부분은 평야다. 이 고을의 진산인 장수산에 대해 조선 전기 문신 배환裵桓은 "북쪽을 진압한 돌산이 높게도 솟았는데, 가운데 멧부리 수려한 정기 모아 이름난 고을 창설하였네"라고 노래했다. 황해도 관찰사였던 유계문柳季聞은 이곳 진덕루를 두고 다음과 같은 시를 남겼다.

장수산 앞 백 척 누대에 올라가
사면을 바라보니 안계도 넓구나
바위 사이 늙은 나무는 천 길이나 곧게 뻗어 있고
골짜기에서 쏟아져 내리는 샘물은 한 갈래가 흐르네
끊어진 밭두둑에 풀이 나니 젖 먹는 송아지 졸고
황량한 오솔길에 오디가 익었으니 우는 비둘기 취했네
백성들 오고五袴(다섯 벌의 바지, 즉 부유함을 뜻한다)를 노래하고 촌가가 조용한데
도리화桃李花 봄바람이 한 고을에 가득하네

재령강은 수양산 설류봉에서 발원하여 장수산 동쪽을 돌아 북쪽으로 흐르면서 삼강三江에서 그 지류인 은파천과 서흥강을 받아들이고 하구 부근에서 서강을 만나 철도에서 대동강으로 들어간다. 재령강 유역에 자리한 재령평야는 황해도의 황주, 봉산, 재령, 신천, 안악의 5개 군에 걸친 우리나라 굴지의 평야인데 조선 인조 때 개척되었다. 인조반정의 공신인 김자점金自點이 벽해정碧海亭이라 불리는 북률면 동남쪽 초원 지대에 기러기 떼, 물오리 떼가 수없이 많이 모여드는 것을 보고 저곳에 머지않아 인가가 새 무리처럼 모일 수 있을 것이라 생각하여 주인 없는 빈 땅을 개간하게 되었다. 그는 청수면 전탄箭灘 부근에서부터 북률면에 이르는 제방을 쌓아 재령강 물을 관개하는 장거리 수로와 큰 논들을 만들었다. 이것이 후에 경우궁景祐宮에 속했기 때문에 이 논들을 '경우궁들', 수로의 이름을 '경우궁보景祐宮洑'라 부르게 되었다. 이 보는 최근까지도 수십 리에 걸쳐 남아 있었다. 이 보를 개설할 때 거센 조수 때문에 몇몇 곳의 제방이 무너지기도 했으나 이에 굴하지 않고 저습한 초원 지대를 개척하는 데 성공했다. 그 뒤 1926년에 안녕수리조합, 재신수리조합 등이 건설되어 재령평야는 수리 시설을 갖춘 곡창 지대로 발전했다.

재령평야를 일명 '나무리벌'이라고도 부르는데, '먹고 입고 쓰고도 남는다'고 해서 붙여진 이름이다. 재령의 무사미쌀은 예로부터 왕가의 진상미로 유명했고, 쌀알이 길고 커서 동양 각국에서 최우수 쌀로 평가되었다. 일제는 동양척식주식회사를 설립하여 이곳에서 나는 쌀 생산량의 70퍼센트를 수탈했다. 이러한 원한 때문에 북률면에서 태어난 나석주는 1926년 12월 28일 동양척식회사에 폭탄을 투척했다.

황해도의 금강산이라 불리는 장수산에는 높이 745미터의 보적봉을 비롯한 보장봉, 관봉 등 500~700미터 안팎의 날카로운 봉우리들이 재령평야 남쪽 기슭에 잇달아 솟아 있다. 특히 장수산의 제1봉인 보적봉을 거쳐 천장암에 오르면 재령평야가 드넓게 펼쳐지고 서쪽으로 남포시와 남쪽으로 해주항이 한눈에 들어온다. 시인 정지용은 〈장수산 2〉에서 장수산의 풍경을 이렇게 노래했다.

> 풀도 떨지 않는 돌산이오 돌도 한덩이로 열두골을 고비고비 돌았세라 찬 하눌이 골마다 따로 씨우었고 어름이 굳이 얼어 드딤돌이 믿음즉 하이 꿩이 긔고 곰이 밟은 자옥에 나의 발도 노히노니 물소리 귀또리처럼 직직하놋다 피락 마락하는 해ㅅ살에 눈우에 눈이 가리어 앉다 흰시울 알에 흰시울이 눌리워 숨쉬는다 온산중 나려앉는 휙진 시울들이 다치지 안히! 나도 내더져 앉다 일즉이 진달레 꽃그림자에 붉었던 절벽 보이한 자리 우에!

장수산 남쪽 비탈은 산세가 단조로우나 북쪽은 계곡과 기암절벽이 곳곳에 있어 우아하고 기묘한 산악 풍경을 연출한다. 서부 지역에는 10여 리 사이에 열두 굽이 기묘한 계곡이 장엄하고 황홀한 절경을 이루는 석동 12곡을 비롯해 벽바위골, 천길바위, 관봉석문, 채진암석문, 금은굴, 관음굴 등 많은 명소가 있다. 또한 떨어지는 물을 맞으면 마음까지 깨끗해진다는 세심폭포를 비롯하여 약수폭포, 수양폭포, 샘폭포 등 이름난 폭포들이 있다. 장수산성, 현암, 묘음사 등의 유적이 있으며, 장수산 남쪽 기슭에는 사리원에서 해주까지 연결된 황해청년선의 주요 역인 신원역이 있다.

한편 이 일대에서 활약하다 체포된 큰 도둑 임꺽정을 비롯한 이른바 조선의 3대 도둑에 대해 《성호사설》에는 다음과 같이 실려 있다.

옛날부터 서도西道에는 큰 도둑이 많았다. 그중에 홍길동이라는 자가 있었는데, 세대가 멀어서 어떻게 되었는지는 알 수 없으나 지금까지 장사꾼들의 맹세하는 구호에까지 들어 있다.

명종 때 임거정이 가장 큰 괴수였다. 그는 원래 양주 백성인데, 경기로부터 해서에 이르기까지 연로沿路의 아전들이 모두 그와 밀통하여 관가에서 잡으려 하면 그 기밀이 모두 누설되었다. 조정에서 장연, 옹진, 풍천 등 네댓 고을의 군사를 동원하여 서흥에 집결시켰는데, 적도賊徒 60여 명이 높은 데 올라 내려다보면서 화살을 비 퍼붓듯 쏘아대므로, 관군이 드디어 무너지고 이로부터 수백 리 사이에 길이 거의 끊어졌다. (…) 3년 동안에 몇 도의 군사를 동원하여 겨우 도둑 하나를 잡았고 양민으로 죽은 자는 이루 헤아릴 수도 없었다.

그 후 숙종 때에 교활한 도둑 장길산이 해서를 횡행했는데 길산은 원래 광대 출신으로 곤두박질을 잘하고 용맹이 뛰어났으므로 드디어 괴수가 되었던 것이다. 조정에서 이를 걱정하여 신엽을 감사로 삼아 체포하게 하였으나 잡지 못하였다. 그 후에 한 도당을 잡았는데, 그가 숨어 있는 곳을 고하였다. 무사 최형기가 나포할 것을 자원하고 파주에 당도하니, 장사꾼 수십 명이 말을 몰고 지나갔다. 한 사람이 고하기를 "저들이 모두 도둑의 무리다"라고 하므로 모두 잡아 가두었는데, 그 말들은 모두 암컷이었다. 그 사람이 다시 고하기를 "그 말들은 모두 암컷이므로 유순하여 날뛰지 않는다"라고 하였다. 다시 여러 고을의 군사를 징발하여 각자 요소를 지키다가 밤을 틈타 쳐들어갔는데, 적들이 이미 염탐해 알고 나와서 욕설을 퍼붓다가 모두 도망쳐 아무 자취도 남기지 않았다. 그 후 병자년(숙종 22, 1696)에 이르러 한 적도의 초사招辭에 그의 이름이 또 나왔으나 끝내 잡지 못하였다.

이 좁은 국토 안에서 몸을 숨기고 도둑질하는 것이 마치 새장 속에 든 새와 물동이 안에 든 물고기에 지나지 않는데, 온 나라가 온갖 힘을 기울였으나 끝내 잡지 못했으니, 우리나라 사람들의 꾀가 없음이 예로부터 이러하다. 어찌 외군의 침략을 막고 이웃 나라에 위력을 과시하기를 논하겠는가.

홍길동과 임꺽정 그리고 장길산을 논하면서 나라의 기강이 해이해졌음을 안타깝게 여긴 이익의 글이다. 그런데 대부분의 큰 도적들이 황해도를 비롯한 서북 지방에서 일어난 것은 국가에서 계속하여 서북 지방을 도외시한 결과였다.

단군이 신이 된 구월산

재령군 서쪽에 자리한 안악군安岳郡은 재령강 연안에 있다. 안악군은 고구려 때의 양악군楊岳郡이며, 궁예가 창건한 태봉국 때 지금의 이름을 얻었다. 정여립의 난으로 일컬어지는 기축옥사가 일어난 선조 22년(1589)에 현으로 강등되었다가 광해군 즉위년(1608)에 군으로 복귀되었고, 1952년 지금의 군이 되었다. 《여지도서》에 "농사와 누에치기에 힘쓰고, 시문을 짓거나 서화를 그리는 데에 종사하며, 무예를 숭상한다"는 기록이 남아 있다. 안악군의 70퍼센트를 차지하는 안악평야 때문에 전라도의 고부 및 옥당골(영광군)과 함께 조선 후기 서울의 당상관 자제들이 고을 수령으로 가고자 다투는 곳이었다.

《신증동국여지승람》에서 "고을 서쪽 10리에 있으니 곧 아사달산이다. 다른 이름은 궁홀弓忽이요, 또 다른 이름은 증산甑山, 삼위三危다. 세상에 전하기를 '단군이 처음 평양에 도읍하였다가 후에 또 백악으로 옮겼다' 하는데 곧 이 산이다. 주나라 무왕이 기자를 조선에 봉하니, 단군이 그만 당장경唐藏京(신천군 문화면을 일컬음)으로 옮겼으며, 후에 다시 이 산으로 와서 숨어 신이 되었다 한다"고 한 구월산은 은율군과 안악군의 경계에 있으며 우리나라 5대 명산 중의 한 곳으로 이름난 명승지다.

해서 지방의 유학자 유응두柳應斗는 다음과 같은 시 한 편을 남겼다.

한배검(단군)이 이 땅에 도읍하심도
장재이별 저 나락 때문이다
농사일 민생의 근본이요
산하의 형승은 나라의 보배라네
여름엔 온 들판 한껏 푸르고
가을이면 황금물결 넘친다네
근검한 옛 나라의 그 풍속
아침마다 풍년가 들려오네

이 구월산 자락 밑에 자리한 문화현을 두고 고려 공양왕 때 역신으로 몰려 유배되었던 이초李椒는 "사람의 일이란 기한이 있어 서로 오고 가지만, 시내와 산은 옛날 그대로 맑고 기이하네" 했고, 김처례는 "시냇가에 해가 지니 증천甑泉이 따스하고, 하늘가에 구름 걷히니 월악이 기이하구나" 노래했다. 그리고 안악군 안곡면 백운탄 하류에는 구절벽이라는 명소가 있다. 깎아 세운 듯한 암벽이 아홉 번을 굽이굽이 치솟은 이 암벽을 사람들은 소동파蘇東坡가 즐기던 적벽강과 비슷하다 하여 후적벽이라고도 불렀다. 최남선은 〈구월산 기행〉에서 다음과 같이 썼다.

> 신천, 안악을 거쳐 구월산에 다가가 보라. 멀리서는 정다워 보이고 가까이 가면 은근하고 전체로 보면 듬직하고 부분으로 보면 상큼하니, 빼어나지 못하다고 했지만 옥으로 깎은 연꽃봉오리 같은 아사봉이 있고, 웅장하지 못하다고 했지만 일출봉, 광봉, 주토봉 등이 여기저기서 주먹을 부르쥐고 천만인이라도 덤벼라 하는 기개가 시퍼렇게 살아 있는 산이 구월산이다.

한편 대원면에 있는 재령강과 월당강에 있는 나루터인 성초곶은 물이 산기슭을 에워싸고 돌면서 생기는 물거품과 주위의 산수가 조화를 이루는 아름다운 곳이다. 예로부터 가뭄이 들면 성초곶에서 기우제를 지내고 근처에 있는 당우대에서 비 오기를 기다렸다고 한다.

《신증동국여지승람》에 따르면 안악 관아에서 25리쯤 떨어진 곳에 오객봉五客峰이 있었다. 《여지도서》는 이 오객봉을 다음과 같이 설명한다.

> 산의 형세가 시원하고 산뜻하며, 기이하게 생긴 바위가 깎아지른 듯 서 있

월정사

안악 월정사는 구월산 아사봉에서 동쪽으로 뻗어 내린 산줄기에 자리 잡고 있다.
경내에는 극락전, 명부전, 수월당 등의 전각이 남아 있다.

다. 어지럽게 들쭉날쭉한 산봉우리들을 바라보고 있으면 앉은자리 아래서 바닷물이 들락날락하여 날개를 펴고 하늘에 올라 신선이 되는 듯한 생각이 든다. 옛날에 태수와 네 명의 손님이 날마다 올라와서 즐겼기 때문에 '오객봉'이라는 이름이 붙었다.

조선 중기의 문신으로 도사都事를 지냈던 배응경裵應褧은 〈오객봉〉이라는 시를 남겼다.

그 누가 봉래산 일부분을 베어다
베개처럼 바닷가에 옮겨 놓았나
숲속의 바윗골 예스럽고
구름 밖 들쭉날쭉 산봉우리 조밀하구나
세찬 바닷물 소리 멀리서 들려오고
들판의 고운 경치 죄다 눈에 들어오네
고을의 수령 몸 아픈 데 없으니
손님 모시고 이곳에서 노는구나

조선 전기 문시이자 서예가 였던 이적李迹이 그의 시에서 "소나무 멧부리는 들판을 가로질러 끊었고, 연기와 나무는 하늘에 닿아 떠 있네"라고 했던 안악은 넓은 들판에서 생산되는 쌀로 유명하다. 군의 북쪽에 은천군銀泉郡이 있다. 안악의 북부 지역을 분리하여 1952년에 신설한 은천군은 대동강과 재령강 연안에 자리하고 있다.

탈춤의 고향 은율

은천군 남서쪽에 있는 은율군殷栗郡은 고구려의 옛 땅으로 율구栗口 또는 율천栗川이라 했다. 고려 건국 후 은율현이라 했고, 1896년에 은율군으로 승격되었다. 구월산 자락에 자리한 은율군을 《신증동국여지승람》에서는 "풍속이 소금과 쇠로 생리를 삼는다. (…) 구월산이 고을 동쪽 10리에 있다. 산허리에 물이 있으니 고요연이라고 하는데, 형상이 가마 같으며 그 깊이를 알 수 없다. 민간에서 용이 있다 이르며, 가물 때 비를 빌면 곧 응한다" 했다. 이적이 시에서 "구월산 서쪽 열 집 고을에, 누른 꽃 붉은 잎이 깊은 가을에 비치네"라고 읊었던 은율군에서 근현대사에 이름을 남긴 여러 인물이 배출되었다. 안중근 의사를 비롯해 동양척식주식회사와 조선식산은행에 폭탄을 던진 나석주와 초대 대통령 이승만, 백범 김구, 박은식이 그들이다.

이 고을에는 민속 가면극 '은율탈춤'이 전해 내려오며, 북한 최대의 철광석 생산지인 은율광산이 있다. 고려 때 문신 권사복權思復은 "서하西河 길 위엔 붉은 나무도 많고, 구월산은 높아 푸른 공중에 반쯤 솟았네"라고 은율을 노래했다.

은율 남쪽에 송화군松禾郡이 있으며, 고구려 때 이름은 마경이麻耕伊다. 태종 8년(1408)에 청송현과 가화현을 병합하여 송화현을 만들었고, 1952년에 송화군으로 개편했다. 송화군 북쪽 은율군과의 경계에 구왕산, 묵산, 월개산이 있으며 묵산이 이 군의 진산이다. 송화군의 남쪽 장연군의 경계에는 박석산, 건지산, 원통산 등이 서쪽에는 운계산, 달마산, 팔봉산 등이 군계를 이루고 있다.

송화군의 서부 지역 송화과수농장지구를 분리하여 1967년에 신설한 과일군에는 건지산과 칠봉산, 박석산, 월개산, 원주산 등 높은 산이 솟아 있다. 군 전체가 하나의 거대한 과수단지로 개발되어 북한 최대의 과일 생산지이자 과일 가공기지다. 그래서 이름조차 과일군이며 과수원 길이는 40여 킬로미터에 이른다. 이 군의 오정리는 오정이약수로 이름이 높고, 근처에 자주 용의 소리가 들린다는 용연이 있다. 박석산은 소나무와 거석이 많아 관광지로 이름이 높다.

한편 이 과일군 사기리에 전해 오는 이야기에 따르면 옛날 중국 사신이 바다를 건너 왕래하던 길이 광석산인데, 이 산 아래 당관唐館 옛터가 남아 있다. 과일군 남쪽에 장연군長淵郡이 있다. 다음은 《택리지》의 내용이다.

> 이 여덟 고을(황주, 봉산, 서흥, 평산, 안악, 문화, 신천, 재령)은 풍속이 대략 같으며, 아울러 면악산과 수양산의 북쪽에 있다. 땅이 아주 기름져서 오곡과 면화 가꾸기에 알맞으며, 납과 철광석이 바둑판에 바둑돌처럼 산 곳곳에 흩어져 있다. 남오리강의 동쪽과 서쪽 언덕에는 모두 물을 사이에 두고 긴 둑을 쌓았으며, 둑 안쪽은 모두 벼를 심는 논이다. 바라보면 끝이 없어 중국의 소주蘇州나 호주湖州와 같다. 여기서 생산되는 쌀은 낟알이 길고 성질이 차져서 다른 지방의 쌀과 다르다. 그러므로 내주內廚(궁궐 수라간)에서 어공御供으로 쓰는 것은 이 지방 쌀뿐이다.
>
> 수양산과 추산에서 뻗은 산맥이 구월산이 되기까지 그 사이에 비록 높았다

낮았다 해도 실은 큰 등성이 줄기로 되어 있다. 등성이 너머에 바다를 임해서 된 고을이 해주이고, 해주 오른편에 강령과 옹진이 있으며, 서쪽에는 장연부가 있다.

《택리지》의 내용대로 장연군은 황해도 바닷가에 접한다. 고구려 때부터 장연이라 부른 이곳이 변화를 맞이한 것은 11세기 후반부터다. 장연의 서해 바닷가에 안란창安瀾倉이 개설된 후 황해도 전역의 세곡을 개성까지 운반하는 조운의 중심이 된 것이다. 인조 1년(1623)에 도호부가 된 장연은 1895년에 장연군으로 개편되었다.

《신증동국여지승람》에서 "풍속이 누에치기, 고기잡이, 소금으로 생리를 삼는다. (…) 대청도는 고을 남쪽 30리 바다 가운데 있다. 소를 치는 목장이 있다. 소청도는 대청도 동쪽에 있다. 《대명일통지》를 보면 대청서와 소청서라고 되어 있는데 곧 이것이다" 했고, 《고려사지리지》에는 "백령진에 대·소청 두 섬이 있다" 기록되어 있는데, 이는 곧 백령도를 말하며 원래 장연군의 땅이었다.

김극기는 이곳의 산천을 두고 시에서 "높은 하늘 스치며 몇 번이나 성내어 날았나, 외로운 섬 돌며 날다가 잠시 돌아가기를 잊었네. 사선四仙이 한 번 간 후에 알아줄 이 없으니, 공연히 아름다운 옷 떨치며 석양 속에 서 있네" 했다. 조선 전기 문신 안성安省은 장연을 지나며 "아침에 서린군을 떠나서, 해 질 녘에 장연에 이르렀네. 어스름하게 구름은 멧부리를 덮었는데, 희미하게 저 멀리 물이 하늘에 닿았네. 어부들 노래는 가을 섬 달 아래요, 군사들 피리 소리는 늦은 강 연기 속이네. 뜻밖에도 최명부를 여기서 만나 지난 일 생각하네"라고 읊었다.

신라의 네 화랑이 왔다는 곳이 이곳 장연의 아랑포阿郎浦다. 조선 전기 문신으로 황해도 관찰사를 지냈던 남곤南袞이 아랑포를 다녀와 남긴 〈유백사정기遊白沙汀記〉가 남아 있는데 다음과 같다.

아랑포는 서해의 깊숙한 지역이다. 산이 있어 연강淵康 치소治所 북쪽에서 서쪽으로 뻗어 내렸는데, 푸르게 뾰족뾰족 솟고, 구불구불 달려오기를 10리쯤 하다가 항구에 와서 멈춘다. 물이 있어 항구에서 거꾸로 꺾여 흘러 동쪽으로 가서 산을 따라 돌면서 콸콸 흘러 또 수십 리를 달리다가 언덕을 만나 움츠러들고, 산이 그치는 곳에 당하여 끊어진 벼랑이 우뚝 일어났는데, 그 위에 군중의 울타리를 설치한 것은 만호영이다. 물이 움츠러든 곳에 당하여 큰 돌이 사람처럼 서 있는 곳에 고기잡이배, 장삿배가 그 아래 정박하는 것은 입죽암立竹岩이요, 만호영에서 서쪽을 바라보며 10여 리에 거울 빛이 눈이 부시는데 푸른 봉우리 한 점이 거울에 임하여 뾰족한 것은 승선봉勝仙峰이요, 푸른 봉우리 절 밖에 눈 더미가 공중에 솟고, 찬솔〔寒松〕과 푸른 수림이 그 밑을 둘러싼 것은 비로봉이요, 눈 더미 아래에 평평한 모래가 희게 깔리고 긴 물가 멀고 가까운 곳에 해당화 붉게 나부끼는 것은 백사정이다. 저 승선봉과 비로봉은 정말 기이한 절승이기는 하지만, 높아 추워 떨리니 정말 신선의 뼈를 가진 자가 아니면 오래 머물 수가 없고, 그중에 아늑하고 수려하여 놀며 거닐기에 제일 합당한 곳은 백사정만이라 그 이름이 알려졌다. (…)

내가 일찍이 《여지승람》을 열람하다가 김극기의 〈백령도白翎島〉 시를 보니, "사선四仙이 한 번 간 후에는 참으로 구경하는 이 없다"는 구가 있으니, 신

> 라 네 선랑仙郞의 무리가 서해 지경에서 두루 놀았던 것을 알았다. 아랑포에서 백령도까지는 물길로 하루길이고 보면 포구의 이름이 4선랑이 놀며 구경함으로 인하여 얻어진 것은 너무도 분명한 일이니, 그 이름을 아랑이라고 부르는 것은 당시 사람들이 4선랑의 풍모가 아름답고 뛰어난 것을 보고, 사랑하고 기뻐하여 칭찬하여 한 말인 것이다. (…)

이어서 남곤은 숙간의 말을 인용하며 "사람의 일이란 어긋나기가 쉽고, 두드러지게 뛰어난 경치는 만나기가 어렵다" 또는 "중추 달 아래 호수 구경에 옛사람이 절승한 경치라 하였으니"라고 말하며 좋은 경치를 좋은 사람과 같이 바라본다는 것이 얼마나 다행한 일인지에 대해 말했다.

장연의 동쪽에 삼천군三泉郡이 있다. 1952년 송화군과 신천군의 일부를 분리해 신설한 삼천군은의 동쪽은 신천군, 남쪽은 태탄군, 북쪽은 은율군, 안악군과 인접해 있다. 이 지역에 유명한 세 온천, 즉 삼천온천, 달천온천, 수교온천이 있기 때문에 삼천군으로 이름 지어졌다. 이 지역에 차유령車踰嶺이 있다. 신천과 은율을 연결하는 교통의 요지인 삼천군에는 구월산으로 이어진 오봉, 삼봉, 아사봉 등이 솟아 있고, 천봉산, 운계산, 작산, 대봉산, 지남산 등이 송화군과 벽성군의 경계에 있으며 그 산 사이로 황해도의 곡창 지대가 형성되어 있다.

신천군信川郡은 고구려 때 승산군升山郡이라 불렸고, 조선 태종 때 지금의 이름으로 바뀌었다. 1909년 문화현을 받아들인 뒤 1952년에 개편되었다. 강희안姜希顔은 이곳을 두고 "한 굽이 수풀 앞의 물이요, 쌍으로 뾰족한 들 밖의 산이다"라고 노래했다.

〈몽금포타령〉이 들려오는 곳

> 장연부 북쪽에 송화, 은율, 풍천이 있고 장련에서 산맥이 그치는데, 장련은 평안도 삼화부와 작은 바다를 사이에 두고 있다. 추산에서 뻗은 한 맥은 장연부 남서쪽을 따라 달리다가 장산곶에서 그치는데 골짜기가 꼬불꼬불하며 깊다. 고려 때부터 호남의 변산, 호서의 안면도와 함께 소나무를 가꾸어서 궁전을 짓고 배를 건조하는데 소용되는 재목으로 쓰고 있다.

《택리지》에 기록된 장산곶長山串은 1952년에 신설한 용연군에 위치한다. 장연군의 남부 지역과 태탄군의 일부 지역을 합하여 만든 군이다. 용연군에는 길이가 21킬로미터에 이르는 용연반도가 있다. 용연반도의 북서쪽 기슭에 우리나라 팔경 중 한 곳으로 이름 난 몽금포가 있다.

> 장산곶 마루에 북소리 나더니 금일今日도 상봉上峯에 님 만나보겠네
> 에헤이요 에헤이요 에헤이야 님 만나 보겠네
> 갈 길은 멀고요 행선行船은 더디니 늦바람 불라고 성황님 조른다

〈몽금포타령〉은 황해도 장연 지방에 있는 몽금포의 정경과 고기잡이 생활의 낭만을 엮은 노래로 가볍고 경쾌한 민요다. 그러나 어딘지 모르게 애수가 감돈다. 몽금포에는 마치 비단 필같이 길고 넓은 흰 모래사장이 4킬로미터나 펼쳐지는데, 이 모래를 백사白沙, 금사金沙 등으로 부른다. 여기에 해수까지 맑아서 천혜의 해수욕장으로 꼽힌다. 특히 모래의 질이

우수하여 명사십리 또는 금사십리라 했는데, 모래알이 아주 가늘어 바람이 불면 날아가 모래 언덕을 만든다. 맨발로 걸으면 발아래서 소리가 난다고 하여 명사鳴沙라 하거나, 모래알이 맑고 깨끗하여 명사明沙라고도 했다. 율곡 이이는 다음과 같이 노래했다.

> 송림 사이 거닐다 보니 낮 바람 시원하고
> 금모래에서 놀다 보니 어느덧 석양이 지는구나
> 천년 지나 아랑의 발길 어디서 찾을 것인가
> 고운 주름 다 걷히니 수평선은 더욱 멀어라

장산곶은 산줄기가 서해 깊숙이까지 뻗었다고 해서 장산長山이란 이름이 붙었으며, 조선시대에 아랑포영과 조니포진이 설치되어 있었고 수군만호가 배치되었던 국방상 중요한 요충지였다. 장산곶 모래사장에 대한《택리지》의 기록은 다음과 같다.

> 장산곶 북쪽에 금사사金沙寺가 있고, 절 앞 바닷가 20리 거리가 모두 모래 언덕이다. 이곳의 모래는 아주 곱고 금빛 같아서 햇빛에 비치어 반짝인다. 이 모래들은 바람에 따라 쌓여서 산봉우리처럼 되는데, 높아지기도 얕아지기도 하며 아침저녁으로 위치가 옮겨져서 혹 동쪽에 우뚝했다가 서쪽에 우뚝하고, 갑자기 좌우로 움직여서 일정한 방향이 없다. 그러나 모래 위에 있는 금사사는 웅장하고 화려하며 아름다운 탑묘는 끝내 모래에 묻히지 않는데, 이것은 실로 괴이한 일이다. 어떤 사람은 '해룡海龍의 조화'라고 한다.

금사사 모래 밑에서 해삼이 나는데 모양이 방풍防風 같다. 매년 4~5월이면 중국 등래登萊(산동성의 등주와 내주)에서 배를 타고 오는 자들이 많다. 관에서 장수와 이속吏屬을 보내 쫓으면 그들은 바다로 나가 닻을 내리고 있다가 사람이 없는 틈을 타 다시 해안에 올라와서 해삼을 따간다.

몽금포 동남쪽에 구미포가 있는데 이곳의 승경을 처음 발견하고 개발에 착수 한 사람이 미국인 선교사 언더우드였다. 그는 1900년에 가족과 함께 이곳에서 피서를 보냈고, 그 뒤 중국과 일본의 선교사들과 함께 구미포해수욕장 부근 일대의 대지를 점유하는 절차를 밟아서 별장 50여 채를 지었다. 그 덕에 제2차 세계대전이 일어나기 전까지 이곳은 세계적인 해수욕장으로 이름을 알리기도 했다.

구미포해수욕장과 몽금포해수욕장 그리고 대청도 해변 일대에 있는 가늘고 흰 모래를 규사라고 부른다. 마치 설탕 가루나 고운 소금같이 알갱이가 가늘어 손에 쥐면 어느새 새어 나간다. 가벼워서 바람이 불 때마다 사방으로 날려 천태만상의 모래 언덕을 이루는 이 모래를 일제 강점기에 일본이 연간 약 7만 톤가량을 실어 갔다.

한편 장산곶은 〈유백사정기〉에 따르면 "용이 할퀴듯 범이 움켜쥐듯 다투어 가며 자리 아래에서 기이한 모습을 비친다"라고 할 만큼 경치가 수려하다. 국사봉 자락의 장산곶 해변에는 염옹암鹽瓮巖(소금항아리바위)이라는 가파르고 높은 바위 두 개가 서 있다. 그 아래는 물살이 세고 해수가 굽이치므로 이 앞을 지나는 배들이 좌초하거나 난파하는 일이 많았다고 한다. 그래서 해난 사고를 막기 위해 옛 어부들은 장산곶에 사당을 세우고 바다의 신에게 봄가을로 제사를 지냈다 한다.

장산곶과 백령도 사이에 있는 해로海路는 연안 항구로서 세곡미를 나르던 뱃길이자 중국과의 무역선이 지나던 항로로 인당수印塘水라 부른다. 〈심청전〉에서 효녀 심청이 뱃사람에게 팔려가 몸을 던지는 인당수는 물결이 세차 항로가 험하기로 이름난 곳으로 다음과 같은 이야기도 전해져 온다. 해주의 청성묘淸聖廟 앞에 있는 백세청풍비百世淸風碑를 중국에서 만들어 배에 싣고 오다가 이곳에서 심한 풍랑을 만나 항해할 수 없게 되었다. 이때 같이 타고 오던 점쟁이가, 비석의 '풍風' 자 때문에 해신의 노여움을 샀으니 '풍' 자를 깎아 바다에 던지라고 했다. 그리하여 그 깎아 낸 자를 바다에 던지니 이내 물결이 잠잠해져 이 험한 바다를 건널 수 있었다고 한다. 《택리지》에 따르면 장산곶 앞바다에서는 복어가 특히 많이 잡혔으며 중국의 것보다 맛이 좋았다고 한다.

원나라 태자의 귀양지 대청도

《택리지》는 다음으로 이어진다.

여덟 고을이 바다를 끼고 있어 백성들에게 이익이 되기는 하지만 땅이 메말라 농사가 잘되지 않는 곳이 많다. 오직 풍천과 은율은 땅이 아주 기름지다. 조산평이란 들이 있어 논에 종자 한 말을 뿌리면 때로 수백 말을 수확하며, 적다고 해도 100말 이하로는 내려가지 않는다. 밭 소출도 이와 같은데, 이것은 삼남에서도 드문 일이다.

하지만 장연 이북은 남쪽이 장산곶에 막혀 있고 오직 북쪽으로 평안도와 통할 뿐이다. 그렇기 때문에 곡식과 면화가 아주 흔하므로 농사꾼과 지체 낮은 씨족도 모두 부유함을 뽐내며 사족이라 자칭한다.

장연 남쪽 바다 한가운데 대청, 소청 두 섬이 있는데 둘레가 꽤 넓다.

옹진반도 남서쪽 약 40킬로미터 거리에 있는 대청도는 12.6제곱킬로미터 면적에 인구가 1234명(1994년 기준)이다. 《신증동국여지승람》에 따르면 고려 충숙왕 5년(1318)에 원나라의 발라태자가 이곳으로 귀양을 왔다. 당시에 그들이 거처하던 집터가 아직도 남아 있고, 소를 방목하여 키우던 목우장牧牛場도 있다. 백령도, 소청도와 함께 옹진반도를 바라보며 군사 분계선에 근접한 지역에 위치한 대청도에서는 주로 쌀과 감자가 생산된다. 부근 바다는 수산업의 중심지로 고기잡이가 주를 이루며 넓은 간석지에서는 조개와 김 양식이 활발하다.

소청도는 면적 2.92제곱킬로미터에 인구 378명(1990년 기준)이며, 해안선 길이는 14.2킬로미터다. 인천항에서 223.6킬로미터쯤 떨어져 있다. 바다 가운데 있는 이 섬에는 수산업보다 농업에 종사하는 주민이 더 많다. 부근 해역에서는 조기가 많이 잡히며 굴과 해조류 양식도 활발하다.

대청도에 관한 《택리지》의 기록을 보자.

원나라 문종이 순제를 대청도로 귀양을 보냈다. 순제는 집을 짓고 살면서 순금 불상 한 점을 봉안하고 매일 해가 뜰 때마다 고국으로 돌아가게 해 달라고 기도하였다. 마침내 얼마 후 순제는 원나라로 돌아가서 왕위에 등극하게 되었다. 그 후 공인公人 100여 명을 해주 수양산으로 보내 중관中官의 감독하에 큰 절을 짓게 했는데, 이 절이 바로 신광사神光寺(황해도 벽성군 복숭산에 있던 절)다. 굉장히 화려한 것이 우리나라에서 첫째가는 절이었다. 그 뒤 불이 나 다시 지었으나 옛날의 규모에는 전혀 미치지 못한다. 지금은 섬에 사는 사람이 없고 수목이 하늘을 가리고 있다. 순제가 심은 뽕나무와 옻나무, 쑥, 꼭두서니 따위가 덤불 속에서 멋대로 자라다가 저절로 말라비틀어졌고, 궁실의 섬돌과 주추 자리가 지금도 완연하게 남아 있다.

3

용수산 자락에 해주가 있다

관서의 큰 고을이었던 해주

농사와 고기잡이와 장사를 업으로 삼는다. 굳세게 버티어 굽히지 않고, 의롭지 못한 일에 대하여 의분을 느끼고 탄식하는 풍습이 있다. 사람들의 마음은 비꼬이고, 영리하며, 무덤을 쓰고 제사를 지내는 데 정성을 다한다. 문헌공 최충이 구재九齋(9개 학당)를 설립하여 제자들을 가르친 뒤에 글을 숭상하는 풍습이 크게 떨쳤다.

문성공 이이가 석담에 정사精舍를 짓고서 학생들을 가르쳐 학교를 다시 진흥하고 향약을 마련하여 실시하였다. 그러자 풍속이 점차 도타워져 학업을 서로 숭상하고, 관혼상제를 행할 때 반드시 예에 따라 하여 풍속을 바로잡았다. 세상 사람들이 해주에는 세 가지가 많다고 하는데, 그것은 사람과 대화와 돌이 많다는 뜻이다.

《여지도서》에 실린 해주海州의 풍습이다. 《택리지》에서 "감사(해주 감영)가 있는 곳으로 수양산 남쪽에 있다" 한 해주의 고구려 때 이름은 내미홀군內未忽郡이며, 지성池城 또는 장지長池라고도 불렸다. 통일신라 때 폭지瀑池라 고쳐 불렀으며, 고려 태조가 고을이 남쪽으로 큰 바다에 임했다 하여 지금의 이름으로 고쳤다. 하지만 해주라는 지명이 나타나기 시작한 것은 궁예가 집권했던 태봉국 때인 905년부터다. 1938년에는 해주부가 되었다가 1945년에 해주시가 되었으며, 현재 황해남도의 도청 소재지다.

서거정이 지은 동헌東軒 〈중신기重新記〉를 보자

> 해주는 관서의 큰 고을인데, 원래 고구려의 내미홀이었다. (…) 그 백성이 많고, 전지의 비옥함과 물산의 풍부함이 여러 주 중에서 제일이다. 여기에 관원으로 온 자가 사무는 번거롭고 처리하기가 고되어 어려운 일을 처리하는 재주가 없으면 다스리기는 어려우니, 조정에서 관원을 보낼 때마다 그 인재 구하기를 어렵게 여겼다.

해주시에는 수양산, 설류봉, 장대산, 남산, 선녀봉 등의 낮은 산이 솟아 있으며, 동서쪽에는 장방평야와 신광평야가 펼쳐진다. 해주시의 진산은 용수산이다. 해주의 명산으로 널리 알려진 수양산의 최고봉이 설류봉이다. 옛날 중국의 백이伯夷와 숙제叔齊가 건너와 이 산에 숨어 산채와 고사리만 먹고 살다가 죽었다고 하여 청성묘를 세워 이들의 제사를 지내고, 그 충성심과 절개를 기리기 위해 백세청풍비를 세웠다고 한다.

서거정이 〈중신기〉에서 묘사한 수양산과 그 아래를 흐르는 광석천을 보자.

> 동헌 동쪽 3리쯤에 수양산이 있는데, 산 위에 이제대夷齊臺가 있고, 하늘을 찌르는 소나무와 노송나무가 옥으로 만든 창을 세워놓은 것처럼 빼곡하게 늘어서 있다. 또 고사리가 나는데 통통하고 연한 것이 보통의 것과 다르다. 2리쯤에는 광석천이 있는데, 너비가 백 보쯤 되고 밑에 하얀 돌이 삿자리처럼 깔려 있으며, 물이 푸르고 맑아 손으로 움켜 마실 만하다. 농어니 붕어니 하는 아름다운 물고기들이 수백 수천 마리 떼를 지어 한가롭게 노니는데, 물가에 서서 내려다보며 손가락을 꼽아 그 수를 헤아릴 수 있으며, 낚시질을 할 수도 있고 작살을 던져 잡을 수도 있으며, 그물을 던져 잡을 수도 있다.

이곳 수양산에는 고구려 때의 산성인 수양산성이 있다. 조선 전기 문신 성임成任은 시에서 수양산을 다음과 같이 노래했다.

> 청산은 청해변에 첩첩하고
> 창해는 청산 앞에 아득하네
> 산 이름 수양이 기절奇絶도 한데
> 지도에는 주나라 땅에 들지 않았네
> 옛 대臺가 완연하여 아직도 변함없는데
> 고을 사람들 역력하게 서로 전하네
> 중을 찾아서 야사野寺에 갈 것도 없고

신선을 찾아 바다에 배를 띄울 것도 없네
고사리 캐던 옛 자취 그 아니 우러러볼 것인가
높이 백세천세에 뛰어났네
주려도 주나라 곡식 먹지 않고
가서 숨는데 형과 아우 같이하였네
이것을 달게 여기고 다시 세상에 나가지 않고
그 자취를 산중에 의탁했네
산이 있으니 이 내 뼈는 묻을 수 있는 것
주나라의 곡식이 있은들 내 어찌 목구멍에 넣을 수 있을 것인가
기어이 한 번 죽음으로 후세 사람들을 깨우치니
높은 바람 천년 후에도 늠연凜然하게 분다네
아, 외나무로 큰 집을 버티어서
길이 은나라를 오래가게 하지 못한 것이 한이로세

해주 객사 동쪽에 봉지루鳳池樓라는 누각이 있었고, 이 누각을 두고 조선 전기 문신 이승소李承召는 다음과 같은 시를 남겼다.

한 지역 외로운 성이 바닷가에 가까운데
봄바람의 먼 나그네 혼자서 누에 올랐네
산은 서북쪽으로 잇달아 천 겹으로 푸르고
땅은 동남쪽으로 터져서 만고에 흐르네
널리 포용하니 하늘이 큰 것을 알겠고

바다가 아득하니 세상이 떠 있는 줄 깨닫겠네
백 년 동안 분주하여 무슨 일을 이루겠나
연파에 낚싯배나 띄워 볼까나

한편 《신증동국여지승람》에는 해주에 있는 형제도와 우다굴에 얽힌 이야기가 나오는데 다음과 같다.

해주의 남쪽 바다 30리쯤에 형제도라는 섬이 있다. 두 작은 섬이 있으므로 민가에서 형제도라 한다. 그중 하나는 높이가 12보步이고 하나는 높이 8보인데, 둘레는 모두 120보이고 서로의 거리는 270보이다. 전해 오는 말에 따르면 이 섬에서 백이와 숙제가 죽었다 한다. 해주 동쪽 30리쯤에는 우다굴于多窟이 있는데, 굴의 높이가 두 길이 넘어 굴 안이 어두워서 불을 가져가야 들어갈 수 있다. 5리쯤 가면 굴이 굽어지며 깊어지고, 물이 나오는데 그 근원을 모른다. 전해 오는 말에 따르면 "우다 장군이 이 굴속으로 들어가서 구월산 꼭대기의 구멍에 도달하였다고 하는데 이곳에서 그곳까지는 100여 리나 된다. 굴 안에서 불을 피우면 10여 일 만에 구월산 구멍으로 나간다"고 한다.

해주를 두고 "섬들은 많이도 봉화에 비치고, 밭두둑은 태반이 다북쑥에 묻혔네"라고 한 이색과 "높은 산은 층층한 구름 가에 은은한데, 넓은 바다는 출렁거려 앞을 둘렀네"라고 한 윤자운의 시는 여전히 그 아름다움을 전하고 있다. 그 외에도 조선 전기 문신 김자지金自知의 "고을은 수풀 언덕을 의지하여 궁벽하고, 땅은 바다 어귀에 곁하여 깊었네"와 역시

ⓒ유철상

강화도 통일전망대에서 바라본 해주 연백평야

재령평야와 함께 황해남도에서 가장 넓은 평야가 연백평야다.
이 평야의 남쪽 해안 지대에는 간석지가 형성되어 있다.

같은 시기 문신이었던 고득종高得宗의 "만고에 백이숙제 살던 곳인데, 그 유풍에 감회도 깊구나" 같은 시도 해주를 노래했다.

이곳의 물산은 실미역이라 부르는 사곽, 해조류인 황각, 쌀새우라고 부르는 백하, 참서대라고 부르는 설어, 장두어(짱뚱어), 즉어(붕어) 그리고 곤쟁이라고 부르는 자하였다. 곤쟁이젓은 줄(볏과의 여러해살이풀)과 함께 소금에 절여서 만들었다. 이 지역의 민간에서는 이 젓갈을 '감동感動'이라고 부르는데 그 연유가 재미있다.

옛날에 중국의 사신이 해주를 지나가던 중에 이 젓갈을 먹다 눈물을 흘리며 차마 먹지를 못했다. 사신 접대를 담당하는 원접사가 이상히 여겨서 물어보자 사신은 다음과 같이 답했다. "노모가 집에 계시는데, 이 젓갈이 너무나 맛있어서 차마 목으로 넘기지 못하겠습니다." 이 말을 들은 원접사가 해주의 관리에게 주문하여 그 젓갈을 한 항아리 선물하자 사신이 말하기를 "감동을 이기지 못하겠습니다" 했다. 그 뒤 사람들이 이 이야기를 하면서 그 젓갈을 '감동'이라고 부르게 되었다.

해주 동쪽에 자리한 신원군新院郡은 행정 구역상 황해남도의 동부에 있는 군으로, 1952년 재령군과 벽성군의 일부를 분리해서 신설했다. 산지가 많은 신원군에는 철봉산, 평풍산, 수양산, 장수산 등이 솟아 있고, 재령강이 이 군에서 시작된다. 강의 길이에 비해 유역 면적이 넓은 재령강은 신원군의 서부와 신천군의 경계에 있는 평풍산에서 시작하여 온천군과 황해북도 황주군 사이에서 대동강으로 흘러든다. 재령강의 주요 지천은 서흥강, 은파천, 직천, 서강, 척서천 등이다. 장수산 남쪽에는 청단군靑丹郡이 있다. 청단군은 1952년 벽성군의 일부를 떼어서 만든 군으로, 낮은 산과 언덕 그리고 평지로 되어 있다.

벽성군에 석담구곡이 있다

강령군의 북쪽에 자리한 벽성군碧城郡은 해주시 외곽에 있는 군으로, 벽성이라고 부르게 된 것은 광해군 8년(1616)부터다. 북쪽의 산들이 마치 푸른 숲이 성벽을 두른 듯 울창하다 하여 벽성이라는 이름이 붙었는데, 광복 이후 남한 땅에 속했다가 한국전쟁으로 휴전선이 생기면서 북한에 속하게 되었다. 지남산, 까치봉, 국사봉 등의 산이 솟아 있는 이곳에 석담구곡石潭九曲이 있다. 석담구곡은 선적봉과 지남산에서 발원한 석담천이 남서쪽으로 약 8킬로미터를 아홉 굽이로 돌아서 흘러내리는 명승지다. 사계절의 풍광이 뛰어나 선조 8년(1575)에 이이가 구곡이라 이름 붙이고 〈고산구곡가高山九曲歌〉를 지었다고 한다. 《택리지》의 기록은 다음과 같다.

옛날에 율곡 이이가 이곳에 감사로 왔다가 수양산에서 석담石潭을 발견하였다. 율곡은 벼슬에서 물러난 후 여기에 집을 짓고 학문을 강론하였다. 그리하여 서울과 지방에서 선비가 많이 따랐다. 율곡이 죽자 그곳에 사당을 지어 제사를 받들었다. 그를 따르던 문인과 자손들은 대를 이어 이곳에 살면서 그의 교화를 숭봉崇奉하였는데, 문장의 예의와 과거 급제가가 온 도道에서 이 고을이 으뜸이었다. 그 후 학풍이 점점 쇠하자 고을 사람들이 학궁學宮(향교를 일컬음)을 빌리고 패를 갈라 서로 공격하기를 원수같이 하니 세상에서 이곳을 고약한 고을이라 지목하였다.

이제 이이의 〈고산구곡가〉와 더불어 구곡의 몇몇 경치를 감상해 보자.

고산의 아홉 굽이 계곡
세상 사람들이 모르더니
내가 와 터를 닦고 집을 짓고 사니
벗들이 모두 모여드네
무이산을 여기서 상상하고
소원은 주자를 배우는 것일세

이이가 이름 붙인 고산구곡의 제1곡은 해주성 서쪽 18킬로미터쯤에 있는 관암이다. 산 위에 우뚝 선 바위가 마치 관冠을 쓴 것 같은 형상이라고 하여 '관암冠巖'이라 했다.

일곡은 어디인가
관암에 해가 비쳤도다
펀펀한 들판에 안개 걷힌 뒤에
먼 산이 참으로 그림 같구나
소나무 사이에 술 항아리 놓고
벗 오기를 우두커니 기다리네

제2곡은 바위와 돌틈에 핀 꽃들이 아름다워 '화암花巖'이라 불렀다.

이곡은 어디인가
화암에 봄 경치 늦었구나
푸른 물결에 산꽃을 띄워
들판 밖으로 흘려보내노라
이 경치 좋은 곳을 사람들이 모르니
알게 하여 찾아오게 한들 어떠리

제3곡은 화암에서 북쪽으로 1.5킬로미터쯤 떨어져 있으며, 기이한 바위가 많고 무성한 푸른 송백이 병풍같이 둘러 있어서 '취병翠屛'이라 했다. 제4곡은 취병에서 1.4킬로미터쯤 떨어진 곳에 있는 '송애松崖'다. 석벽의 높이가 300미터는 되는데 이것이 송림에 가려 있고 못 가운데에는 배 모양의 선암船巖이 있다. 제5곡은 송애 북쪽에 있는데 석봉이 높고 계곡물이 깨끗하며 주변 경관이 수려하다. 계곡 아래 연못 주위와 바닥이 모두 반석이라 마치 계석階石을 쌓고 물을 저장한 듯했다. 주변에 능허대凌虛臺와 철적대鐵笛臺라는 층암절벽이 있고 냇가에는 요금정이 있다. 이이는 석벽이 병풍처럼 둘러선 이곳에 은거할 것을 결심하고 '은병隱屛'이라 했다.

오곡은 어디인가
은병이 가장 보기 좋구나

물가에는 정사가 있어
맑고 깨끗하기가 한량없네
그 가운데서 항상 학문을 강론하며
달도 읊어 보고 또 바람도 읊조리네

훗날 이곳을 찾았던 조선 후기 성리학자 김수증金壽增도 시를 지어 노래했다.

다섯째 굽이라 구름과 안개가 깊고도 깊으니
무이정사가 이 숲속에 있구나
한가롭게 지팡이 짚고 맑은 냇가에 서서
자연을 노래하는 이 마음 누가 알리

제6곡은 은병 북쪽에 있는데, 시냇가에 걸친 바위가 자연 그대로 고기 낚는 터가 되어 '조협釣峽'이라 이름 지었고, 제7곡은 조협의 서쪽에 있는데 서리가 온 뒤에는 산중턱까지 붉은빛이 화려하게 펼쳐지므로 '풍암楓巖'이라 했다. 제8곡은 풍암에서 2.5킬로미터 떨어진 곳에 있는데, 옥류천 물소리가 냉연하여 거문고 소리를 내는 듯하여 '금탄琴灘'이라고 했다. 제9곡은 '문산文山'이다. 장대산 중턱에 있는 문산은 수십 명이 앉아서 연회를 할 수 있는 천연의 반석이다. 대 아래로는 맑은 물이 흐르고 물고기들이 무리 지어 노닐어 예로부터 문인들의 독서 수련장으로 사랑받았던 곳이다.

이이가 석담으로 내려가 제자들을 가르치던 시절에는 친척들이 모두 한집에 모여 살아 어느 때에는 식구가 100여 명을 넘어 그 자신마저 죽으로도 끼니를 이을 수 없는 경우가 허다했다. 이이는 벼슬을 하지 않고 해주에서 오로지 후진을 위해 강학에만 전념하려 했으나 선조 4년(1571) 6월에 또 청주 목사에 제수되었다. 그는 임지에서 오로지 백성을 교화하기 위해 힘을 쏟았고 직접 향약을 만들어 주민들을 통솔하는 기본으로 삼았다. 관직에서 물러난 이이가 해주 석담에서 제자들과 문답한 내용을 수록한 책이 《석담어록石潭語錄》이다.

한편 벽동군 가좌면 취야리에는 이이의 장인인 노경린盧慶麟이 지은 취야정翠野亭이 있는데, 이이가 머물면서 독서를 했던 정지淨地다. 넓게 펼쳐진 이 지역의 평야를 두고 취야평야라고 하는데, 영조 초기에 황해도 관찰사를 역임했던 김유金楺가 지은 〈취야정기翠野亭記〉에 이 지역의 이야기가 남아 있다.

> 사방을 바라보니 끝없이 넓기만 한 평야인데, 촌가의 아지랑이는 신기하기만 하다. 저 멀리 보이는 푸른 파도는 천 리인 양 아득하고 아름답기만 하구나.

해서 지방 제일의 고을 연안군

"남쪽으로는 와룡지臥龍池에 도달하고, 북쪽으로는 비봉산飛鳳山에 기대고 있으며, 동남쪽으로는 끝없이 큰 바다가 하늘에 닿아 있다. 해서 지방 제일의 고을로서 이영간李靈幹이 말하기를 '나라에 복과 이익이 되는 땅이다' 했다"고 권근의 〈향교기鄕校記〉에 실려 있는 연안군延安郡은 황해남도 남동부에 있는 군으로, 고구려 때 이름은 동음홀冬音忽 또는 시염성豉鹽城이다. 궁예가 집권했던 태봉국 시대에는 염주鹽州라 했으며, 충선왕 2년(1310)에 연안도호부가 설치되었다.

황해도는 도 전부가 서울에서 의주까지 가는 서로西路 중간에 있다. 이 때문에 황해도의 먼 지역도 변방의 고달픔을 겪지 않고, 가까운 곳은 도성과 가까운 경기 지역의 혜택을 적지 않게 누린다.

연안 고을은 더욱이 벽란도 첫머리에 있어 강 사이의 기운을 온전히 받아 자연히 마땅함을 갖추고 있다. 사람들은 부모에 대한 효도와 형제간의 우애에 힘쓰고, 집에서는 예로써 사양하는 마음을 길러 준다. 농사와 누에치기를 본업으로 삼고 장사는 천박한 일로 여기므로 사람들 가운데 물건을 사고파는 집이 없다. 오로지 관가의 창고만을 의지하고, 이익에 전념하는 일이 없다. 그러나 사치하고 화려하게 꾸미는 것에 마음을 쓰지 않아 재산이 풍족한 자들이 있다. (…)

다만 바다에 잇닿은 지역의 사람들은 고기를 잡고 소금을 굽는 일을 제멋대로 하고, 밭에서 농사를 짓는 백성들은 사소한 일로도 다투어 소장訴狀이 얽혀서 어지럽고, 법정 다툼은 분별하기가 어렵다. 심한 경우에는 나이 많은 가족을 해치는 지경에까지 이르렀다. 그 잘못됨을 알지 못하고 고집을 피워 그것을 득이 되는 좋은 계책으로 삼으니, 어찌 매우 슬프지 않겠는가. 아, 날마다 백성들이 관을 속이는 일이 늘어나고, 날마다 백성을 벌하는 법이 엄해지는데,

연백평야

이 평야의 중심 도시인 연안은 농산물의 집산지이며,
배천온천은 일찍이 세종대왕이 요양했던 곳으로 알려져 있다.

백성이 속이면 일에 신뢰가 없고, 법이 엄하면 인정이 통하지 않는다. 그리고 신뢰가 없으면 간사함이 자라고, 인정이 통하지 않으면 비방이 늘어난다.

《여지도서》에 실린 연안 고을의 풍속이다. 당시 연안이 이러했다면 다른 지역도 별반 다르지 않았을 것이다. 1895년에 연안군과 배천군으로 개편되었다가 1914년에 두 군을 합쳐 연백군이라 했고, 1952년에 다시 연안군으로 개편되었다. 연안군에 대한《택리지》의 기록은 다음과 같다.

면악산 한 가닥이 동쪽으로 거슬러 올라가면서 연안과 백천(배천)을 만들었는데, 해주의 동쪽이며 후서강의 서쪽이고 또 보련강 하류의 북쪽이다. 큰 산과 넓은 물, 너른 들과 긴 냇물이 다 여기에 모여들고, 또 조수가 통해 시야가 확 트인 것이 중국 강회江淮(양자강과 회수 지역)의 풍경과 같다. 가장 살 만한 곳이며, 또한 한양에서 내려와 살고 있는 사족들이 많다. 다만 땅이 메마르고 가물기 쉬워서 면화 가꾸기에는 적당하지 못하다.

주민들은 배를 타고 강이나 바다에 나가 교역하기를 좋아한다. 동쪽으로 두 도(개경과 한성)와 통하고 남쪽으로 호서와 호남에 통하므로 각종 산물을 교환해 항상 많은 이익을 얻는다.

봉세산이라고도 부르는 비봉산이 연안군의 진산인데, 산에 오르면 전망과 경치가 뛰어나 연안팔경의 한 곳으로 손꼽힌다. 봉세산에서 뻗어 나온 줄기를 따라가다 보면 만나는 산이 도정산이다. 이 고을의 남산이라고도 부르는 이 산을 두고 중국의 설이공이 말하기를 "이곳은 장군이 마주 앉아 깃발을 나부끼는 형세다. 생각건대 반드시 이름난 장수가 나와 천하를 횡행할 것이니, 황금을 묻어 그 지기를 눌러야 한다"라고 했다. 몇 개의 산들이 솟아 있을 뿐 대부분 평야라 곡창 지대를 이룬다.

연안에는 조선시대 저수지로 사용된 와룡지가 있는데《신증동국여지승람》에 다음과 같은 기록이 있다.

> 와룡지臥龍池의 속명은 남대지南大池이며 부의 남쪽 3리에 있는데, 둘레가 약 20리 102보이다. 겨울철마다, 못의 얼음이 세로 혹은 가로로 갈라지는데 읍 사람들이 용이 갈이하는〔龍耕〕 것이라 한다. 그것을 보아서 이듬해의 풍년 흉년을 미리 점친다. 가로로 갈라지면 풍년이 되고, 세로로 갈라지면 물이 넘치고, 전혀 갈라지지 않으면 흉년이 든다고 한다. 태종 때 안노생 이 사실을 알리니 왕이 해당 관리에게 명하여 매년 봄가을에 제사를 지내게 했다.

예성강에 인접한 배천

배천군白川郡은 황해남도 남동부에 있는 군으로 서쪽은 연안군, 북쪽은 평천군, 동쪽은 예성강을 경계로 황해북도 금천군, 개성시 개풍군과 접한다. 도랍현刀臘縣 또는 치악성雉嶽城이라고 부르다가 궁예의 태봉국 때 백주白州라 했고, 조선 태종 때 백천白川으로 고쳤다. 그 뒤 여러 변천 과정을 거쳐 배천군이라 한 것은 1952년이다.

군 면적의 90퍼센트 이상이 연백평야와 구릉으로 되어 있어 북한 지역의 중요한 쌀 생산지 가운데 하나이며, 《지지地志》에는 "풍속이 배를 저어 다니며 장사하기를 좋아한다"라고 기록되어 있다. 이 군의 진산은 치악산이다. 조선 전기 문신 권맹손權孟孫은 배천을 두고 "치악산에 구름 아직 있고, 은천에 조수 들어오려 하네"라고 읊었고, 유계문은 "치악과 토산은 상하를 다투고, 온천과 금곡은 가운데와 가로 나뉘었네" 했다.

배천군의 백마산(견불산) 기슭에 강서사江西寺가 있다. 도선국사가 창건했다고 알려진 이 절은 임진왜란 때 불타 버리고, 지금의 건물은 1665년에 다시 지은 것이다. 배천군의 북쪽에는 봉천군鳳川郡이 있는데, 봉천군은 1952년 연백군과 평산군의 일부를 분리해서 신설한 군으로, 주지봉, 생녀봉, 목단산, 천지산 등이 솟아 있으며 예성강과 그 지류들이 흐른다.

황해남도 남부에 있는 강령군康翎郡은 고구려 때 이름이 부진이付珍伊였는데, 고려 초기에 영강永康으로 고쳤다. 현종 9년(1018) 옹진현에 속했으며, 지금의 이름을 얻게 된 것은 세종 10년(1428)에 강령현이 되면서다. 1952년 옹진군에서 떼어 내 강령군이 되었으며, 한국전쟁 이후 북한에 편입되었다.

4

500년 왕업의 터는 만월대로만 남아

옛 시절 장단도호부

임진나루를 건너면 옛 시절 장단도호부였던 장단에 이른다. 임진강의 북쪽 백학산 밑에 있는 장단은 본래 고구려의 장천성현長淺城縣으로, 야야耶耶 또는 야아夜牙라고 했다가 신라 경덕왕 때 지금의 이름으로 바뀌었다. 장단군長湍郡 백학면에 위치한 망해산이 장단의 진산이다. 개성 가는 길에 있는 오관산五冠山은 산꼭대기의 작은 다섯 봉우리가 동그란 관처럼 생겼다고 해서 붙여진 이름이다. 조선 전기 문신이자 문인이었던 최숙정崔淑精은 이 산을 "높고 높은 오관산의 신령스러운 봉우리 푸른 공중에 솟았네. 높은 지세는 일관에 짝하여 (…) 절벽이 높으니 나는 학의 둥우리에 깃드네. 다섯 봉우리 차례대로 높고 낮으니 관 쓴 형제 늘어선 듯하네"라고 노래했다. 《신증동국여지승람》에는 오관산 자락에 면유동綿油洞이 있었다며, "골 안은 넓고 깊숙한데 절은 하나도 없다. 전하는 말에 만약 여기에 절을 지으면 나라 운수가 길지 못하다"라고 기록되어 있다. 면유동에 절을 지었던 걸까? 고려는 500년을 넘기지 못하고 조선으로 넘어가고 말았다.

장단읍 북쪽에는 화장사가 있다. 이 절에는 서역에서 온 승려 지공이 남긴 패엽경貝葉經(인도에서 자라는 다라수잎인 패다라엽에 적어 놓은 경문)과 전단향栴檀香(향의 일종)이 있다. 화장산 남쪽엔 고운 산기슭이 이어지고 평평한 냇물이 흐르는데, 이곳에 고려에서 조선까지 공경公卿의 분묘墳墓가 많으므로 사람들이 중국 낙양洛陽의 북망산에 비유하기도 했다.

장단의 산천을 두고 많은 이들이 시재를 뽐냈는데, 《삼국사기》를 지은 김부식은 "가을바람은 산들산들하고 물은 출렁이는데, 머리 돌려 먼 하늘 바라보니 생각이 아득하구나. 아! 님은 천 리에 떨어졌는데, 강가의 난지蘭芷는 뉘를 위해 향기로운고" 했고, 고려의 문신이었던 강호문康好文는 "일 년에 세 번이나 임진을 건너니, 물새도 서로 친해서 사람을 피하지 않네. 나루지기야 어찌 군사의 급함을 알쏘냐, 응당 내가 자주 왕래하는 걸 비웃을 테지" 했다.

이중환은《택리지》에서 경기도를 다음과 같은 글로 마무리한다.

> 임진강 동쪽에는 연천과 마전이 있고, 북쪽에는 삭녕이 있다. 한양에서 곧장 100여 리 떨어져 있고, 물길로 두 개의 서울(고려 때 개경과 조선 한양)과 통한다. 그러나 이 세 고을은 모두 땅이 메마르고 백성이 가난하여 살 만한 곳이 적다. 그중에서 삭녕은 땅이 제법 좋고 강을 임하여 훌륭한 경치가 많다. 연천에는 미수 허목이 살던 고택이 있다.

개성의 어제와 오늘

장단을 지나 동쪽으로 약 16킬로미터쯤 가면 개성開城이다. 1955년에는 개성시와 개풍군, 판문군을 한데 묶어 광역 행정 구역인 개성직할시를 만들었고, 2003년에는 황해북도로 편입되어 개성특급시가 되었다. 이곳에는 천마산, 수용산, 대둔산, 화장산 등이 솟아 있고, 풍덕평야, 삼성평야, 신광평야 등이 펼쳐져 있다. 《연려실기술》에는 "진봉산에는 철쭉꽃이 많이 피기 때문에 세상에서는 진봉산철쭉이라고 한다. 천마산(송악의 북쪽에 있다)은 모든 봉우리가 높고 험하여 하늘을 찌르는 듯한데 바라보면 푸른 기운이 서린다"라고 기록되어 있다. 개성은 고려 500년 사직의 도읍지로서 송악산이 진산이고 그 아래가 궁궐이 있던 만월대다. 《송사宋史》에 "큰 산에 의지하여 궁전을 지었다"는 곳이 송악산 만월대다. 김관의金寬毅는 《편년통록編年通錄》에서 이곳을 '금 돼지가 누워 있는 곳'이라 했고, 도선은 이곳을 '메기장을 심을 밭(왕이 나올 장소)'이라고 했다.

조선 중기 유학자 이수광李睟光은 《지봉유설芝峰類說》에서 그 당시 개성의 주민이 13만 호라 했고, 조선 후기 실학자 김육金堉은 《송경지松京誌》에서 10만 호라고 했던 것으로 보아 개성엔 약 70만 명이 살았던 것으로 보인다. 당시 개성시내의 길옆에 늘어선 집들은 추녀를 6자씩 일정하게 내어 지어 개성에서 예성강 하구인 벽란도까지 40리 길을 비를 맞지 않고 다닐 수 있었다고 한다. 《신증동국여지승람》은 개성의 풍속을 "《송사》에 의하면 고려는 기자의 유풍遺風을 익혀서 주몽의 옛 풍속을 어루만진다. (…) 천성이 인仁하고 유해 죽이는 것을 싫어하여 짐승을 도

살하지 않는다"고 적고 있다.

물산이 풍부하고 산천이 아름다워서 그런지 개성에는 미인이 많았다. 조선 영조 때의 문신인 최성대崔成大의 시 〈개성 여인松京詞〉을 읽어 보자.

개성에 꽃같이 아리따운 젊은 여인
높게 쪽 찐 머리 붉은 화장에 얼굴 살며시 가리네
석양 아래 투초하며 텅 빈 궁궐 지나갈 제
풀잎에 있던 나비 은비녀에 올라앉네
고려 임금 옛 자취는 황량한 궁궐뿐인데
우거진 가시덤불 속에 들꽃이 피었구나
어느 곳이 원비가 단장하던 집인고
마치 춘경 같은 달이 동쪽에서 떠오르네

'개성 사람은 오줌도 맛보고 산다'는 말은 개성 사람들이 그만큼 이재에 밝았기 때문에 생긴 말이다. 이익은 《성호사설》에서 개성에 대해 다음과 같은 글을 남겼다.

개성은 고려의 옛 도읍지로 한양과 가깝고, 서쪽으로 중국의 물화를 무역하여 화려한 것을 숭상하는 풍속이 있으니 아직도 고려의 유풍이 남아 있다 하겠다. 성조聖朝가 건국한 뒤 고려의 유민들이 복종하지 않자, 나라에서도 그들을 버려 금고禁錮하였으므로 사대부의 후예들이 문학을 버리고 상업에 종사하여 몸을 숨겼다. 그러므로 손재주 좋은 백성들이 많아 그곳 물건의 편리함이 나라 안에서 으뜸이다.

개성이 고려의 도읍지로 새롭게 태어난 것은 고려 태조 원년(918) 6월이었다. 《고려사》 제1권에는 왕건이 개성에 도읍을 정하게 된 연유가 다음과 같이 실려 있다.

당나라 선종이 13세 되던 해에 신변에 위협을 느껴 십육원十六院을 떠나 오랫동안 외지를 유랑하다가 상선을 따라 바다를 건너왔다. 선종은 드디어 송악군으로 와서 곡령재에 올라 남쪽을 바라보며 이 땅은 도읍을 이룰 만한 곳이라고 하였다. 그러자 시종하는 사람이 여기는 곧 팔진선八眞仙이 사는 곳이라고 하였다. 이들은 마가갑摩訶岬 양자동養子洞 밑으로 와서 보육의 집에 머물게 되었는데, 두 딸을 보고 기뻐하며 자신의 타진 옷을 꿰매 달라고 하였다. 보육은 그가 중국의 귀인임을 알고 과연 술사의 말이 맞는다고 생각하였다. 곧 맏딸을 들여보냈더니 겨우 문지방을 넘다 코피가 터져서 되돌아 나오기에, 이번엔 대신 진의를 들여 모시게 하였다. 선종은 머무른 지 한 달 만에(민지의 《편년강목編年綱目》에는 "혹 1년 동안이라 한다"라고 기록되어 있다) 진의에게 태기가 있는 것을 알게 되었다. 선종은 진의와 이별할 때가 되자 자신이 당나라의 귀족임을 밝히고 활과 화살을 주면서 만일 아들을 낳거든 이것을 주라고 하였다. 그 후 진의는 과연 아들을 낳았는데 그 이름을 작제건이라고 하였다.

작제건은 어려서부터 총명하고 용맹함이 남달랐다. 5~6세쯤 되어 어머니에게 아버지가 누구인지 묻자, 진의는 아들의 아버지가 당나라 사람이라는 것만 알려주었다. 아버지가 남겨 둔 붉은활을 가지고 활쏘기를 익혀 솜씨가 아주 훌륭해진 그는 바다를 건너 당나라에 들어가는데, 바다 복판에 이르자 안개가 자욱하여 갈 수가 없었다. 사흘 동안 배 안의 사람들이 크게 두려워하자, 각자 갓〔笠〕을 던져서 누가 길하고 흉한가를 알아보기로 하였다. 그런데 고려 사람인 작제건의 갓만이 물에 잠겼다. 결국 배 안의 사람들은 양식을 준비하여 작은 섬에다 작제건을 내려놓고 배가 돌아올 때까지 기다리라고 하였다.

작제건이 섬에 홀로 있는데 한 늙은이가 나타나 "나는 서해의 용왕입니다. 그런데 요사이 매일 저녁나절만 되면 늙은 여우 한 마리가 치성광여래熾盛光如來의 형상을 하고 공중에서 내려와 일월성진을 운무雲霧 중에 늘어놓고 소라 나팔을 불고 북을 쳐 음악을 하면서 이 바위 위에 앉아 옹종경擁腫經(병을 부르는 독경)을 읽습니다. 그러면 내 두통이 심해집니다. 낭군이 활을 잘 쏜다고 하니 원컨대 그 궁술로 나의 곤란을 덜어 주십시오"라고 하였다. 작제건은 용왕의 요청에 따라 관음보살로 변장한 늙은 여우를 죽였고, 용왕은 작제건에게 소원이 무엇인지 물었다. 작제건이 동방의 왕이 되고 싶다고 하자, 용왕은 동방의 왕이 되려면 건 자가 붙은 이름으로 3대를 가야 한다고 하였다. 작제건은 스스로 왕이 될 때가 이르지 않았음을 깨닫고 용왕의 사위가 되기를 청하였다. 용왕은 자신의 큰딸 저민의를 작제건에게 주었다.

용왕에게서 버드나무 지팡이와 돼지를 얻어 용녀龍女 저민의와 함께 개성으로 돌아온 그는 송악 남쪽 기슭에 터를 잡고 산기슭에 가서 땅을 판 뒤 은그릇으로 물을 떠서 썼는데, 그곳이 지금 개성에 있는 큰 우물이다. 그 뒤 그들은 돼지가 가다가 누운 곳에 새집을 짓고 살았는데, 그곳이 옛날에 강충이 살던 곳이다.

용녀는 새집의 창밖에 우물을 파고서 친정인 서해 용궁을 왕래하였다. 그 물이 광명사 북쪽에 있는 우물이다. 작제건이 "내가 용궁으로 돌아갈 때에는 절대로 보지 마세요. 만일 그 약속을 지키지 않는다면 다시는 돌아오지 않을 것입니다"라고 한 용녀와의 약속을 어기고 용녀가 용궁으로 돌아가는 것을 바라보자, 용녀는 어린 딸을 데리고 용궁으로 간 뒤 다시는 돌아오지 않았다. 작제건은 그 뒤 속리산 장갑사에 들어가 살면서 항상 불경을 읽다가 세상을 하직하였다.

고려 태조가 즉위한 뒤 작제건을 의조경강대왕이라 칭하고 용왕의 딸을 원창왕후라고 했다. 원창왕후는 네 아들을 낳았는데 큰아들의 이름을 용건龍建이라 했다. 용건은 후에 이름을 융隆으로 고치고 자는 문명文明이라 했으니 그가 곧 세조다.

왕건이 고려를 창건한 때는 53년에 걸쳐 중국의 5대, 즉 후량, 후당, 후진, 후한, 후주가 줄지어 일어났다가 사라지던 시대의 초기였다. 《고려사》의 기록에 따르면 태조 왕건이 피를 이어받은 당나라는 마지막 왕 소선제를 끝으로 중국에서 사라졌다. 그러나 당나라에서 온 선종의 후손인 태조 왕건이 삼한을 통합했고 그 자손이 국운을 계승하여 500년을 내려왔으니, 이것은 마치 진陳나라가 망하자 전씨田氏의 제齊나라가 커진 것과 같다. 이것으로 본다면 하늘이 착한 사람에게 보시한 것이 박하다 할 수 없다고 말하는데, 그때나 지금이나 사대주의인 줄 모르고 사대주의를 펴는 지식인들의 혈맥 또한 계속 이어지고 있을지도 모른다. 물론 한 나라가 창건될 때 어느 나라인들 그럴듯한 설화 하나 없겠는가.

이중환의 《택리지》는 다시 이어진다.

개성 남대문

개성 남대문은 조선 개국 초에 세워졌다.
현재의 건물은 한국전쟁 중 폭격으로 소실되어 복원한 것이다.

개성 남대문 연복사종

고려 충목왕대에 원나라 장인들이 만든 연복사종을 명종 18년(1563)에
연복사가 소실되자 이곳에 옮겨 달았다고 한다.
조선시대에는 새벽 4시와 밤 10시 성문을 열고 닫을 때 종을 쳐서 알렸다고 하는데
그 소리가 매우 맑아 100여 리까지 퍼졌다고 전한다.

용녀에 대한 일은 믿을 수 없지만, 전해 오는 말에 따르면 태조가 낳은 자녀 중에는 양쪽 겨드랑이 밑에 용 비늘이 있는 이들이 있었다 한다. 태조의 외가가 용이고, 용녀가 바다로 돌아가면서 어린 딸을 데리고 가서 다시 용이 되어 바다로 돌아갔으므로 어린 딸이 시집가서 혹 왕자를 낳을까 봐 두려워했다. 그런 연유로 여자 중에서 비늘이 없는 사람은 신하에게 시집보냈으나, 비늘이 있는 사람은 모두 대를 잇는 왕의 후궁으로 삼아 윤기倫氣를 더럽히는 부끄럼도 서슴지 않았다. 중기에 들어서는 여동생을 비로 삼는 왕까지 있었다. 《송사宋史》에도 "이러한 일은 이상하기 이를 데 없다"라고 하였으나, 그런 일은 오직 왕가에서만 그러하였고 민간의 풍속은 그렇지 아니하였음을 몰랐던 것이다.

우리 태조가 위화도에서 회군한 뒤에 왕우를 신돈의 자식이라 하여 폐위하였다. 왕요를 임금으로 세우고, 이 공양왕으로 하여금 강릉에 유배된 왕우를 베어 죽이게 시켰다. 우가 형을 당하게 되자 겨드랑이를 들어 보이면서 "나를 신씨라 하지만 왕씨는 용의 후손이므로 겨드랑이 밑에 비늘이 있는데, 너희들은 와서 보아라" 하였다. 참관하던 사람이 가까이 가서 보니 과연 그 말이 맞았는데, 이것은 참으로 이상한 일이었다.

이 또한 얼마나 신빙성이 있겠는가. 역시 고려왕조의 멸망을 애석하게 생각했던 사람들이 과장한 얘기가 남아 있는 것인지도 모른다.

왕후장상의 씨가 따로 있겠는가

개성에서 만적의 난이 일어났다. 《고려사절요》에 전하는 바에 따르면, 인간 이하의 취급을 받던 노비 만적은 당시 제일의 실권자였던 최충헌崔忠獻의 사노비였다. 그는 비록 노비였지만 무신의 난 이후로 이의민李義旼과 같은 미천한 신분의 무인이 출세하는 것을 보면서 자신도 그들처럼 언젠가는 출세할 수 있으리라고 꿈꾸고 있었다. 어느 날 만적은 동료인 미조이, 연복, 소삼, 효삼 등과 함께 개성의 북산에서 나무를 하다가 주변의 노비들을 불러 모아 다음과 같이 선동했다.

> 경인년과 계사년(정중부의 무신의 난) 이후 집권자들 중에는 천민 출신이 많다. 장상이 어찌 종자가 있으랴. 시기가 오면 누구나 다 할 수 있는 것이다. 우리 노비들은 모진 매질 밑에서 일만 하라는 법이 있는가? (…) 우리가 최충헌 등을 먼저 죽이고는, 인하여 각기 주인들을 죽이고 천인 문적을 불태워 이 땅의 천민을 없애면 우리도 왕후장상이 될 수 있다.

만적의 말을 들은 노비들은 모두 옳은 말이라고 생각했다. 만적은 그때 노란색 종이 수천 장을 오려서 정丁 자 모양으로 만들어 나누어 주었다. 그리고 이를 함께 거사하는 노비들의 표지로 삼게 하고 날짜를 정하여 흥국사 뜰에 모이기로 했다. 그러나 약속한 17일에 흥국사에 모인 종들은 수백 명에 지나지 않았다. 그리하여 거사 날짜를 21일로 연기하고 보제사에 모이기로 약속하면서 만적은 "거사가 치밀하지 못하면 성공하지 못하니 절대로 누설하지 말라" 엄하게 명령을 내렸다.

그러나 결국 이 계획은 최충헌에게 알려지고 말았고, 만적 등 관련자 100여 명은 모두 산 채로 강물에 던져졌다. 거사 계획을 누설한 사람은 율학박사 한충유韓忠愈의 사노였던 순정이었다. 순정은 밀고한 공으로 백금 80냥을 상으로 받고 노비 신분을 면하게 되었으며, 그의 상전 한충유는 승진했다. 신종 원년(1198) 5월 노비 신분에서 해방되어 정권을 탈취하고자 했던 만적의 난은 동지였던 순정의 배신으로 실패하고 말았던 것이다. 만적의 난은 실패했지만 그 의미는 깊고 크다. 만적은 우리나라 최초로 조직적인 노비 해방 운동을 펼친 선구자라 할 수 있다.

두문동 72인

조선 태조 원년(1392) 7월 태조 이성계는 공양왕에게서 왕위를 물려받고 도읍을 한양으로 옮겼다. 고려의 신하였던 권문세가들과 고려 왕족 중에서 조선 태조에게 항복하지 않은 사람들은 개성에 남아 따라가지 않았다. 새 조정인 조선에 반대하여 벼슬살이를 거부한 고려의 유신들이 은거했던 마을을 지역 사람들은 두문동杜門洞이라고 했는데, 두문동은 경기도 개풍군 광덕면 광덕산의 서쪽 골짜기에 있었다. 고려의 유신인 신규, 조의생, 임선미, 이경, 맹호성, 고천상, 서중보 등 72인은 끝까지 고려에 충성을 다하고 지조를 지키기 위해 이른바 부조현不朝峴이라는 고개에서 조복朝服을 벗어던지고 두문동에 들어와 새 왕조에 출사하지 않았다.

그러자 조선왕조는 두문동을 포위하고 이들을 불살라 죽였다고 전해진다. 또 일설에는 동두문동과 서두문동이 있어서 동두문동에는 고려의 무신 48인이 은거했는데 산을 불태워 모두 죽였고, 정조 때 그 자리에 표절사表節祠를 세워 그들의 충절을 기렸다고 한다.

두문동에 관한 기록은 조선 순조 때 당시 72인의 한 사람인 성사제成思齊의 후손이 그의 조상에 관한 일을 기록한《두문동실기杜門洞實記》가 남아서 전해지고 있다. 당시 많은 선비들이 은거함에 따라 두문동이라는 곳이 나라 안 여러 곳에 남아 있었다. 여기에서 연유해 집밖에 나가지 않는 것을 일컬어 '두문불출杜門不出'이라고 하게 되었다.

조선의 새 왕 태조는 이 72인을 미워해서 개성 선비는 100년 동안 과거를 보지 못하게 했다. 결국 살아남은 그들의 후손들은 할 수 없이 평민이 되거나 장사를 생업으로 삼아 선비의 학업은 닦지 않게 되었다. 이들이 개성상인으로 발전했다. 그 뒤 300년 동안 개성에는 사대부라는 명칭이 없었고, 경성의 사대부들도 개성에 가서 사는 사람이 없었다.《택리지》는 이렇게 이어진다.

> 더욱 괘씸한 것은 정도전이 목은 이색의 문인으로 고려 후기에 재상 반열에 있으면서 배신자나 하던 짓을 따른 일이다. 나라를 팔아서 저 자신의 사리를 채우고 스승을 해하며 벗을 죽였다. 그뿐만이 아니었다. 고려가 망하자 또 왕씨의 종친을 없애기 위한 꾀를 내었다. 즉 자연도紫燕島(영종도)에 귀양 보낸다는 말로 속인 후 큰 배에다 왕씨들을 가득 태워 바다에 띄운 다음, 비밀리에 배 밑에 구멍을 뚫어 가라앉게 한 것이다. 당시 왕씨와 친하게 지내던 스님 하

나가 언덕에서 내려다보았다. 왕씨 한 사람이 이런 시를 읊었다.

천천히 젓는 노 젓는 소리 푸른 물결 너머로 떠나니
산승이 있다 하나 그대인들 어이하리

조선을 창업하는 데는 일등 공신이었으나 '두 왕조를 섬긴 변절자', '처세에 능한 모사가', '아예 없었어야 할 사람'으로 평가된 채 역사의 물밑 속으로 잠긴 정도전을 우리는 어떻게 보아야 할까? 영광은 이씨 왕조에게, 오욕은 정도전에게 씌워야 할까?

왕씨들은 자취를 감추고

이중환이 《택리지》에 기록한 대로 정도전은 이색뿐 아니라 가까이 지냈던 정몽주와도 돌아올 수 없는 다리를 건넜다. 그리고 폐위된 공양왕은 왕비, 세자와 함께 원주로 쫓겨났으며, 간성으로 옮겨진 뒤 공양군에 봉해졌다. 그 뒤 공양왕은 태조 3년(1394) 태조가 보낸 정남진鄭南鎭 등에 의해 삼척에서 두 아들과 함께 사사되었다. 그때 공양왕의 나이 45세였는데, 태종 16년(1416)에야 공양왕으로 복위되었다. 비극은 공양왕만으로 끝나지 않았다. 이성계의 조선 건국 후 고려의 왕씨들은 수도 없이 죽어나갔다.

그 무렵 태조 이성계가 꿈을 꾸었는데 분노에 가득한 왕건이 나타나

"내가 삼한을 통합하여 백성들에게 공을 세웠거늘 네가 내 자손을 모조리 죽였으니 오래지 않아 보복이 있을 것이다. 너는 알아 두어라"라고 했다 한다. 깜짝 놀라 꿈에서 깬 태조는 왕씨의 선원보璿源譜(왕실의 족보)를 찾아 그중 한 장에 적혀 있는 왕씨들을 사면해 주었다고 한다. 그때의 일들이《태조실록》에는 이렇게 기록되어 있다.

> 윤방경尹邦慶 등이 왕씨를 강화나루에 던졌다(태조 3년 갑술 4월 15일).
>
> 손흥종孫興宗 등이 왕씨를 거제 바다에 던졌다(태조 3년 갑술 4월 20일).
>
> 고려 왕조에서 왕씨로 사성賜姓이 된 사람에게는 모두 본성을 따르게 하고, 무릇 왕씨의 성을 가진 사람은 비록 고려 왕조의 후손이 아니더라도 또한 어머니의 성을 따르게 하였다(태조 3년 갑술 4월 26일).
>
> 왕이 왕씨의 복을 빌기 위하여 (…) 금金으로《법화경》네 부를 써서 각 절에 나누어 두고 때때로 읽도록 하였다(태조 3년 갑술 7월 17일).

결국 당시 왕씨 성으로 벼슬했던 이들은 모두 도망쳐 숨어서 성명을 바꾸고 살아남았다. 마馬씨로, 전田씨로, 혹은 옥玉씨로 바꾸어 모두 '왕' 자를 글자 속에 숨겼던 것이다. 그들은 스스로를 왕씨라 하지 않았다. 태종 6년(1406)에 유화 정책을 펼치며 전현(현 연천)에 고려 태조를 비롯한 7대왕을 제사 지내는 묘를 중건했다. 그 뒤 문종 원년(1451)에 이르러서 그 묘를 숭의전이라 명명하고 공주에 머물고 있던 왕씨의 후손 왕순례王循禮라는 왕씨를 찾아냈다. 이후 선우씨를 기자전箕子殿의 전감으로 삼던 예에 의거하여 전답과 노복을 주고 전참봉殿參奉을 세습하여 태조 왕건의 제사를 받들게 했다. "왕씨를 없앤 것은 태조의 의사가 아니고 공신들의 모략에서 나온 것"이라고 《태조실록》에 기록되어 있다.

선죽교善竹橋는 개성시 선죽동에 있는 돌다리인데, 당시의 이름은 선지교善地橋이며 포은 정몽주가 죽임을 당한 곳이다. 그때 흘린 선혈이 돌다리 아래로 흘러내려 개울에서 대나무가 솟아올랐다고 해서 선죽교로 이름이 바뀌었다. 그 무렵 정몽주는 이성계의 뜻을 따르지 않았다. 그러한 사실을 알고 있던 이방원은 자신의 측근인 조영규趙英珪를 시켜 정몽주를 다리 위에서 철퇴로 때려죽였고, 결국 고려왕조의 사직은 다하고 말았다. 마침내 왕좌는 이씨에게로 옮겨지게 되었다. 그 후 의정부 영의정으로 추증하여 용인의 정몽주 무덤 앞에 비석을 세웠는데 벼락이 내리쳐 부서져 버렸다. 정몽주의 자손이 '고려문하시중'이라는 직명으로 고쳐 쓰기를 청하여 다시 써 세웠더니 아무런 불상사 없이 오늘까지 이어져 내려온다.

이중환은 《택리지》에서 고려 명장 최영崔瑩을 자세하게 설명한다.

개성에서 동남쪽으로 10여 리 떨어진 곳에 덕적산이 있고, 그 산 위에 최영의 사당이 있다. 사당에는 소상塑像이 있는데 그 지역 사람이 기도하면 영험이 있다 한다. 사람들은 사당 옆에다 침실을 만들고 민간의 처녀를 두어 사당을 모시게 하였다. 그 처녀가 늙고 병들면 다시 젊고 예쁜 처녀로 바꿔서 300년을 하루도 빠짐없이 그렇게 하고 있다.

그 신을 모시는 처녀가 말하기를 "밤이 되면 신령이 내려와 저와 교접합니다"라고 하였다. 나는 "최영은 꾀를 부릴 줄 모르는 용부勇夫로, 제 딸을 왕우

ⓒ 권태균

선죽교

고려 말의 충신 정몽주가 이성계를 문병 갔다가 돌아오던 중
이성계의 아들 이방원이 보낸 조영규 등에게 피살된 곳이다.

의 비로 삼게 하였고, 국사를 잘못하여서 끝내는 사직을 남의 손으로 넘어가게 하였다. 죽어서는 혼마저 하늘에 오르지도 못하고 땅에 들지 못한 채 교외郊外의 신이 되었으면서도 아직까지 남녀 간의 도락을 잊지 못하고 있으니, 그가 자신의 잘못으로 죽었음에도 마음속으로 받아들이지 않았음을 알 수 있다. 이 또한 어리석고 음탕하다 하겠다"라고 하였다.

그런데 수십 년 전부터 그 사당은 영험이 전혀 없다 하니 또한 의아한 일이다.

그러나 뒤로도 무속인들 사이에 최영 장군 신을 받은 사람들이 계속 이어지는 것을 보면 그 또한 신기한 일이라 할 수 있겠다.

개성 동쪽 봉향리에서 백운거사 이규보는 지지헌止止軒이라는 초당을 짓고 살았는데, 어떤 사람으로부터 백운거사라고 스스로 부르는 이유가 무엇인가 하는 질문을 받았다. 이에 이규보는 "내 자신이 백운은 아니나 백운은 내가 그리워하는 바다. 그리워하면서 배우면 그 실은 얻지 못하더라도 아마 그 언저리는 갈 것"이라고 전제한 뒤 "구름이라는 것은 용용하고 한가롭고 산에 걸리지 않고 하늘에 매여 있지도 않고 표표하게 떠다니며 형적에 구애됨이 없다"라고 대답했다 한다.

500년 사직의 터 만월대

만월대는 고려의 궁궐터인데 개성의 진산인 송악산 아래에 있다. 《도선비기道詵秘記》에 "흙을 허물지 말고 흙과 돌로 북돋워서 궁전을 지어

만월대

송악산 남쪽 기슭에 있는 고려 왕궁지 만월대는 원래 정식 명칭이 아니다.
빈터만 남아 있는 궁터를 보고 사람들이 임의로 부르던 이름이 《신증동국여지승람》에
기록되면서 통용하게 된 것이다. 원래는 고려 정궁을 본궐이라 불렀다고 한다.

야 한다"라고 했기 때문에 고려 태조는 돌을 다듬어서 층계를 만들어 기슭을 보호하며 그 위에다 궁전을 세웠다. 고려가 망한 뒤 궁전이 헐리면서 층계 돌들에 대해 관의 보호가 미치지 못하자 개성의 부유한 상인과 민간인들이 남몰래 가져다가 묘석을 만들고 석물로 이용하기도 했다고 한다.

만월대 뒤의 자하동紫霞洞은 송악산 밑에 있었는데 개울과 들이 그윽하면서 기이했다고 한다. 성안 동남쪽에 있는 남산은 옛날에는 용수산龍首山이라고도 불렸다. 이 산의 정상에 영웅호걸을 키운다는 바위가 있는데, 이 바위가 남자(인물)를 배출한다고 하여 남산男山 또는 자남산子男山이라고 부르게 되었다고 한다. 이 산에는 또 하나의 상징적인 바위인 잠두봉(누에바위)이 있고, 북쪽에 두현(콩고개), 동북쪽에 응암(매바위)이 있다고 하나 보존 상태를 알 수 없다.

풍수지리를 연구하는 사람들은 만월대를 일컬어 '청룡과 백호가 좌우를 겹겹이 감싸고, 앞산이 중첩되게 명당을 호위하며, 사방 산신이 혈을 철저히 옹위하는 산속에 우묵하게 숨겨진 좋은 고을 터'라고 극찬했다.

남산 아래에는 고려시대에 무신 독재 정권을 세운 최충헌(출생지는 황해도 평산군)이 살았다고 한다. 훗날 공민왕은 그가 살았던 집터를 철거하고 그 자리에 꽃밭과 팔각전八角殿을 만들었는데 이 팔각전에서 고려 말 이성계 일파에게 왕우가 체포되어 귀양을 갔다. 이어지는 《택리지》의 이야기는 다음과 같다.

남쪽에 있는 용수산과 진봉산은 송악산에서 내려온 산줄기로, 성의 안쪽에 있는 안산이다. 풍수가는 "진봉산은 옥녀의 화장대 형상다. 그러므로 고려 왕은 여러 대를 이어 상국(원나라)의 공주와 혼인 관계를 맺었다. 또 필산筆山이 있는 까닭에 고려 많은 이들이 중국의 과거에서 장원을 차지했다. 그러나 백호(무인) 방면의 산이 강하고 청룡(문인) 방면의 산이 약하기 때문에 나라에 훌륭한 정승이 없고 여러 번이나 무신의 변란이 있었다"라고 말한다.

성 동북쪽에 있는 산대암은 의종 때 무신 정권의 서막을 연 곳이고, 서북쪽에 있는 영통동은 보육이 살던 곳이다. 옛날엔 귀법사라는 절이 있었으나 지금은 폐사되었다. 영통동 북쪽에 화담花潭이 있는데 계곡과 바위가 몹시 기이하다.

《고려도경》의 기록을 보자.

개성부의 성은 북쪽으로 숭산(송악산)에 의거하고, 그 물은 숭산의 뒤에서 발원하여 정북방에서 동북방으로 돌아 구불구불 흘러 성안으로 들어오며, 광화문 근처에서 약간 꺾여 북쪽을 향해 흐르다가 다시 남쪽으로 흘러 나간다. (…) 숭산의 중턱에서 성안을 내려다보면 왼쪽에 시내가 흐르고 오른쪽에 산이 있으며 뒤에는 산등성이가 있고 앞에는 고개가 있는데, 수풀이 무성해서 그 형세가 마치 푸른 용이 냇물을 마시는 것과 같다.

조선 전기 문신으로 중종반정에 참여하여 공신에 올랐던 채수蔡壽가 지은 《송도록松都錄》에는 화담에 대하여 "오관산 동구에 푸른 벼랑이 둘러 있으며 석천이 감돌아 흐르는데, 철쭉꽃이 물에 거꾸로 비치므로 이것을 화담이라고 부른다. 여기서 수십 걸음 가면 옷 주름처럼 굵직굵직하게 주름 잡힌 바위가 있는데 그 기괴함을 무어라 형용할 수 없다. 이 바위를 추암皺巖이라고 하며, 최대위가 눈이 오는 가운데 소를 타던 곳이다"라고 기록되어 있다. 바로 이 화담에 서경덕의 자취가 남아 있다.

서경덕과 황진이

가난한 집에서 태어난 화담花潭 서경덕徐敬德이 어렸을 때의 일이다. 어머니가 나물을 뜯으러 내보내면 서경덕은 매일 빈 바구니만 가지고 돌아왔다. 어머니가 "왜 나물을 한 줌도 뜯어 오지 않느냐?" 묻자, "나물을 뜯으러 들판으로 나가니 종달새가 날고 있었습니다. 그런데 종달새가 그제는 땅에서 1치쯤 날아오르더니 어제는 2치쯤 날아올랐고 오늘은 3치쯤 날아올랐습니다. 새가 나는 모양을 보고 그 이치를 생각하느라 늦었습니다"라고 대답했다.

어릴 때부터 남달랐던 서경덕은 늦은 나이인 14세에야 개성의 어느 선생에게서 글을 배웠다. 16세에는《대학》을 읽은 뒤 그 뜻을 깨닫고는 기쁨에 겨워 한없이 눈물을 흘렸다고 한다. 34세가 되던 해에 남쪽의 여러 곳을 유람하기 위해 길을 떠났고, 그다음에는 제자 토정土亭 이지함李之菡과 함께 지리산을 찾아갔다가 남명南冥 조식曺植을 만난다.

서경덕은 43세에 생원시에 합격하여 성균관에서 수습 도중 개성으로 돌아와 송악산 자락의 화담 옆에 초막을 짓고 학문에 열중했다. 서경덕의 호인 화담, 즉 '꽃 피는 연못'은 바로 이곳 지명에서 연유했고, 그때부터

송악산

개성시와 개풍군의 경계로 산 전체가 주로 화강암의 큰 바위로 되어 있으며,
기암괴석과 활엽수림의 조화가 뛰어나다.

그의 이름이 널리 퍼져 나가게 되었다. 그는 조선의 수많은 성리학자들 중에 스승이 없는 특이한 인물이었다. 서당에서 겨우 한문을 깨우치는 정도의 교육밖에 받지 못한 서경덕의 진정한 스승은 자연과 책이었다. '스스로 깨달아 얻는 즐거움은 결코 다른 사람이 짐작할 바가 아니다'라고 입버릇처럼 말한 서경덕은 그런 연유로 아주 독특하고 진귀한 학문적 업적을 이루어 낼 수 있었다.

그 후 서경덕의 명성을 듣고 개성 일대와 서울에서 수많은 제자들이 몰려들었는데, 서경덕은 출신 고하를 막론하고 배우고자 오는 사람은 누구나 제자로 받아들였다. 그 제자들 중에 빼어난 여류 시인이자 절세미인 황진이黃眞伊가 있다. 황진이는 대제학을 지냈던 소세양蘇世讓과 30년 면벽의 지족선사知足禪士를 정욕에 빠져 헤어나지 못하게 한 뒤 서경덕을 마지막 목표로 삼았다. 그러나 서경덕은 명성답게 끄떡도 하지 않았다. 그녀는 서경덕에게서 우주의 철리, 인성의 본질, 인간의 참된 삶과 사랑을 배웠다. 그래서 황진이는 그곳에서 서경덕과 영원한 스승과 제자로 인연을 맺게 되었고, 그때부터 기생이 아니라 '천리를 터득한 도인'이 되었던 것이다.

여러 사람이 황진이에 대한 글을 남겼는데, 이덕형의 《송도기이松都奇異》에 소개된 황진이 설화가 그중 하나다. 선조 37년(1604) 개성에 부임한 이덕형이 진복이라는 서리의 아버지에게서 황진이의 이야기를 듣고 글로 옮겼는데 다음과 같다.

진이는 송도의 이름난 창기다. 진이의 어머니 현금은 꽤 얼굴이 아름다웠다.

18세 때 병부교 밑에서 빨래를 하는데 다리 위에 형용이 단아하고 의관이 화려한 사람 하나가 현금을 눈여겨보면서 혹은 웃기도 하고 혹은 가리키기도 하므로 현금도 또한 마음이 움직였다. 그러다가 그 사람이 갑자기 보이지 않았다. 날이 이미 저녁때가 되어 빨래하던 여자들이 모두 흩어지니, 그 사람이 갑자기 다리 위에 와서 기둥에 기대서서 길게 노래하는 것이었다. 노래가 끝나자 물을 청하므로 현금이 표주박에 물을 가득 떠서 주었다. 그 사람은 반쯤 마시더니 웃으며 돌려주면서 "너도 시험 삼아 마셔 보아라" 하였다. 마시고 보니 그것은 술이었다. 현금은 놀라고 이상히 여겨 그와 함께 좋아해서 드디어 진이를 낳았다. 진이는 용모와 재주가 뛰어나고 노래도 절창이었다. 사람들은 그녀를 선녀라고 불렀다.

유수 송공(송염 또는 송순이라고도 한다)이 처음 부임했을 때 마침 절일節日을 당하였다. 낭료郎僚들이 부아府衙에 조그만 잔치를 베풀었는데, 진랑(진이)이 와서 뵈었다. 그녀는 태도가 가냘프고 행동이 단아하였다. 송공은 풍류를 아는 사람으로 풍류장에서 늙은 사람이었다. 한 번 진이를 보자 범상치 않은 여자임을 알고 좌우를 돌아보면서 말하기를 "이름을 헛되이 얻지 않은 것이로군!" 하고 기꺼이 관대하였다. 송공의 첩도 역시 관서關西의 명물이었다. 문틈으로 그녀를 엿보다가 말하기를 "과연 절색이로군! 나의 일이 낭패로다" 하고는 드디어 문을 박차고 크게 외치면서 머리를 풀고 발을 벗은 채 뛰쳐나온 것이 여러 번이었다. 여러 종들이 붙잡고 말렸으나 만류할 수가 없었으므로 송공은 놀라 일어나고 자리에 있던 손님들도 모두 물러갔다.

송공이 어머니를 위하여 수연壽宴을 베풀었다. 이때 서울에 있는 예쁜 기생과 노래하는 여자를 모두 불러 모았으며, 이웃 고을의 수재守宰와 고관들이 모두 자리에 앉았다. 붉게 분칠한 여인이 가득하고 비단옷 입은 사람들이 떨기를 이루었다. 이때 진랑은 얼굴에 화장도 하지 않고 담담한 차림으로 자리에 나왔는데, 천연한 태도가 국색國色으로서 광채가 나 사람들의 마음을 움직였다. 밤이 다하도록 계속된 잔치에서 손님들 중 칭찬하지 않는 사람이 없었다. 그러나 송공은 한 번도 그녀에게 시선을 보내지 않았으니, 이것은 대개 그의 첩이 발안에서 엿보고 전과 같은 변을 벌일까 염려했기 때문이다. 술이 취하자 비로소 시비侍婢로 하여금 파라叵羅(술잔)에 술을 가득 부어서 진랑에게 마시기를 권하고, 가까이 앉아서 혼자 노래를 부르게 하였다. 진랑은 얼굴을 가다듬어 노래를 부르는데 맑고 고운 노랫소리가 간들간들 끊어지지를 않고, 위로 하늘에 사무쳤으며, 고음 저음이 다 맑고 고와서 보통 곡조와는 현저히 달랐다. 이때 송공이 무릎을 치면서 칭찬하기를 "천재로구나!" 하였다.

악공 엄수는 나이가 일흔인데 가야금이 온 나라 안에서 명수요, 또 음률도 잘 터득하였다. 처음 진랑을 보더니 탄식하기를 "선녀로구나!" 하였다. 노랫소리를 듣더니 자기도 모르게 놀라 일어나며 말하기를 "이것은 동부洞府(신선이 사는 곳)의 여운餘韻이로다. 세상에 어찌 이런 곡조가 있으랴?" 하였다. 이때 조사詔使(중국에서 오던 사신)가 본부本府에 들어오자, 원근에 있는 사녀士女(선비와 부인)들과 구경하는 자들이 모두 모여들어 길옆에 숲처럼 서 있었다. 이때 한 우두머리 사신이 진랑을 바라보다가 말에 채찍을 급히 하여 달려와 관館에 이르러 통사通事(통역)에게 말하기를 "너희 나라에 천하절색이 있구나"라고 하였다.

진랑이 비록 창류娼流이긴 했지만 성질이 고결하여 번화하고 화려한 것을 일삼지 않았다. 그리하여 비록 관부官府의 주석酒席이라도 다만 빗질과 세수만 하고 나갈 뿐, 옷도 바꾸어 입지 않았다. 또 방탕한 것을 좋아하지 않아서 시정市井의 천예賤隸는 비록 천금을 준다 해도 돌아보지 않았으며, 선비들과 함께 놀기를 즐기고 자못 문자를 해득하여 당시唐詩 보기를 좋아하였다. 일찍이 화담을 사모하여 매양 그 문하에 나가니, 화담도 역시 거절하지 않고 함께 담소를 나누었다. 이 어찌 절대의 명기가 아니랴!

내가 갑진년에 본부의 어사로 갔을 적에는 병화兵火를 막 겪은 뒤라서 관청이 텅 비어 있었으므로 나는 사관을 남문南門 안에 사는 서리 진복의 집에 정했는데, 진복의 아비 또한 늙은 아전이었다. 진랑과는 가까운 일가가 되고 그때 나이가 80여 세였는데, 정신이 강건하여 매양 진랑의 일을 어제 일처럼 역력히 말하였다. 나는 묻기를 "진랑이 이술異術을 가져서 그랬던가?" 하니 노인이 말하기를 "이술이란 건 알 수 없지만 방 안에서 때로 이상한 향기가 나서 며칠씩 없어지지 않았습니다"라고 하였다. 나는 공사가 끝나지 않아서 여러 날 여기에서 머물렀으므로 늙은이에게 익히 그 전말을 들었다. 그 때문에 이같이 기록하여 기이한 이야기를 더 넓히는 바다.

이덕형의 글과 더불어 이능화의 《조선해어화사》도 참조해 볼만하다.

황진이는 한때 이름을 떨쳤다. 종실인 벽계수가 스스로 지조와 행실이 있다 하여 항상 말하기를 "사람들이 한 번 황진이를 보면 모두 현혹된다. 내가 만일 당하게 된다면 현혹되지 않을 뿐 아니라 반드시 쫓아 버릴 것이다"라고 하였다. 진이가 이 말을 듣고 사람을 시켜 벽계수를 유인해 왔다. 때는 늦가을이었다. 달밤에 만월대에 오르니 홍이 도도하게 일어났다. 진이가 문득 소복 단장으로 나와 맞이하며 나귀의 고삐를 잡고 노래를 불렀다. 명월은 자신의 자를 인용한 것이며, 수守는 수水로 대신했으니, 즉경卽景을 그대로 노래로 옮긴 것이다. 벽계수는 달 아래 한 송이 요염한 꽃을 대하고 또 그 목소리가 마치 꾀꼬리가 봄 수풀에서 지저귀고 봉황이 구소九霄에서 우는 것 같음을 들으니 저도 모르는 사이에 심취해서 나귀 등에서 내렸다. 진이가 말하기를 "왜 나를 쫓아내지 않으세요?" 하니, 벽계수가 크게 부끄러워하였다. 그 노래는 이러하였다.

청산리 벽계수야
수이 감을 자랑 마라
일도창해하면 다시 오기 어려우니
명월이 만공산하니 쉬어 간들 어떠리

조선 선조대 문인인 백호 임제가 서도 병마사로 임명되어 부임하는 길에 황진이의 묘에 제사를 지내고 〈청초 우거진 골에〉를 지어 부임하기도 전에 파직당했다는 설도 있다.

청초青草 우거진 골에 자는다 누웠난다
홍안紅顔은 어데 두고 백골白骨만 남았나니
잔盞 잡아 권할 이 없으니 그를 슬허하노라.

황진이는 갔어도 그녀가 남긴 시들은 사람들의 입에서 입으로 전해져 왔고, 지금도 그녀를 일컬어 조선 500년 역사상 가장 시를 잘 쓴 시인 중

한 사람으로 평가하고 있다. 그래서 황진이를 서경덕, 박연폭포와 더불어 송도삼절松都三絶이라 부르는 것이다. 황진이의 시 세 수를 소개한다.

어저 내일이면 그릴 줄을 모르던가
이시랴 하더면 가랴마는 제 구태여
보내고 그리는 정은 나도 몰라 하노라

내 언제 무신無信하여 님을 언제 속였관대
월침삼경月沈三更에 온 뜻이 전혀 없네
추풍秋風에 지는 잎 소리야 낸들 어이 하리오

동짓달 기나긴 밤을 한 허리를 베어내어
춘풍 이불 아래 서리서리 넣었다가
정든 님 오신 날 밤이 되면 굽이굽이 펴리라

화담에서 북쪽으로 고개 하나를 넘으면 개성시 장풍군 원고리에 있는 현화사玄化寺 옛터에 이른다. 지금은 비석과 탑 그리고 높이가 4.73미터인 당간지주만이 남아 있고, 석등은 서울 국립중앙박물관에 그 아름다움을 자랑하며 서 있다. 현화사는 언제 창건되었고 폐사되었는지 알려지지 않았지만, 현종 11년(1020)에 왕이 안서도安西道에게 명하여 둔전 1240결을 주게 한 기록으로 보아 그 이전에 창건되었음을 알 수 있다. 그 뒤로도 덕종, 문종, 헌종, 숙종, 의종 등 고려 왕들의 행차가 잦았을 정도로 이 절은 규모가 컸다. 특히 의종은 이 절에 자주 행차하여 반승과 무차대회, 나한재 등을 자주 베풀었고, 과시科試를 열기도 했다. 또한 유희를 위하여 청녕재淸寧齋라는 별관을 건립했는데 여기에 얽힌 가슴 아픈 이야기가 하나 전해져 온다.

한 역졸이 너무 가난하여 밥을 굶는 일이 다반사였다. 그래서 다른 사람들의 밥을 한 숟가락씩 얻어먹으며 일을 했는데, 그의 부인이 어느 날 자신의 머리채를 잘라 판 돈으로 밥을 지어 신세진 사람들에게 대접했다. 그 사실을 안 동료들은 목이 메어 아무도 밥을 먹지 못했다고 한다. 그러나 의종은 민중들의 고달픈 삶은 아랑곳하지 않고 날마다 술잔치로 세월을 보내다가 이의민에 의해 최후를 맞게 되었다. 그처럼 번성했던 현화사 역시 언제인지 모르겠지만 폐사되고 말았다. 그 서쪽은 대흥동이며, 숙종 때 여기에 대흥산성을 쌓았는데 바깥쪽은 험하고 안쪽은 평탄하여 참으로 천작天作의 요새지였다. 관에서 양곡과 병기를 쌓아 두고 대흥사를 세워 승려들에게 지키게 하여 갑작스러운 변고에 대비했다.

대흥산성이 있은 천마산은 암벽이 높고 웅장하며 시냇물 또한 넓고 깊게 감돌아 흘러 그 밑에서 큰 폭포를 이루는데 바로 개성의 명물인 박연폭포다.《고려사지리지》와《동국여지승람東國輿地勝覽》의 기록을 보자.

우봉군에 박연이 있는데 그 상하 못의 깊이를 헤아리지 못한다. 날이 가물 때 여기서 기우제를 지내면 곧 응하여 비가 내렸다. 위에 있는 못 가운데에는 올라가서 구경도 할 수 있는 넓고 편편한 큰 돌이 있다. 문종이 한번은 그 위에 올라갔는데 갑자기 바람과 비가 크게 몰아치며 돌이 진동하였다. 문종이 놀라서 겁에 질렸는데 이때 왕을 모시고 왔던 이영간이 용의 죄를 꾸짖는 글을 지어서 못에 던지니 용이 즉시 그 등을 내어놓았다. 이어 용을 때렸더니 못의 물이 전부 시뻘겋게 되었다.

박연을 들여다보면 그 물빛이 시커멓다. 세상에 전해 오기를 옛날에 박 진사란 사람이 못 위에서 피리를 불었는데, 용녀가 이에 감동하여 박 진사를 데려다가 남편을 삼았다. 그 때문에 이 못의 이름을 박연이라고 불렀고, 박 진사의 어머니가 와서 통곡하며 못에 떨어져 죽었으므로 그만 이 못의 이름을 고모담이라고 불렀다.

박연폭포는 천마산 기슭에 있는 폭포로 높이는 약 37미터이며, 금강산의 구룡폭포와 설악산의 대승폭포와 함께 우리나라 3대 폭포로 불린다. 박연폭포를 소재로 한 서도 민요 〈개성난봉가〉를 보자.

박연폭포 흘러가는 물은
범사정泛槎亭으로 감돌아든다
에 에헤야 에 에루화 좋고 좋다 어러험마 디여라 내 사랑아
(…)
천기청랑天氣淸朗한 양춘가절陽春佳節에
개성 명승고적을 순례하여 보세
에 에헤야 에 에루화 좋고 좋다 어러험마 디여라 내 사랑아
(…)

현화사 칠층석탑

화담에서 북쪽으로 재 하나를 넘으면 개성시 장풍군 월고리에 있는 현화사 옛터에 이른다. 지금은 비석과 탑 그리고 그 높이가 4.73미터인 당간지주만이 남아 있다.

© 권태균

박연폭포

송도삼절의 하나인 박연폭포는 남쪽의 깎아지른 듯한 벼랑과 병풍처럼 둘러선
층암절벽에 안기어 절경을 이룬다.

범사정에 앉아서 한잔을 기울이니
단풍 든 수목도 박연의 정취로다
에 에헤야 에 에루화 좋고 좋다 어러험마 디여라 내 사랑아
(…)
구만장천九萬長天 걸린 폭포 은하수를 기울인 듯
신비로운 풍경에 심신이 맑아지누나
에 에헤야 에 에루화 좋고 좋다 어러험마 디여라 내 사랑아
(…)

박연폭포를 사랑했던 서경덕의 묘는 개성시 용흥동에 있고 황진이의 묘는 선정리에 있는데, 그에 관한 이야기가 조선 후기 문장가 김택영金澤榮이 지은 〈숭양기구전崧陽耆舊傳〉에 다음과 같이 실려 있다.

진이가 장차 죽으려 할 때 가인에게 부탁하기를 "저는 천하 남자를 위하여 자신을 사랑할 수 없다가 이 지경에 이르게 되었습니다. 만일 제가 죽거든 금수도 관도 쓰지 말고, 옛 동문 사수에 시신을 내버려서 개미와 땅강아지, 여우와 살쾡이가 내 살을 뜯어 먹어, 세상 여자들로 하여금 저를 경계삼도록 해 주세요" 했다. 가인이 그 말대로 버려두었더니 한 남자가 거두어 장사지냈다. 지금 장단 남정현 남쪽에 그녀의 무덤이 있다.

그리고 판문점에서 조금 떨어진 전재리 황토고개에는 조선 실학의 대가 박지원의 묘가 황폐한 채 남아 있다.

만수산 드렁칡은 얽히고 또 얽혀서

옛 개성부 서문 밖에는 만수산이 있다. 송악산 서쪽에 있는 이 산이 사람들에게 널리 알려진 것은 이방원(조선 태종)이 고려 말 충신 정몽주에게 조선 건국에 동참할 것을 부탁하면서 읊은 〈하여가何如歌〉에 등장하기 때문이다.

> 이런들 어떠하리 저런들 어떠하리
> 만수산 드렁칡이 얽어진들 어떠하리
> 우리도 이같이 얽혀서 백 년까지 누리리라

정몽주는 이에 〈단심가丹心歌〉로 대답하여 이방원의 수하에 의해 선죽교에서 살해되었다.

> 이 몸이 죽고 죽어 일백 번 고쳐 죽어
> 백골이 진토 되어 넋이라도 있고 없고
> 임 향한 일편단심이야 가실 줄이 있으랴

만수산 근처에는 고려 태조의 묘 현릉顯陵을 포함한 고려 왕릉 7기가 있다. 이어지는《택리지》의 이야기는 다음과 같다.

> 이곳에서 북쪽으로 작은 고개를 넘으면 청석동이다. 긴 골짜기가 10여 리나

구불구불 이어진다. 양쪽 언덕은 절벽이 천 길이나 둘러 있고, 복판에는 큰 시냇물이 솟아 흐르며, 문 같은 산이 여러 겹으로 감싸고 있다. 청나라가 병자년(인조 14, 1636)에 조선을 습격할 때 이곳에 와서는 두려워하였다. 청나라 장수 용골대는 이곳을 지키는 군사가 없을 것이라고 확신한 다음에 지나왔다. 돌아갈 때는 이 길을 피해서 개성의 동북쪽에 있는 백치白峙로 갔다.

한편 개성에서 동남쪽으로 4킬로미터쯤 떨어진 곳에 덕물산이 있다. '덕물'은 한자로 '덕수德水'로 표기되는데, 이순신을 비롯한 덕수 이씨들의 관향이 바로 이곳이다. 덕적산이라고도 부르는 이 산은 앞에서 본 최영의 사당이 있는 곳이기도 하다. 그리 높은 편은 아니지만 산의 정상이 넓은 평지이고 맑은 물이 솟는 우물이 있다. 이 마을은 고려 말에 이루어진 무당촌으로 마을 주민 대부분이 무당이었다. 이러한 예는 세계적으로도 찾아볼 수가 없는데, 개성이나 인근 주민들은 대부분 덕물산 무당을 단골로 갖고 있었다고 한다. 그 마을에서는 1년 내내 굿을 하느라 노랫소리와 장구 소리가 그칠 날이 없었다는데 아직도 그 맥이 이어지고 있는지는 불분명하다.

개성부의 남쪽은 《여지도서》에서 "쌀쌀맞으며 인정이 없다"고 한 풍덕부豊德府다. 풍덕 관아에서 조금 떨어진 곳에 퇴우정退憂亭이라는 정자가 있다. 임진왜란 때 황해도에서 의병을 모집하여 크게 활약했고 말년에는 풍덕에 은거하며 여생을 보낸 이정암李廷馣이 이 정자를 두고 쓴 시가 한 편 남아 있다.

가랑비 부슬부슬 내리는 저물녘 잔잔한 호수
물안개 저편으로 아스라이 백조는 날아오르네
물가의 꽃과 언덕의 꽃들이 온통 어우러져
해 질 무렵에 때맞추어 낚싯배는 돌아오네

풍덕에는 고려 초기에 찬건된 경천사擎天寺가 있다. 여기에는 고려 말에 건립된 십삼층석탑이 있었으나 없어지고, 현재는 이 절터에 있던 경천사 십층석탑이 남아 있다. 이 석탑은 원래 원나라 승상인 탈탈의 소원을 빌기 위해 건립한 것이다. 중국에서 만들어 와서 원나라 지정至正(원나라 순제 때의 세 번째 연호) 연간에 세웠는데, 현재 서울로 옮겨져 국립중앙박물관에 있다.

개성상인들의 고장

송나라 사신으로 고려에 왔던 서긍徐兢이 지은 《고려도경高麗圖經》에는 방시坊市가 다음과 같이 실려 있다.

왕성王城에는 본래 방시가 없고, 광화문에서 관부 및 객관에 이르기까지 모두 긴 행랑을 만들어 백성들의 주거를 가렸다. 때로 행랑 사이에다 그 방坊의 문을 표시하기를 영통永通, 광덕廣德, 흥선興善, 통상通商, 존신存信, 지양資養, 효의孝義, 행손行遜이라 했는데, 그 안에는 실제로 거리나 민가는 없고, 적벽에 초목만 무성하며, 황폐한 빈터로 정리되지 않은 곳이 있기까지 하니, 밖에서 보기만 좋게 한 것뿐이다.

고려시대 내내 개성은 정치, 문화, 경제의 중심지였다가 고려가 멸망하고 조선이 건국되면서 상업이 발달하게 되었다. 이중환이 지리적 관점에서 본 개성은 고려 멸망 이후 예성강 물이 얕아지고 펄이 늘어나면서 배가 들어오지 못하게 되었다고 한다.

조선시대에 물건을 팔아 생계를 이어가는 상인들 중에 가장 알려진 상인이 개성에 근거를 두고 활동하던 개성상인이었다. 개성, 즉 송도는 고려 500년의 도읍지였다. 그러나 조선 건국과 함께 정치와 경제 중심은 곧 한양이 되었으므로 개성은 상업 도시로 발전할 가능성이 거의 없었다. 그런데 개성 사람들의 자부심은 다른 지역에 비해 대단했다. 그들은 개성에서 한양, 즉 서울로 가는 것을 '올라간다' 하지 않고 '내려간다' 했다. 반대로 서울에서 개성으로 가는 것을 '내려간다'고 하지 않고 '올라간다' 했다. 이러한 자부심은 고려의 500년 도읍지였기 때문에 가능한 것이다.

개성 사람들이 상업에 뛰어들어 눈부신 활동을 하게 된 데에는 여러 이유가 있었다. 그중 하나가 조선에 빌붙지 않고 살기 위해 상업을 택했던 것이다. 개성상인들은 고도의 상업 수완과 투철한 상업 윤리 그리고 협동심을 발휘했다. 개성상인들은 그들만의 고유한 문화적 특징을 잘 살려서 경강상인, 동래상인들과 함께 전국의 상권을 주무르게 되었다. 그뿐만이 아니었다. 조선 후기에 접어들면서 인삼이 개성의 특작물로 자리 잡았고 개성의 포물布物과 피물皮物까지 개성상인의 손에서 움직이게 되었다.

개성상인들의 사업 수완은 이덕형의 《송도기이》에서도 확인할 수 있다.

숭정崇禎 기사년(인조 7, 1629)에 내가 개성 유수留守로 나갔다. 세대가 멀어져서 고려조의 남은 풍습이 변하고 바뀌어 거의 없어졌는데, 오직 장사하고 이익을 좇는 습관만은 전에 비하여 더욱 성해졌다. 이 때문에 백성들의 넉넉함과 물자의 풍부함이 우리나라에서 제일이라 이를 만하다. 상가商街의 풍속은 저울눈을 가지고 다투므로 사기로 소송하는 것이 많을 듯한데도, 순후한 운치가 지금까지 오히려 남아 있어서 문서 처리할 것이 얼마 되지 않았다. 매양 긴 여름에는 문서를 다 처리하여도 해는 항상 점심때밖에 되지 않았다.

위의 기록으로 보아 그 당시 개성은 나라 안에서 제일가는 상권을 형성하고 있었고, 전국의 상인들이 들락날락하는 곳이었다. 그러나 개성 지역은 인정이 메마르지 않아서 서로 소송하는 일이 적었음을 알 수 있다.

그렇다면 개성상인의 수가 얼마나 되었을까? 조선총독부 보고서 《조선의 상업》에 따르면 적게는 2000에서 3000명쯤 되었고, 가장 많았을 때는 1만 명이 훨씬 넘었다고 한다.

개성상인들이 행상을 나설 때 그 차림새도 여러 종류였다. 팔 수 있는 물건을 보자기에 싸서 이거나 지게에 지고 도처에 있는 시장 또는 마을의 집집마다를 찾아 행상하는 사람이 있었으며, 주객 또는 차인이라 하여 상당한 자본을 가지고 말〔馬〕로 상품을 운반하여 행상하는 자들이 있었다. 그러나 신작로가 놓이고 철도가 건설되면서 말의 이용은 현저하게 줄어들었다.

가까운 지방을 돌아다니는 행상들은 개성 부근의 마을을 돌며 닷새마다 집으로 돌아와 다시 물건을 구입해 떠나는 사람이 있었으며, 정월 초에 떠나서 4월 초파일의 석가탄신일이나 5월 5일 단오 또는 8월 한가위 때 돌아오는 사람들이 있었는데 대부분의 행상들은 한 해를 온통 길 위에서 보내고 새로운 해를 맞으려 돈 보따리와 주판을 들고서 섣달그믐에야 돌아왔다. 덕분에 '개성 사람 10명 중에서 7명이 10월 생生이다'라는 우스갯소리가 유행했다고 한다. 또 '과부가 많기로 개성이 나라 안에서 제일이다. 그러나 홀아비 약을 올리느라고 집집마다 은銀 서 말이 있어 이가 서 말인 홀아비는 아무리 침을 질질 흘려도 소용이 없다'는 말과 '과부가 풍년인 개성 지방의 집은 그 생김새가 담이 높고 주방이 따로 없고, 안방에는 뒷문이 없다'라는 말이 떠돌았다. 당시에 '개성 안의 과부는 유명해서 약 2000여 명 쯤 된다'는 말도 있었다.

개성상인들은 그들 나름의 상도덕을 터득했던 것으로 보인다. 조선 초기에 '보부상 총본부'가 개성에 있었으며, 그때부터 이곳 개성에 있던 개성상인들이 나라 안에 널리 알려지게 되었다. 한때 개성상인의 영업이 금지된 적도 있었지만 금지령은 곧 철회되었고, 조선 후기까지 상업 활동은 계속되었다.

베르나르 올리비에는 《나는 걷는다》에서 "옛날에 상인들은 과정이 중요하지 않았다. 그들은 목표를 달성하고 이익이 남는 일들을 마무리한 다음 되도록 빨리, 건강하게 돌아오는 것만이 그들의 유일한 관심사였을 것이다"라고 했다. 그의 말처럼 옛 개성상인들도 그리고 오늘의 상인들도 그렇게 열심히 현재를 위해 살았고 살고 있다.

예성강 푸른 물에

고려왕조의 흥망성쇠를 지켜보았던 강이 예성강이다.《대명일통지》에 "예성강은 개성부의 남쪽에 있어 바다와 통하였다"라고 기록되어 있다. 예성강은 황해북도 수안군 성교리에서 시작하는 강으로, 황해북도의 수안군, 곡산군, 신계군, 평산군, 금천군과 황해남도의 봉천군을 흘러 배천군과 개성시 개풍군 일대를 지나서 서해의 강화만으로 흘러든다. 길이는 187.4킬로미터에 유역면적 4202.3제곱킬로미터이며, 유역 평균 폭은 23.2킬로미터다.

이 강은 신계, 곡산의 현무암 지대를 깎으며 흐르다가 지석천, 신계천, 구연천을 비롯하여 크고 작은 지천을 받아들이면서 지난다. 이 강의 하구에 벽란도가 있다. 지금은 개풍군 삼성리의 자그마한 강변 마을에 지나지 않지만, 고려시대에는 수도인 송도의 관문이었고 국제 무역항으로 번성했던 곳이다. 고려는 일찍부터 중국과 교역했다. 태조 17년(934) 7월에는 고려 상선이 후당後唐의 등주登州에 가서 교역했고, 같은 해 10월에는 고려의 배가 청주靑州에서 무역을 했으며, 광종 9년(958)에는 후주後周에서 비단 수천 필로 구리를 무역해 왔다는 기록이 남아 있다. 당시 당나라 상인들의 왕래가 한창일 때를 노래한 〈예성강곡禮成江曲〉이 있으나 전하지는 않고《고려사》〈악지〉에 그 유래가 전하는데 한번 보자.

> 예성강 노래 두 편이 있다. 옛날 당나라 상인 하두강이 바둑을 잘 두었다. 그가 한번은 예성강에 이르러 아름다운 여인을 보고서 그 남편과 바둑 내기를 하

여 여인을 취하려고 하였다. 그는 그녀의 남편과 바둑을 두되 일부러 지고는 물건을 약속한 양보다 갑절이나 실어다 주었다. 이에 재미를 붙인 그녀의 남편은 더 많은 물건을 갖고 싶어 자신의 처를 두고 바둑을 두었다. 하두강은 단판에 이겨 여자를 배에 싣고 가 버렸다. 그 남편은 너무도 원통하여 이런 노래를 지었다. 세상에 전해 오기를 그 부인이 배에 실려 갈 때 몸단속을 심히 굳게 하여서 하두강은 그녀를 간음하려 하였으나 성공하지 못하였다. 그런데 배가 바다 한가운데에 이르러 빙빙 돌면서 나아가지 않으므로 점을 치니 '절개 있는 부인에게 감동된 바가 있어서 그러는 것이니 그 부인을 돌려보내지 않으면 배는 반드시 깨질 것'이라고 하였다. 뱃사람들은 그만 겁을 먹고 하두강에게 권고하여 부인을 돌려보냈다. 부인 역시 노래를 지었으니 그 후편이 바로 이것이다.

가사가 전하지 않는 이 노래는 추정하기로 남편과 아내의 합작품이었을 것이다.

벽란도를 출입하던 외국 무역선은 송나라 상선이 가장 많았고, 일본 상인과 동남아 여러 나라와 멀리 아라비아 상인들까지 찾아왔으며 근처에 외국 사신을 영접하기 위한 벽란정碧瀾亭까지 있다. 원래 예성항이었던 곳이 이 정자의 이름을 따서 벽란도가 되었다. 우벽란정에서는 조서詔書를 안치하고, 좌벽란정에서는 사신이 도착하거나 떠나기 전에 대접하는 일을 했다. 벽란도에서 개경까지 동서로 도로를 놓는 등 외교 면에서도 아주 중요한 곳이었다. 권근은 기문에서 벽란도를 다음과 같이 설명했다.

송도 서북쪽 여러 골짜기 물이 모여 긴 강이 되어서 바다로 흘러 들어가는데

예성강 철교

황해남도 배천군과 개성시 개풍군 사이를 흘러 강화만으로 들어가는 예성강어귀에 고려시대 대표 무역항인 벽란도가 있다.

그 나루터를 벽란이라 한다. 국도에 가까우므로 건너다니는 사람이 많고, 산이 가까우므로 강류가 빠르며 바다에 가까우므로 조수가 세게 밀려서 건너는 이들이 또한 매우 괴롭게 여긴다. 나라에서 관원을 두어 맡게 하였는데, 강 언덕을 따라 내려가면 옛날에는 초루草樓가 있었으니, 나루터 일을 맡아보는 관원이 거처하는 곳이었다. 강은 바다와 하늘에 닿아 있고 산은 들판을 가로질러 구불구불하여 아득히 멀어 끝이 없으니 형세의 절승한 것이 제일이라고 할 만하다.

국방의 요충지 강령군

서해에 길게 뻗어 하나의 큰 반도를 이루는 강령군康翎郡의 진산은 봉황산이다. 강령군에는 등산곶이 있는데 조선시대 국방의 요충지로서 만호진이 설치되어 있었으며 해주로 가는 뱃길이었다. 《신증동국여지승람》의 설명을 보자.

등산곶登山串은 고을 남쪽 60리에 있다. 백사정白沙汀이 있는데, 조수가 물러가면 흰 모래가 평평하며 넓고, 진흙 감탕이 없어서 말을 달려 사냥을 할 만하다. 곧 옛날 해주 땅인데 사슴이 많아서 수백 마리씩 떼를 지어 다닌다. 고려 때 신우가 요동을 치려고 하여 5부의 장정을 동원하여 군병을 삼으면서 서쪽으로 해주 백사정에 사냥 나간다고 빙자하여 말했는데 곧 이곳이다. 지금은 목장이 되었다.

강령 지방에 전승되어 온 탈춤이 '강령탈춤'이다. 봉산탈춤과 함께 지역 탈춤의 쌍벽을 이루는 이 탈춤은 해마다 5월 단오 때 행하던 민속춤이다. 삼한시대부터 있었다는 설도 있지만 신빙성이 없으며, 경술국치로 조선이 무너진 뒤 해주 감영 소속 가무인들이 해산되자 통인청通引廳을 중심으로 모이던 탈꾼들이 흩어지면서 그 일부가 강령으로 모여들어 이들에 의해 시작되었다는 설이 유력하다. 강령 부근에 오랜 전통을 가진 재인才人 부락인 강천리가 있었던 것도 강령탈춤 발전에 영향을 끼친 듯하다. 강령의 놀이패들은 5월 6일에서 8일까지 사흘간 황해도 감영에 나가서 여러 탈춤패와 경연을 벌였다. 강령탈춤은 봉산탈춤처럼 흥행하지는 못하고 일시 중단되기도 했지만 국가무형문화재 제34호로 지정되었다.

옹진군甕津郡은 고구려 때 옹천甕遷이라 불렸다. 고려가 개국한 뒤 옹진으로 고쳤으며 1952년 옹진군으로 개편했다. 옹진의 진산은 화산이다. 고려 고종 때 베트남에서 귀화하여 화산 이씨의 시조가 된 이용상李龍祥은 베트남의 진씨 왕조가 이씨 왕조를 찬탈하자 근친을 이끌고 바다를 건너 옹진에 상륙한 뒤 고종으로부터 화산군에 봉해졌다. 그는 몽골이 침입했을 때 용감히 싸워 옹진을 수호하는 데 큰 공을 세우기도 했다.

우리나라에서 가장 큰 반도인 옹진반도에 자리한 벽성군碧城郡에는 대동만, 옹진만 등 여러 개의 만과 곶 그리고 섬들이 펼쳐져 있다. 또한 산은 높지 않으나 봉우리가 둥글고 푸근한 느낌을 준다. 정상에 오르면 굴곡이 많은 해안선과 창린도, 어화도 등이 한눈에 들어오고 국사봉, 대덕산 등 높이 솟은 산들이 보인다. 벽성군의 특산물은 감이다. 옹진 북쪽에 위치한 태탄군苔灘郡은 1952년 행정 구역 개편 시 장연군과 신천군의 일부 지역을 분리해서 신설한 군이다. 이곳은 특히 해삼과 대합조개가 유명하다.

이중환은 황해도의 특성을 다음과 같이 기록하며 마무리한다.

황해도는 국도國都 서북쪽에 위치하여 지역이 평안도나 함경도와 이웃하였으므로 습속이 활쏘기와 말타기를 좋아하는 한편, 문학을 공부하는 선비는 적다. 산과 바다 사이에 끼여 있어 납, 철, 면화, 찹쌀, 멥쌀, 생선, 소금을 생산하고 팔아 이익을 얻는다. 부유한 자는 비교적 많은 편이나 사대부는 적다.

그러나 평야 지대에 있는 여덟 고을은 땅이 기름지고, 바닷가 열 고을은 경치로 이름난 곳이 많으니 또한 살지 못할 곳은 아니다. 이 도의 지세가 서해로 불쑥 들어가서 삼면은 바다에 임하였고 동쪽 한 면만이 남북으로 통행하는 한 길에 닿아 있다.

강원도

모든 길이 빽빽한 숲속 그리운 땅

개요

강원도는 함경도와 경상도 사이에 있다. 서북쪽으로는 황해도 곡산부나 토산현 등과 이웃하였고, 서남쪽으로는 경기도와 충청도와 서로 맞닿아 있다. 철령에서 남쪽으로 태백산까지는 산등성이가 가로 뻗쳐서 하늘과 구름에 닿은 듯하며, 산등성이 동쪽에는 아홉 고을이 있다. 북쪽으로 함경도 안변과 경계가 닿은 흡곡歙谷과 통천通川, 고성高城, 간성杆城, 양양襄陽과 옛 예맥의 도읍이었던 강릉江陵, 삼척三陟, 울진蔚珍 그리고 남쪽으로 경상도 영해부寧海府와 경계가 맞닿은 평해平海가 그곳이다.

이 아홉 고을은 모두 동해 가장자리에 있어 남북으로는 거리가 거의 1000리나 되지만, 동서로는 함경도처럼 100리도 못 된다. 서북쪽은 산등성이에 막혔고 동남쪽은 멀리 바다와 통한다. 태산 밑이어서 지세가 비록 비좁지만 산이 나지막하고 들이 평평하여 명랑 수려하다. 동해는 조수가 없어 물이 탁하지 않아서 벽해碧海라 부른다. 항구와 섬 같은 앞을 가리는 것이 없어 큰 못가에 임한 듯 넓고 아득한 기상이 자못 굉장하다.

또한 이 지역에는 이름난 호수와 기이한 바위가 많아 높은 데 오르면 푸른 바다가 넓고 멀리 아득하게 보이고 골짜기에 들어가면 물과 돌이 아늑하여 경치가 나라 안에서 참으로 제일이다.

《택리지》〈팔도총론〉 강원도江原道의 첫머리에 실린 글이다. 이 아홉 고을의 서쪽에 금강산, 설악산, 두타산, 태백산 등이 있는데 산과 바다 사이에 기이하고 훌륭한 경치가 많다고 했다.

강릉과 원주에서 따온 이름인 강원도는 한민족의 근간으로 추정되는 예맥족濊貊族이 살던 땅으로, 고구려 태조 때에 고구려 땅이 되었다. 신라 진흥왕 때부터 신라에 속했으며, 고려 때 여러 이름으로 고쳐 부르다가 조선 태조 4년(1395)에 지금의 강원도라는 이름을 얻게 되었다.

강원도 지역의 풍속에 대하여는《후한서》〈동이전〉에 "예맥 지역 사람은 성품이 우직하고 성실하며 욕심이 적어서 청하거나 구걸하지 않는다. (…) 질병을 아주 싫어하여 사람이 죽으면 살던 집을 홀연히 버리고 다시 새집을 짓는다"고 기록되어 있다. 이것을 보아도 여타 지역과는 다른 풍속이 있었음을 알 수 있다. 또한 "산이 많고 들이 적어 부드럽고 근면하다. (…) 예의범절을 서로 앞세우는 천고의 고장이다"라고도 실려 있다.

《세종실록지리지》에 "동쪽은 양양 바다 어귀에 이르고, 서쪽은 경기 가평현에 이르며, 남쪽은 충청도 영춘현에 이르고, 북쪽은 철령에 이르는데, 동서가 250리, 남북이 558리"라고 기록돼 있다. 백두대간이 지나는 함경남도 안변군 신고산면과 강원도 회양군 하북면의 경계에 있는 철령에서 남쪽으로 금강산, 설악산을 지나 태백산까지는 고개의 등성이가 가로 뻗쳐서 하늘과 구름에 닿은 듯하며, 고개 동쪽에는 여러 도시가 펼쳐져 있다. 예로부터 철령 북쪽을 관북 지방, 동쪽을 관동 지방이라 했다.

같은 도에 살면서도 서로 다른 삶을 영위했던 강원도는 여러 차례에 걸쳐 고을들이 합쳐지고 나뉘었다. 그런 상황에서 한반도가 남과 북으로 나뉘면서 두 개의 강원도가 되고 말았다. 회양, 안변, 금성, 낭천, 이천, 통천, 고성, 흡곡이 북쪽의 강원도가 되면서 철원, 평강, 김화 등의 일부분이 북한에 속하게 되었고, 그 나머지가 남쪽의 강원도로 재편되어 오늘에 이르고 있다.

강원도에는 나라의 명산으로 알려진 금강산이나 원산의 명사십리 등 이름난 명승지들이 많다. 산수가 빼어나게 아름다워 시인과 묵객들의 답사처로 주목을 받았다. 강원도는 이중환이 어렸을 당시만 해도 "모든 길이 빽빽한 숲속에 있었다" 할 만큼 낙후 지역의 대명사였으나 점차 산천이 개간되었다.

선친께서 계미년(숙종 29, 1703)에 강릉 부사로 부임하셨는데 그때 내 나이 열넷이었고 가마를 따라갔다. 운교에서 서쪽 대관령에 이르도록 그 사이는 평지와 고개를 막론하고 모든 길이 빽빽한 숲속에 있었다. 무릇 나흘 동안 길을 가면서 쳐다보아도 하늘과 해를 볼 수 없었다. 그런데 수십 년 전부터 산과 들이 모두 개간되어 농지가 되었고, 마을이 서로 잇닿아 산에는 한 치 굵기의 나무도 없다. 이를 미뤄 보면 다른 고을도 이와 같음을 알 수 있는데, 태평성대라 인구가 점점 많아짐을 알겠으나 산천은 손해가 크다.

오늘날에도 강원도는 전 국토에서 땅이 가장 잘 보전된 곳이다. 자연 산천이 아름답고 청정한 지역으로 알려져 수많은 사람들이 가고 싶어 하는 곳, 살고 싶어 하는 곳으로 자리매김하고 있다.

1

높고 높은 금강산 일만이천봉

추가령 지구대

강원도 평강군 고삽면과 함경남도 안변군 신고산면의 경계에 있는 추가령楸哥嶺은 해발 752미터의 고개다. 일명 죽가령이라고도 하는 이 고개를 중심으로 우리나라의 지질, 지형을 구분하는 추가령 지구대가 북북동에서 남남서 방향으로 뻗어 있으며, 추가령 열곡裂谷 혹은 추가령 구조곡構造谷이라고도 한다.

이규경李圭景은 《오주연문장전산고五洲衍文長箋散稿》〈지리산변증설〉에서 한반도의 산줄기를 백두산에서 지리산까지 이어지는 것으로 적고 있는데 그중에 "분수령이 되고, 철령이 되고, 흘러서 대관령이 된다" 하면서 추가령 부근을 분수령으로 표시했다. 그러나 고종 9년(1872)에 제작된 〈삼방진도三防鎭圖〉에는 추가령과 분수령을 별개로 표기한 것으로 보아 조선 후기에는 추가령과 분수령을 다르게 보았음을 알 수 있다.

그러나 김정호의 〈대동여지도〉에는 분수령, 추포령, 철령, 추지령의 순으로 백두대간이 연결되어 있다.

《여지도서》 〈평강군〉에는 분수령에 대하여 다음과 같이 실려 있다.

> 분수령은 설탄령에서 뻗어 나온다. 백두산 줄기의 형세가 이곳에 이르러 둘로 나뉜다. 하나는 회양부 철령의 으뜸이 되는 줄기를 이루고, 다른 하나는 평강 백빙산白氷山의 으뜸이 되는 줄기를 이룬다. 고개 위는 평평하고 널찍한 것이 마치 담요를 깔거나 자리를 펴놓은 듯하다. 관아에서 북쪽으로 49리에 있다.

고려 말 문신 김구가 이곳 분수령을 지나가다가 다음과 같은 시 한 편을 남겼다.

> 두견새 소리 속에 보이는 것은 청산뿐이로구나
> 온종일 푸르고 빽빽한 산속을 뚫고 간다
> 한 시내를 몇 굽이나 건넜던고
> 잔잔한 물소리를 보내고 나면 또 졸졸 들려오네

이 골짜기는 분수령에서 시작하여 서울을 거쳐 서해안까지 호弧를 그리며 전개되는 낮고 긴 협곡이다. 이 지대는 서쪽의 한북정맥과 동쪽의 백두대간 사이에서 발달했다 하여 지형과 지질상 남한과 북한을 양분하는 구조선을 이룬다. 예로부터 서울과 원산을 연결하는 경원가도京元街道가 통과하는 길목으로 사람들의 발길이 잦았다. 근대에는 경원선의 개

ⓒ유철상

세존봉

세존봉은 신계천 건너 서남쪽에 높이 솟아 있는 웅장한 바위산(1122미터)이다.
산 정상에서 주위의 경관을 비롯해 온정리와 비로봉 등을 볼 수 있다.

통으로 교통의 요지가 되었다. 추가령에는 통행하는 사람을 검문하는 3개소의 관방關防이 설치되어 있었기 때문에 여기서 삼방협곡三防峽谷이라는 이름이 유래하기도 했다.

우리나라에서 특수한 지형으로 알려진 추가령 지구대를 두고 단층 운동으로 생겼다고 주장하는 학자도 있다. 그러나 요즘에는 지구대 양쪽에 있는 딱딱한 편마암 사이에 지반이 약한 화강암대가 함경도 안변군을 거쳐 동해로 들어가는 남대천과 남서쪽으로 흘러가는 임진강의 침식 작용을 받아 이루어진 침식곡이라는 설도 제기되고 있다.

어느 때인지는 몰라도 이 일대에 화산이 터졌을 때 땅이 몇십 미터 폭으로 푹 꺼져 함경도에서 한반도를 가로질러 뻗어 내렸는데 이곳을 일컬어 한국의 그랜드캐니언이라고 부른다. 강물이 굽이쳐 돌고 물살이 빠른 것은 이 때문이며, 도처에 아름다운 명승지를 낳게 된 내력이기도 하다. 깎아지른 듯한 벼랑 수십 척 아래로 흐르는 한탄강을 이곳 사람들은 '천연적인 하수도가 워낙 좋아 결코 홍수 지는 법이 없다'라고 자랑한다.

백두산에서 비롯한 백두대간이 추가령에서 한북정맥이라는 이름을 달고 남서쪽으로 이어진다. 백암산과 법수령을 지난 한북정맥은 휴전선 인근의 철책선을 넘어 대성산을 지난다. 그 뒤 한북정맥은 백운산, 운악산을 지나 포천에서 의정부길 옆에 있는 축석고개를 넘어 서울로 접어든다. 그 뒤 도봉산, 북한산(삼각산)을 거쳐 노고산, 고봉산을 지나 임진강과 한강의 합류 지점인 교하의 장명산에서 그 맥을 접는다.

강원도에서 함경도로 바뀐 안변

안변군安邊郡은 강원도 북동부의 중심을 이루며 동해 연안에 맞닿은 군이다.

안변군은 1946년 9월 강원(북한)에 편입되었다. 1952년 12월 행정 구역 개편에 따라 일부 지역이 고산군과 세포군에 분리, 병합되고, 안변면·안도면·배화면·서곡면·신모면 전역과 통천군 흡곡면 일부 지역이 합쳐졌다. 1993년 현재 1개 읍(안변), 28개 리, 2개 노동자구로 이루어져 있다. 주요 산업은 쌀·감·사과 등의 농산물과 타일 제조업이 성하다.

《두산백과사전》에 실린 안변군의 연혁이다. 이수광이 이곳 안변에서 부사로 재임하는 동안 지은 시들을 엮은 《학성록鶴城錄》 중 〈군재에서 郡齋卽事〉라는 시의 일부를 보자.

설운(고개 이름)의 동북으로 관방이 웅장하니
남다른 산천이 한 구역을 이루도다
하늘 너머 돛단배는 국도에서 떠오고
나무 끝에 걸린 해는 회양으로 저무누나
몸이 한가하면 물고기와 자주 벗하거니와
일이 닥치면 기러기 행렬을 시름겹게 본다오
남천南川의 새 물이 불었다고 보고하니

가마 타고 때때로 용당龍塘으로 내려가네

안변군의 형승이 《여지도서》에는 다음과 같이 실려 있다.

학성鶴城 남쪽으로 철령을 마주 대하고, 북쪽으로 넓고 큰 바다를 등지고 있다. 황룡산黃龍山의 모습은 동남쪽에 우뚝한 절경이고, 백학산白鶴山의 형세는 서남쪽을 누르는 듯 웅장하다. 가운데에는 널따란 들판이 펼쳐지고 밖으로는 겹겹의 관문이 튼튼하니, 참으로 하늘이 빚어 낸 요충지다.

김극기는 이곳의 형승을 두고 "앞으로 곡산을 대하니 편편하기 책상 같고, 아래로 산골짜기를 굽어보니 아득하여 술잔같이 보인다" 노래했다.

안변군의 동부는 통천군, 서부는 법동군, 남부는 고산군과 회양군, 북부는 원산시 및 동해와 접하고 있다. 안변군은 고구려 때는 비열홀군比列忽郡 또는 천성淺城이라 했으며, 통일신라 때는 비열주比列州나 삭정군朔庭郡이라 했다. 고려시대에서 근세에 이르기까지는 등주, 학성, 학포, 영풍, 안변도호부, 안변군 등으로 바뀌었다. 안변의 풍속에 관한《여지도서》의 기록을 보자.

기자를 봉했던 옛 지역으로 남긴 교화를 아버지와 스승처럼 따른다. 병에 걸리면 무당에 의지하고, 상례와 제례에는 재산을 아끼지 않는다. 이 고을은 함경도로 들어서는 초입으로, 강원도 회양과 흡곡의 경계 지대에 있어 습관이나 풍속이 서로 비슷하다. 활쏘기와 말타기는 북쪽 고을보다 못하지만 예의 바른 풍속은 남쪽과 견줄 만하다.

대개 중간에 여진족이 바짝 닥쳐와 양주 간성으로 임시로 옮겨 살다가, 6진을 개척한 뒤에 각각 고향으로 돌아왔다. 남쪽 지방 사람들 또한 많은데, 왜적을 피해 온 이들로, 자손들이 가문을 이루었다. 문과, 무과와 생원시, 진사시의 합격자를 이따금 배출하니, 왕의 교화가 미쳐서 성대해진 것이 아니겠는가.

안변군의 산세는 추가령 지구대와 백두대간이 지나는 길목이라 높고 험하다. 백암산, 저두봉, 추애산, 풍류산, 황룡산 등이 솟아 있다. 풍류산風流山은 전해 오기를 공중에서 때로 음악 소리가 난다 하여 붙여진 이름이다. 황룡산은 산마루에 못이 있는데 날이 가물 때 이곳에서 기우제를 지내면 비를 내려 준다고 하며, 그 골짜기에도 아홉 개의 못이 있다고 한다. 황룡산 아래에 자리 잡은 학호鶴湖를 두고 수많은 사람들이 글을 남겼는데, 그중 한 편이 남구만南九萬의 시다.

하늘이 산과 바다로 경치 좋은 곳 가하게 하니
빼어난 풍경 십 리의 호수에 펼쳐져 이루었네
야트막한 겹겹의 산이 그림 속인 듯 아득하고
한 점의 높은 대臺는 호수 속에 외롭구나
푸른 물 위 다니는 배는 비단을 펼쳤나 놀라고
고운 모래밭은 맑은 구슬 부서질까 아까워하네
섬 가에 날아가는 외로운 두루미 얼핏 보이고
손님이 왔다고 알리는데 주인은 간데없네

이 밖에도 "물고기 거울 같은 호수 위로 뛰어오르니 가을의 달이요, 두루미 소나무 끝에서 춤추니 온 골짜기에 바람이 이네"라고 노래한 옛사람의 시도 있다. 북부에는 저지대와 안변평야가 펼쳐지며 남쪽 회양군 경계에는 장수봉이 버티고 있다. 한편 이곳의 설봉산雪峰山은 《여지도서》에 다음과 같이 실려 있다.

> 관아의 서쪽 35리에 있다. 백학산에서 줄기가 뻗어 나온다. 가파른 벼랑에 더해 겹쳐진 산봉우리가 칼을 뽑은 듯, 창을 세운 듯하다. 다섯 봉우리가 특히 빼어나니 마치 삼각산 모습과 같다. 신선이 노닐 듯한 그 경치가 깊고 그윽하니, 가운데에 아흔아홉 골짜기를 감추고 있다. 그 아래에 석왕사釋王寺가 있다.

설봉산 아래에 자리 잡은 석왕사에 사왕탑四王塔이 있는데, 민간에 전해 오기를 도선국사가 세웠다고 한다. 도선이 당나라에서 술법 하나를 배운 후 귀국해 3800개의 비보사탑을 세웠는데, 이 탑이 그중 하나라고 한다. 원래는 9층이었으나 지금은 무너지고 떨어져 다만 2층만 남아 있을 뿐이다. 석왕사가 있던 이곳은 신라 때는 청산青山이었고, 고려 때는 문산현文山縣, 그 뒤 조선시대에는 문산사文山社라고 불리다가 1914년에 석왕사면으로 바뀌었다.

안변군에는 강원도를 비롯한 북한 지방에서 보기 드물게 '안변 30리 벌판'이라 불리는 넓은 들이 펼쳐져 있다. 안변군은 위도가 높은 곳에 있으나 기후가 비교적 온난하여 감과 배가 많이 나며, 특히 안변배는 품질이 좋기로 이름이 높다. 또한 안변으로 들어가는 길목에 있던 화산정花山

亭은 울창한 소나무 숲이 10리를 뻗어 아름다운 경치로 손꼽혔다 한다.

안변군 신고산면과 회양군 화북면의 경계에 있는 철령鐵嶺은 해발 685미터로, 이 고개의 북쪽을 관북, 남쪽을 관동이라고 부른다. 고려 때 관문을 설치하여 철관鐵關이라고도 불렀는데, 산세가 매우 험준하여 남북의 경계가 되니 방어 시설을 둘 만한 곳이었다. 정도전은 이곳을 두고 "철령의 산은 높아 칼날과도 같은데, 동쪽으로 바다 하늘을 바라보니 아득하기만 하다. 가을바람은 유난스레 양쪽 귀밑을 불어 스치는데, 말을 몰아 아침에 북녘 변방에 왔노라"라고 노래했다. 또한 조선 전기 문신 변중량卞仲良은 "철관성 아랫길은 멀리도 뻗쳤는데, 안계에 가득 들어오는 노을과 물결에는 해도 기울었구나. 남으로 가고 북으로 오는 사이에 봄은 저물려 하는데, 가는 곳마다 말머리에 해당화가 피었네" 했다.

철령이 역사의 한복판에 우뚝 선 것은 고려 우왕 13년(1387) 12월이었다. 명나라는 당시 자국에 사신으로 온 설장수偰長壽를 통하여 철령 이북은 본래 원나라 땅이니 요동 관할하에 두겠다고 통보해 왔다. 즉 요동에서 철령에 이르기까지 70여 개의 역참을 설치하겠다는 것이다. 이 소식을 들은 고려는 유사시에 대비하여 전국의 성을 수축하고 서북면에 무장들을 증파했다. 또한 철령뿐 아니라 그 북쪽에 자리 잡은 공산령은 본래 고려의 영토이므로 요동 정벌을 결의했다. 결국 이성계의 위화도 회군으로 요동 정벌은 이루어지지 않았지만 명나라 역시 철령위를 적극적으로 설치하고자 하지 않았는데, 그것은 고려의 북진 기도를 저지하면서 요동을 확고하게 통치하고자 했기 때문이다. 그런 연유로 철령 이북의 땅은 명나라에 귀속되지 않았지만 고려 멸망의 계기가 되었다.

관동 문화와 관북 문화의 분기점이기도 한 이곳 철령을 넘어 철종 때 유배를 갔던 김진형金鎭衡은 유배지에서 돌아와 〈북천가北遷歌〉를 지어 당시 상황을 남겼다.

> 강원도 북관 길이 들었던 것이나 보는 것이나 같구나. (…) 철령을 향해 가니 천험天險한 청산이요, 촉도蜀道 같은 길이로다. 요란한 운무 중에 일색日色이 끝이 난다. 남여藍輿를 잡아타고 철령을 넘는구나. 수목은 울창하여 암석을 가리고 암석은 총총하여 엎어질 듯 넘어질 듯 중허리에 못 올라서 황혼이 거의로다. 상상봉 올라서니 초경初更이 거의로다. (…) 횃불을 신칙申飭하여 화광火光 중 내려가니 남북을 몰랐으니 산의 형세를 어이 알리. (…)

이렇게 길이 험난했으므로 "앞에 가는 사람의 발뒤꿈치가 뒤에 따라가는 사람의 이마를 친다"라는 누군가의 글도 남아 있는 것이다.

한편 안변에는 다음과 같은 가슴 아픈 이야기 두 편이 전해져 온다. 하나는 안치鞍峙의 화형암畵形巖이라는 바위에 서린 전설이다. 옛날에 북쪽으로 장성을 쌓는 부역을 하러 가는 사람이 있었다. 떠나갈 때 그의 아내는 임신 중이었다. 그는 어느 날 길에서 쌀을 짊어지고 가는 젊은이와 마주쳤다. 그 역시 장성으로 부역을 가는 사람이었다. 젊은이의 고향 마을을 물어본 그는 그가 제 아들이라는 사실을 알았다. 마침내 둘은 서로 부여잡고 서럽게 통곡했다. 그들은 손가락을 깨물어 피를 내서 자신들의 모습을 벼랑 위에 새기고는 둘 다 죽어 다시 살아나지 못했다. 이에 사람들이 그곳에 장사를 지냈다. 그 뒤에 오가는 사신들이 이 그림을 보고 기이한 광경으로 여겼다. 역졸들이 무덤을 무너뜨리고 바위를 깨뜨리니 벼랑은 옛 모습으로 되돌아왔다. 그러나 날이 흐리거나 비가 와서 축축해지면 여전히 핏자국이 완연하게 돌에 스민다고 한다.

또 다른 이야기는 혈모로血冒路라는 길에 얽힌 내용이다. 임진왜란 때 왜적들이 이 고을에 가득하여 해를 넘기며 오래도록 머물렀다. 난리를 피해 도망갔던 백성들이 돌아와 다들 뒤섞여 살았다. 하루는 이 고을 사람이 왜적 두 사람을 초청해 술을 마시고는 묵게 했다. 잠들기를 기다려 그들을 죽이기로 하고 마침내 한 사람은 도끼로 왜적 하나를 베고, 다른 한 사람은 도끼를 들어 베려다가 잘못해 집의 들보를 맞추었다. 왜적이 놀라 달아났으나 붙잡지 못했다. 왜적을 베어 죽인 사람은 온 가족이 달아나 피했으며, 온 고을 사람들도 화가 미칠까 두려워서 잇달아 다투어 달아나니 읍내가 텅 비어 사람이 없었다. 왜적들이 모르는 척 조용히 있으니, 한 달이 지난 뒤 도망했던 사람들이 돌아와 모여들었다. 왜적들은 조용해지기를 기다렸다가 군사를 풀어 백성들을 읍내의 서쪽 큰길로 몰아내고는 마구 죽이니 흐르는 피가 길에 가득했다. 후세 사람들이 피로 덮인 길이라는 뜻으로 이 길을 '혈모로'라 불렀다.

이곳 안변을 노래한 민요도 있다. "신고산이 우루루루 함흥차 가는 소리에 구고산 큰 애기 반봇짐만 싸누나 어랑어랑 어허야 어허야 더야 내 사랑아 (…)" 이 민요는 안변의 신고산면을 배경으로 한 것이다. 그 밖에 〈따방녀〉라는 민요도 안변에서 불렸다. "따방따방 따방녀야 네 어데로 울며 가니. 네 어미 몸진골로 젖 먹으러 울며 가네. 관문이 문 같으면 열고 닫고 보련마는 (…)."

ⓒ 유철상

해금강과 해당화

삼일포 앞바다의 산과 갯바위가 금강산을 닮았다고 해서 해금강이라는 이름이 붙었다.

ⓒ유철상

해만물상

총석정은 주상절리가 발달해 금강산의 만물상이 바다 위에 떠 있는 것만 같다.
맑은 물 밑과 물 위로 해만물상이 펼쳐져 있다.

ⓒ유철상

수정봉

삼일포가 내려다보이는 수정봉은 금강산 최고의 전망 포인트 중 한 곳이다. 거북 등처럼 바위가 산을 덮고 있어 그 또한 절경이다.

ⓒ유철상

삼일포

고성에서 북한 온정리로 12킬로미터가량 가면 북쪽 언덕 너머에 있다.
호수 북서쪽에 거암이 솟았고, 남쪽 호안에는 기암이 많은 구릉이 있는 것이 특징이다.

한편 안변의 동쪽에는 흡곡歙谷이 있었다. 빼어난 경승지인 시중대가 있는 흡곡은 강원도(북한) 통천군 북부에 있던 옛 고을로 본래 습비곡현習比谷縣이었다. 신라의 삼국통일 후 경덕왕 16년(757)에 습계로 고쳐 금양군金壤郡(통천通川)의 영현이 되었다. 그러다가 고려 초인 태조 23년(940)에 다시 흡곡으로 이름을 바꾸고 금양군의 속현이 되었다. 고종 35년(1248)에 현령을 파견했으며, 조선시대에도 흡곡현을 유지했다. 《여지도서》에 소개된 흡곡의 풍속은 다음과 같다.

> 인심이 성실하며 굳세니, 자못 함경도의 풍습과 비슷하다. 곡식 농사에 힘쓰고 뽕나무와 삼을 심어서 농사와 길쌈에 전념한다. 글이나 학문을 생업으로 삼는 사람은 적고 수수하고 허름한 구석이 많으므로 백성들의 풍속이 실로 서투르고 무식하다.

흡곡의 별호는 학림鶴林이었다. 지방 제도 개편에 따라 1895년에 강릉부에 편입되었다가, 1896년 강원도 흡곡군이 되었다. 1910년 흡곡군이 폐지되어 통천군에 병합되었다.

총석정이 있는 통천

통천군通川郡은 본래 고구려의 휴양군休壤郡이었다. 신라 때 금양군金壤郡으로 고쳤다가 고려 충렬왕 11년(1285)에 통주방어사로 승격했고, 조선 태종 13년(1413)에 지금의 이름으로 고쳤다.

이첨의 《상평보기常平寶記》에서 "통주는 염분이 많은 땅이므로 농사를 지어도 굶주림을 면치 못한다. 백성들은 오직 어염의 이익으로써 무역하여 먹고산다"라고 했다. 그리고 바로 이곳 통천군에 관동팔경 중 한 곳인 총석정叢石亭이 있다. 《신증동국여지승람》에서 "총석정은 고을 북쪽 18리에 있다. 수십 개의 돌기둥이 바다 가운데 모여 섰는데 모두가 육면이며 형상이 옥을 깎은 것 같은 것이 무릇 네 곳이다" 했다. 전해 오는 이야기에 따르면 이 네 기둥〔四石柱〕을 신라 때의 술랑, 남랑, 영랑, 안상의 네 신선이 이곳에서 놀며 구경했기 때문에 '사선봉四仙峰'이라 이름했다고도 한다. 고려 후기 문인 안축安軸이 이야기하는 총석정 사선봉을 보자.

> 사선봉에서부터 좀 북쪽으로 가면 돌의 형상이 또 변하는데, 혹은 길고 혹은 짧으며 혹은 기울고 혹은 가로놓이며 혹은 쌓이고 혹은 흩어져서 실로 모든 것이 기괴하고 이상하다. 이것은 사실 재주 있는 공인이 정으로 쪼아서 만든 것이 아니다. 대개 천지가 생긴 시초에 원기로 모여 이루어진 것으로서 그 타고난 형상에 공교한 것이 이렇게 이상하니 괴이하다고 할 만한 일이며 총석으로 이름한 것도 알맞은 것이다.

통천군과 남부 금강군의 경계에 추지령楸池嶺이 있다. 비숍은 《한국과 그 이웃 나라들》에서 다음과 같이 추지령 일대를 묘사했다.

> 추지령은 '아흔아홉 구비'라는 이름답게 삐죽삐죽한 지그재그의 수가 '일만

이천봉'의 경우처럼 꼭 과장이라고만 할 수 없었다. 지나치게 바위투성이인 탓에 걷기에 몹시 힘이 드는데, 이 길은 여름보다 눈길일 때 넘기가 더 용이할 것 같았다. 갑자기 방향을 틀면 수풀 옷을 입은 산에 이르고, 다시 참나무와 스페인밤나무, 라임나무, 참나리 그리고 찔레꽃과 산목련나무가 짙게 우거진 굉장한 산악이 등성이를 이루고 있다. 북쪽에는 향천산이 솟아 있는데, 이 기품 있는 산과 볼만한 경치는 상당히 이지러져 뾰족한 바위와 절벽으로 쪼개져서 그 정상 가까운 데에는 소나무가 제왕 구실을 하는 소나무 숲이 드리워져 있다. 이 고개를 한 시간 반 정도 내려오면 길은 여기저기에 숨 막힐 정도로 만발한 산목련과 고광나무꽃, 찔레로 둘러싸여 15.2미터 폭의 너비폭포에 이른다.

해발 643미터인 추지령 부근에서 북한강이 시작된다. 추지령은 예로부터 영서와 영동 지방을 이어 주는 교통상 중요한 고개였다. 현재 추지령에는 통천에서 금강, 회양, 김화, 창도 등으로 가는 도로가 놓여 있다. 동해 바닷가에 인접한 흡곡군은 1910년에 통천군에 편입되어 지금은 통천군 흡곡면으로 남아 있다.

수수하고 허름한 사람이 많아도 경치가 아름다운 흡곡의 명소는 시중대侍中臺가 있는 시중호다. 흡곡 해안에 있는 시중호는 석호로서, 물이 맑고 주위에 송림이 우거져 조선시대에는 이름난 명승지였다. 특히 남쪽의 통천과 안변을 연결하는 교통의 요충지이기도 했다. 《신증동국여지승람》의 기록을 보자.

고을 북쪽 7리쯤에 긴 멧부리가 뻗어 나가다가 동쪽으로 서렸는데 삼면이

총석정

총석정은 강원도 통천군의 동해 바닷가에 있는 기이한 명승으로 육모의 돌기둥과 광활한 바다가 아우러져 관동팔경 중에서도 가장 빼어난 경치를 자랑하는 곳이다.

모두 큰 호수다. 호수 물이 넘치고, 물가가 돌고 굽으며 밖으로는 큰 바다가 둘렀으며 작은 섬이 바다 가운데 들어선 것이 일곱이 있으니, 천도, 묘도, 우도, 승도, 석도, 송도, 백도다. 호수와 바다 사이에 푸른 소나무들이 길을 끼고 있다. 이 대臺의 옛 이름은 칠보七寶다. 세조 때 순찰사 한명회가 여기에 올라 구경할 적에 마침 우의정으로 임명한다는 왕명이 이르렀기 때문에 시중대라고 고쳐서 기쁜 뜻을 표하였다. 경치가 경포대와 필적할 만하다.

관동팔경에 들지 않아도 수많은 사람들이 경치를 보기 위해 찾았던 시중호는 지금도 짙푸른 빛을 발하며 사람들이 즐겨 찾는 곳이다.

금강과 회양에 걸친 금강산

금강군金剛郡은 한국전쟁이 마무리되던 1952년 행정 구역 개편 당시 회양군과 인제군 및 양구군의 일부 지역들을 분할, 통합하여 새로 만든 군이다. 강원도의 남동부에 있으며, 북부는 통천군, 서부는 회양군과 창도군, 남부는 남쪽 강원도의 인제군과 양구군, 동부는 고성군과 인접한다.

금강군 서편에 자리한 회양군淮陽郡은 강원도 중부에 위치한 군으로, 동쪽으로는 금강군과 통천군, 북쪽으로는 안변군과 고산군, 서쪽으로는 세포군, 남쪽으로는 김화군과 창도군에 맞닿는다. 고려 때 이물성伊勿城, 교주交州, 회양 등으로 불리다가 조선시대에는 회양도호부로 승격되었다. 1895년에 지방 관제가 개편되면서 회양군으로 개칭되어 춘천부에 속했다가 다음 해에 강원도에 속하게 되었다. 1945년 광복과 함께 남북이 분단되면서 회양군 전역이 38도선 이북 지역으로 들어갔으며, 한국전쟁 후에도 휴전선 북쪽에 위치하게 되었다.

《여지도서》에 실린 이곳의 풍속을 보자.

> 상례와 장례를 조심스럽게 행하며, 무당과 박수를 숭상한다. 곡식 농사에 열심이며, 칡베 옷을 짜는 데 힘쓴다. 더러는 담배를 재배하여 영동 지방의 해산물과 바꾸어서 생계를 유지한다. 성실하고 순박하며 검소하고 인색하다.

《신증동국여지승람》에는 "겹친 언덕과 중복된 재가 그윽하게 깊고 매우 험하다"라고 회양의 형승이 기록되어 있다. 회양의 진산은 의관령이고 그곳에 금강산이 있다. 《신증동국여지승람》에는 금강산에 얽힌 이야기가 다음과 같이 나와 있다.

> 금강산은 장양현의 동쪽 30리에 있다. 부와의 거리는 167리다. 산 이름이 다섯 가지이니, 금강, 개골, 열반, 풍악, 기달로 (…) 산은 모두 일만이천봉으로, 바위가 우뚝하게 뼈처럼 서서 동쪽으로 창해를 굽어보며, 삼나무와 전나무가 들어서 있어 바라보면 그림과 같다. 일출봉과 월출봉의 두 봉우리가 있어서 해와 달이 뜨는 것을 볼 수 있다. 내산과 외산에 모두 108곳의 절이 있는데, 표훈사表訓寺, 정양사正陽寺, 장안사長安寺, 마하연摩訶衍, 보덕굴普德窟, 유점사楡岾寺가 가장 이름난 사찰이라고 한다.
>
> 신라 경순왕이 나라가 약하고 형세가 외롭다고 하여 국토를 들어서 고려에

항복하기를 모의하니, 왕자가 말하기를 "나라의 존망은 반드시 천명이 있는 것이니, 마땅히 충신, 의사와 백성의 마음을 수습하여 스스로 굳게 지키다가 힘이 다한 뒤에 그칠 일이지, 어찌 천년 사직을 하루아침에 경솔하게 남에게 넘겨줄 수 있겠습니까" 하였다. 왕이 말하기를 "고립되고 위태함이 이와 같으니 사세로 볼 때 보전할 수 없는데, 죄 없는 백성들로 하여금 싸우다가 죽어서 간과 뇌수를 땅에 깔아 버리게 하는 일을 나는 차마 할 수 없다" 하고 드디어 사자를 보내어 고려에 항복을 청하니, 왕자가 울부짖으며 왕에게 하직하고, 곧 이 산으로 들어와 바위에 의지하여 집을 만들고 삼베옷을 입고 푸성귀를 먹으며 여생을 마쳤다고 한다.

《여지도서》가 만들어진 영조 때 회양군에서 거두어들이는 전세는 좁쌀이 33석, 콩이 105석이었다. 이곳의 전세는 서울에 바치지 않고 부창府倉에서 거두어들였다가 함경도를 오가는 소나 말의 꼴값과 사람들의 음식값을 댔다. 그러나 대동미는 조정에 바쳤다. 무명으로 바꾼 것이 7동 3필이었고, 3월에 거두어들여 5월에 물길로 나흘 반 걸려 서울에 다다라 선혜청에 바쳤다. 균세도 그와 같았다.

금강산의 이름 온 천하에 드높아

《신증동국여지승람》에 따르면 금강산을 부르는 이름은 다섯 가지다. 금강산金剛山, 개골산皆骨山, 열반산涅槃山, 풍악산楓嶽山, 기달산怾

ⓒ 유철상

고성 통일전망대

동해안 최북단 지점으로 전망대에서 금강산까지 약 16킬로미터밖에 되지 않아 일출봉, 월출봉, 세존봉, 비로봉 등의 아름다운 풍경을 감상할 수 있는 곳이다.

怛山이 그 이름인데, 금강과 열반은 불교적 이름이다. 이와 달리 사계절의 변화에 따라 그 경색이 달라져 판이한 정취를 주므로 계절에 따라 부르는 이름도 있다. 봄에는 온 산이 새싹과 꽃에 뒤덮이므로 금강이라 하고, 여름에는 봉우리와 계곡에 녹음이 무성하므로 봉래蓬萊라고 하며, 가을에는 일만이천봉이 단풍으로 곱게 물들기 때문에 풍악이라고 하며, 겨울이 되어 나뭇잎이 지고 나면 암석만 뼈처럼 드러나므로 개골이라고 부른다. 여러 이름으로 불리면서도 사람들이 금강산으로 통칭하는 것은 이 산이 불교의 영적인 산으로 알려졌기 때문이다.

금강산의 주봉은 비로봉(1638미터)이다. 북쪽으로는 영랑봉(1601미터), 옥녀봉(1424미터), 상등봉(1227미터), 오봉산(1264미터)이 있고, 남쪽으로는 월출봉(1580미터), 일출봉(1552미터), 차일봉(1529미터), 미륵봉(1538미터), 백마봉(1510미터), 호룡봉(1403미터), 국사봉(1385미터) 등이 솟아 있다. 《신증동국여지승람》에는 금강산의 만경봉, 백운대, 국망재, 비로봉을 큰 봉우리로 싣고 있다. 다음은 책에서 언급된 비로봉이다.

> 비로봉은 금강산의 주봉으로 바위 무늬가 오랫동안 산기운과 안개로 인하여 아롱지게 섞이어 눈〔雪〕빛 같다. 산 이름을 개골이라고 하는 것은 이 때문이다.

금강산의 일출봉과 월출봉에서 뜨는 해와 달의 모습은 그 어느 곳보다 아름답다. 다음은 권근이 금강산으로 가는 나암상인懶庵上人을 전송하는 시의 서문 중 일부다.

금강산은 우리나라 동해 가에 있다. 지형의 아름다움이 세상에 높이 뛰어났다. 그런 까닭에 그 이름이 천하에 퍼진 것이다. 내가 어릴 때 듣기로, "세상 사람들이 와서 보기를 원하지 않는 사람이 없으나, 그렇게 되지 못함을 한탄하여 그 그림을 그려 놓고 예배禮拜하는 사람까지 있었다"고 하였으니, 그 사모함의 간절함이 이러하였다. 나는 다행스럽게도 이 나라에 나서 이 산과의 거리가 수백 리도 안 되건만, 벼슬에 얽매이고 세속의 명리에 분주하여 일찍이 한 번도 가보지 못하였다. 그러나 표연히 떠나 멀리 가고 싶은 마음은 일찍이 가슴속에서 오락가락하지 않은 적이 없었다. 병자년(태조 5, 1396) 가을에 중국에 가서 천자를 뵈었더니 황제가 친히 글제를 내시어 시 20여 수를 짓게 하였다. 그 중의 하나가 금강산이라는 제목이었다. 이에 이 산의 이름이 과연 온 천하에 높아서 내가 어릴 때 들은 말들이 헛말이 아님을 알았다.

권근은 명나라에서 귀국하는 즉시 금강산에 가야겠다고 마음먹었지만 그전보다 더 바빠져서 끝내 금강산에 갈 수 없었다. 가고 싶다는 마음은 누구나 먹지만 그 소원대로 되는 것은 아니어서 조선시대 사대부들 중 금강산을 유람한 사람은 그다지 많지 않았다. 당시 권근이 중국 황제에게 바쳤던 금강산 시는 다음과 같다.

높고 높은 천만봉千萬峯이 눈처럼 희게 섰으니
바다 구름이 옥부용玉芙蓉을 열어 내놓았네
신령한 빛이 출렁거리니 창해滄海가 가깝고
맑은 기운이 일어나니 조화造化가 모임이로다

우뚝 높게 솟은 언덕과 봉우리는 조도鳥道에 임하고
맑고도 그윽한 골짜기는 신선의 자취를 숨기었네
동쪽으로 노닐어 문득 그 높은 정상에 올라
홍몽鴻濛(천지가 아직 나누어지지 않은 상태, 즉 광대하고 뚜렷하지 않은 상태를 말함)을 굽어보며 한번 시원히 가슴을 씻었으면

권근과 동시대인으로 조선왕조를 개창하는 데 한몫했던 하륜河崙도 금강산에 대한 글을 남겼다.

풍악은 진실로 기이하고 뛰어나서 사랑할 만하다. 납의衲衣를 입은 중들이 그 사이에 살고 있으니, 돌계단이 천 길이나 되어서 사람의 발자취가 드물게 이르기 때문에 마음이 경계와 더불어 고요하여 간혹 그 도道를 깨닫는 자도 있다. 그러나 그 산을 금강산이라고 일컫는 것은 장경藏經의 설을 빌린 것이다. 장경에서 금강산을 말하기를, "동해 팔만유순八萬由旬이 되는 곳에 일만 이천의 담무갈曇無竭(보살의 이름)이 항상 그 가운데에 머무른다"라고 하였으니 풍악을 말한 것은 아니다. (…) 그렇다면 풍악을 일컬어 금강산이라고 하는 것은 가설 중의 가설인 것이다. 지금 스님이 가는 것은 그 풍악의 기이하고 뛰어난 경치를 사랑해서인가, 그 금강이라는 가설을 사모함인가. 거짓된 설說이 한 번 나와 온 세상 사람들이 그치지 않고 분주히 달려가기에 내가 변박辨駁하려 한 것이 오래다. 이제 그대가 시를 청하는 것을 인하여 이미 그 옛날 산을 사랑하는 마음을 품었던 뜻을 제영하고 이어서 이 글을 쓴 것이니 그대는 참작할지어다. 만약 "모든 상相은 상相이 아니며, 진眞도 가假도 다 공空이라고

말한다면, 내가 감히 변론할 바가 아니다"라고 하였다.

하륜은 금강산에 대한 이야기가 사람들에게 잘못 전해지고 있는 것을 안타깝게 여겨서 금강산 답사를 떠나는 승려에게 이 글을 보냈던 것이다.

금강산을 유람했던 사람들은 아주 많다. 그중 고려 말 문장가이자 목은 이색의 아버지인 이곡李穀의 〈동유기東遊記〉에 나오는 회령灰嶺에 대한 글이 재미있다.

> 지정至正(중국 원나라 순제 때의 연호) 기축년 가을에 장차 금강산을 유람하려고 천마령天磨嶺을 넘어서 산 아래의 장양현에서 자고, 아침 일찍 잠자리 위에서 식사를 한 뒤에 산에 오르니, 구름과 안개에 덮여 어두컴컴했다. 사람들이 말하기를 "풍악을 유람하는 이가 구름과 안개 때문에 보지 못하고 돌아가는 일이 허다하다" 하니, 같이 유람하려 하는 자들이 다 근심하는 빛으로 묵묵히 기도하였다. 산에서 5리쯤 되는 곳에 이르자, 그늘진 구름이 차츰 엷어지면서 햇빛이 새어 나오더니, 배재에 올랐을 때는 하늘도 밝고 기운이 맑아서 산의 밝기가 다듬은 것 같았다. 이른바 일만이천봉을 낱낱이 셀 수 있을 것 같았다. 이 산에 들어오는 모든 사람은 반드시 이 고개를 지난다. 고개에 오르면 산을 보게 되고, 산을 보면 자신도 깨닫지 못하는 사이에 이마를 조아리게 된다. 그런 까닭에 배재拜岾(절하는 고개)라 한다.

조선 후기 학자 이만부李萬敷는 금강산의 일만이천봉을 바라보며 이런 글을 남겼다.

앞을 바라보니 일만이천봉과 마주하여 산맥은 아득하고 구불구불 이어졌는데, 날카롭게 치솟고 갑자기 우뚝한 물체가 날아오는 듯하여 무섭고 놀랍고 기쁘고 사랑스러우며 공경할 만하고 두려워할 만하여 내장까지 상쾌하게 물에 잠긴 듯하였다.

일제 강점기를 살았던 지식인들도 금강산에 많이 올랐다. 소설뿐 아니라 기행 문학으로 독자의 범위를 넓힌 춘원 이광수도 금강산을 유람한 뒤 〈금강산유기〉를 남겼다.

우리는 점심을 먹고 이럭저럭 한 시간이나 넘게 기다렸으나 인因해 운무가 걷히지를 아니합니다. 나는 새로 2시가 되면 운무가 걷히리라고 단언하고 그러나 운무 중에 비로봉도 또한 일경一景이리라 하여 다시 올라가기 시작했습니다. 동으로 산령을 밟아 줄 타는 광대 모양으로 수십 보를 올라가면 산이 뚝 끊어져 발아래 천인절벽이 있고, 거기서 북으로 꺾여 성루 같은 길로 몸을 서편으로 기울이고 다시 수십 보를 가면 뭉투룩한 봉두에 이르니 이것이 금강 일만이천봉의 최고봉인 비로봉 정상입니다. 역시 운무가 사색四塞하여 봉두의 바윗돌밖에 보이지 아니합니다. 그 바윗돌 중에 중앙에 있는 큰 바위는 배바위라고 부른다는데 배바위라고 함은 그 모양이 배와 같다는 말이 아니라 '동해를 다니는 배들이 그 바위를 표준으로 방향을 찾는다는 뜻'이라고 안내자는 설명합니다. 이 바위 때문에 해마다 여러 천 명의 생명이 살아난다고, 그러므로 선인들은 멀리서 이 바위를 향하고 제사를 지낸다고 합니다. (…)

이윽고 2시가 되니 문득 바람의 방향이 변하며 운무가 걷히기 시작하여 동에 번쩍 일월출봉이 나서고 서에 번쩍 영랑봉의 모양이 나오며 다시 구룡연 골짜기의 봉두들이 백운 위에 드러나더니 문득 멀리 동쪽에 심벽한 동해의 파편이 번뜩 반뜩 보입니다. 그러다가 영랑봉 머리로 고고한 7월의 태양이 번쩍 보이자 운무의 스러짐이 더욱 속速하여 그러기 시작한 지 불과 4, 5분 사이에 천지는 그물로 씻은 듯한 적나라赤裸裸가 아니라 청나라青裸裸한 모양을 드러냈습니다. 아아, 그 장쾌함이야 무엇에 비기겠습니까. 마치 홍몽 중에서 새로 천지를 지어내는 것 같습니다. "나는 천지창조를 목격하였다" 또는 "나는 신천지의 제막식을 보았다" 하고 외쳤습니다.

운무에 싸였다가 서서히 드러나는 것이 아니라 느닷없이 드러나는 금강산의 모습에 넋을 잃은 춘원의 묘사가 감칠맛 난다. 한편 일제 강점기를 살았던 언론인 문일평이 금강산을 유람하고 지은 《동해유기東海遊記》에 실린 구룡연 부근을 보자.

구룡연은 깎아지른 암벽에 내리붓는 200여 척의 폭포로서 그 웅대하고 장엄한 것이 사람을 압도하여 형용할 수 없는 일종의 위협의 감을 주었다. 나는 일찍이 박연폭포를 보았지만 박연폭포가 비록 기승하다고 하나 열 박연을 가지고도 한 구룡연을 대적할 것인가. 그러나 구룡연은 하나로써 미치는 것이 아니요, 이 밖에 상팔담上八潭이란 것이 있어서 대자연미를 이 위에는 더할 수 없이 아주 구족具足하게 만들어 놓은 조화의 기적이다. (…)

내외금강에 연담계폭淵潭溪瀑이 몇천 백으로 헤일 수 있으나, 오직 구룡연으로서 폭포미의 극치를 삼는 것이 마땅하니, 이것이 금강뿐 아니라 세계적 절

ⓒ유철상

통일전망대에서 바라본 금강산

통일전망대에서 금강산이 손에 잡힐 듯 가깝게 느껴진다.
비록 사람은 쉽게 갈 수 없는 현실이지만 구름은 신선처럼 금강산을 자유자재로 넘나든다.

ⓒ유철상

목란관

금강산 계곡 초입에 위치한 식당 겸 연회장이다.
금강산을 따라 내려온 옥빛 계곡물이 인상적이고 굽이굽이 금강산 자락이 펼쳐진다.

ⓒ유철상

구룡폭포

깎아지른 듯한 암벽에서 내리붓는 구룡폭포는 그 웅대하고 장엄한 것이
사람을 압도하여 형용할 수 없는 감탄을 자아낸다.

ⓒ 유철상

구룡연 연주담

금강산 등산로를 따라 줄 타는 광대 모양으로 수십 보를 올라가면 산이 뚝 끊어져
발아래 천인절벽이 있고 연못이 구슬처럼 박혀 있다.

승이 될 것이다. 아마 모르면 모르지만 저 일본의 화엄폭포와 중국의 여산폭포 같은 것도 도저히 이와 견주지 못할 것이다.

문일평은 이 폭포를 보고 나면 10년 동안 유람한 것보다 오히려 나은 영감이 생기리라고 극찬을 하면서 산 수양은 오로지 대자연을 통해서 이루어진다고 역설했다.

금강산에는 수많은 사람들의 사연들이 서려 있는데, 금강산에서 오랫동안 머물렀던 김시습에 대한 이야기가 조선 중기 문신 윤근수尹根壽의 《월정만필月汀漫筆》에 다음과 같이 실려 있다.

김시습이 금강산을 유람하기 하루 전날이었다. 추강 남효온南孝溫을 비롯한 여러 이름난 사람들이 그가 머물던 용산龍山의 물가 정자로 찾아왔다. 그들과 마주하고 이야기를 나누던 김시습이 갑자기 창밖 두어 길 밑으로 떨어져 몹시 다쳐서 숨을 쉬지 못하였다. 당황한 여러 손님들이 달려가서 그를 들것에 실어 정자에 누이자 한참 만에 깨어났다.

누워 있는 그에게 일행들이 "그대가 이렇게 많이 다쳤으니 내일 어떻게 금강산 유람을 떠나겠나?" 하였다. 그러자 그 말을 들은 김시습이 "조섭調攝을 잘해서 조금이라도 나으면 아픔을 참고 갈 것이니 자네들은 다락원에 가서 나의 송별을 기다리게나" 하였다. 다음 날 아침에 여러 손님들이 다락원에 가니, 김시습이 벌써 와 있었다. 그런데 다친 기색이라고는 조금도 없이 태연하게 웃고 이야기를 하는 것이었다. 그것을 본 남효온이 "그대는 어찌 환술幻術을 가지고 우리를 속였는가" 하였다.

"조선의 국토는 산하 그대로 조선의 역사며 철학이며 시며 정신입니다"라고 했던 최남선도《금강예찬》의 서두에 다음과 같은 글을 남겼다.

조선인으로서 조선의 제일이 무엇인지를 모르면 아무튼 큰 수치입니다. 그것이 세계의 제일을 겸하는 것이면, 그를 모르는 수치도 그만큼 클 것입니다. 금강산은 어떠한 의미로든지 조선의 제일이요, 겸하여 세계의 제일인 것입니다. 조선뿐 아니라 세계를 통틀어 다시는 짝이 없고, 견줄 이 없는 유일 특별한 천지간의 기적입니다.

산도 많고 명산도 많습니다. 그러나 금강산처럼 온갖 조건이 구비되고, 또 인류가 희기希期할 줄 모르는 데까지를 미리 배포하여 가진 경승은 과연 세계에 둘도 없는데, 이 하나밖에 없는 조화의 기적이 조선에 있게 된 것은 생각하면 아슬아슬한 우리의 행복인 동시에 알뜰살뜰한 하늘의 은총입니다.

최남선은 이어서 "금강산을 읊은 시를 한자리에 모을 수 있다면 도서관을 하나 채울 수도 있을 것입니다"라고 말하며 금강산을 예찬했다.

2

휴전선 이북, 분단과 평화의 땅

세조의 자취가 남은 김화군

김화군金化郡은 강원도 남부에 있는 군으로 동부는 창도군, 서부는 평강군, 북부는 회양군과 세포군, 남부는 철원군과 접한다. 고구려 때는 부여군夫如郡, 신라 때는 부평군富平郡이었다가 고려 현종 9년(1018)에 김화군이 되어 동주東州에 속하게 되었다. 태종 13년(1413)에 김화현이 되었다. 조선 후기에 군이 되고 1914년에 금성군과 통합됐으며 1952년 개편 때 창도군으로 흡수됐다가 1954년 다시 갈라져 나와 오늘의 김화군이 되었다. 1945년까지 김화군의 행정 구역은 1개 읍, 11개 면이었다. 이곳은 38선 이북의 북한 지역이었으나 1953년 휴전 이후 근남면 김화읍 서면 등이 남한 땅에 들었고, 현재는 9개 면과 90리가 북한에 속한다.

백역산, 백운산, 정암산, 남미봉, 오성산, 대성산 등이 솟아 있고, 군의 남동부 지역을 북한강과 그 지류인 금성천이 흐르며 중앙부에는 남대천,

서남부 지역에는 한탄강이 임진강으로 흘러들고 있다. 조선 전기 문신 강회백姜淮伯은 시에서 "산협이 큰 강을 얽어서 험하며 막힌 곳을 만들었고, 백성은 메마른 땅에 의존하여 가난함을 참는다"고 그 형승을 묘사했다. 김화를 두고 조선 전기 강원도 관찰사를 역임한 성석인成石因은 "산천이 막혀서 평탄한 땅이 없구나. 뽕나무, 산뽕나무 쓸쓸히 있는 사이에 몇 집이 있는가. 태수는 스스로 수령 된 기쁨을 말하기를, 아전과 백성은 비록 적으나 오는 손은 많다 하는구나" 했고, 태조 때 실록 편찬에 참여한 우승범禹承範은 "잎이 떨어진 작은 뜰에 사람의 발자취 없고, 달 밝은 한밤중에 학의 소리 듣노라" 했다.

이곳 김화에 조선 세조의 자취가 다수 남아 있다. 그중의 하나가 주필봉駐蹕峯이다. 세조가 금강산을 유람하고 가던 길에 이 봉우리에 올라 들판에서 사냥을 했다고 한다. 그 뒤부터 '왕의 행차가 머물렀다'는 뜻으로 '주필'이라고 했는데, 이곳의 지명은 삼이현三伊峴이다. 관아의 남쪽 5리에 있던 어수정御水井은 세조가 이 고을에 머무르며 사냥할 때 물의 성질이 무거운지 가벼운지를 시험해 본 곳이다. 이곳 물의 성질이 가장 무거워 가져다가 수라를 만드는 데 사용했으며, 그런 연유로 우물의 이름을 '왕에게 올리는 물'이라는 뜻으로 '어수정'이라고 했다. 지금은 진흙과 모래에 덮여 버렸다.

《여지도서》에 나오는 김화의 풍습은 다음과 같다.

하늘만 바라보며 사는 땅이지만 상례와 장례에 삼가고 조심한다. 사리에 어두워 교화를 따르지 않으니 어리석음을 면하지 못한다. 성품이 꽤 꾸밈없고 순박하며, 생업은 농사와 장사에 부지런하다. 지난 옛날을 살펴보면 무예를 모두 숭상하여 과거에 합격한 사람이 많았다.

김화군에서 함경도로 가는 길목에 여파령餘破嶺이 있었다. 산은 그다지 높은 편이 아니나 골짜기가 좁고 길이 험해 소나 말이 나란히 통행할 수 없으므로 요충지 중의 한 곳이었다. 또한 이곳 김화군 근남면 마현리에서 화천군 상서면 마현리로 넘어가는 길목에 있는 고개가 말고개라고도 부르는 마현령馬峴嶺이다. 적근산(1073미터)과 대성산(1175미터) 사이에 있는 이 고개도 높은 편은 아니지만 절벽을 따라 난 길 하나가 수없이 꺾이고 돌아 나가므로 화천과 춘천으로 가는 요충지였다. 적근산은 철원, 김화, 평강을 잇는 '철의 삼각지' 전투에서 많은 희생자를 낸 곳으로 한국전쟁의 최대 격전지였다.

회양의 서쪽에 있는 금성

금성현金城縣은 강원도 김화군의 고려와 조선시대 행정 구역이다. 본래는 고구려의 모성군母城郡으로서 야차홀也次忽이라고도 했다. 그 뒤 신라에 속하면서 경덕왕 때 익성군益城郡으로 이름이 바뀌었으며, 고려 초기에 다시 금성으로 바뀌었다. 현종 9년(1018)에 군으로 승격되었으나 후에 현으로 강등되어 지금의 회양군에 속하게 되었다. 고종 41년(1254)에는 감무監務를 두어 다스리게 했고, 고종 44년에 도령道寧으로 개칭했다가, 조선시대에 이르러 금성으로 고치고 현령을 두어 다스리게 했다. 1895년에 군으로 승격하면서 춘천부에 속했다가, 1914년 행정 구역 개편에 따라 면으로 강등되어 김화군에 편입되었다.

금성현의 진산은 경파산이었다. 이곳에 보리진菩提進이라는 나루터가 있었는데 이곳을 두고 노래한 강희맹의 시가 남아 있다.

> 흘러가는 푸른 강물, 그 이름 보리진이라네
> 유리 빛 자연스럽고 맑고 깨끗하여 티끌에 물들지 않았네
> 내 삼월 저물녘에 오니 양쪽 언덕에 꽃과 버들 새롭구나
> 뗏목을 띄워 맑은 물을 흩뜨리니
> 거울 같은 수면에 가는 비늘 같은 무늬가 이네
> 굽어 비추어 보고 내 낯이 괴이하여 문득 배 위의 몸을 만져 보노라
> 분명 두 개의 나, 나와 나, 그 어느 것이 참인가
> 참을 찾으면 곧 헛것〔幻〕을 이루나니
> 허상과 허상이 번다하게 서로 인因하네
> 필경에는 허상을 멀리 떠나고 떠난다는 생각까지 떠나야
> 본래의 참사랑을 보게 되리라
> (…)

이곡은 금성현을 두고 백성들의 고달픈 삶을 노래한 시를 남겼다.

> 금성에 가을이 드니 비단도 이보다 못하니

일천 벼랑의 일만 나무들 서리 맞기 처음이네
숲 사이의 낡은 집은 유망流亡한 나머지요
산 위의 메마른 밭은 세稅를 부과한 나머지로다
사신의 행차 빈번히 지나는 것 싫어하지 않고
오직 아전의 폐단이 교묘하게 침어侵漁하는 것을 미워한다
한가하게 노니는 나 같은 사람도 오히려 백성에게 폐가 되니
도연명의 홀로 자기 거처를 사랑한 것에 부끄럽구나

성임은 이곳의 창도역昌道驛을 두고 시 한 수를 읊었다.

깨끗한 난간과 창窓이 고요한데
가을이 오니 눈〔眼〕이 훤하게 열린다
냇물의 흐름은 비를 따라 급하고
단풍잎은 서리를 만나 곱다
연기는 마을 밖을 둘렀고
산은 책상 앞에 가로놓였다
읊조리며 한가함을 붙이노니
일만 가지 근심을 정히 흩을 만하네

이 지역을 지나는 북한강은 백양강이라고도 불렸다. 현재의 김화군 원남면 백양리를 지나던 비숍은 이곳의 풍경을 다음과 같이 묘사했다.

백양강에서 얼마 떨어지지 않은 곳에서 우리는 고인돌 두 개를 발견했다. (…) 강폭 148미터, 수심 4.9미터의 백양강 도강渡江에는 아주 잘 만들어진 나룻배가 필요했다. 그 강에 걸려 있던 긴 다리는 벌써 떠내려간 지 오래고, 다리 보수 비용을 위해 책정된 비용은 지방 관리들이 유용해 버렸다고 한다. 강을 건너자 우리는 경도經度를 따라 한국의 남쪽과 북쪽을 가로지르는 거대한 산맥의 줄기로 들어섰다.

풍경은 다양해지고 아름다웠다. 숲은 멋진 꽃들이 야트막하게 피어 있는 아직 땔감을 긁어모으는 나무꾼들의 무자비한 손길이 닿지 못한 많은 언덕들로 덮여 있었다. (…) 길이 불분명할수록 계곡은 더욱 험해지고 길을 잃고 헤매는 시간은 더욱 잦아지고 길어졌다. 마부들은 말을 몰고 정신없이 걸었다. 시내에는 여울목들이 많고, 또 깊은 데다 마부 중의 둘은 말 없이 짐을 짊어진 사람들이었다. 그렇지만 우리는 더 빨리, 좀 더 빨리 걸으려 안간힘을 다했다. 말을 하지는 않았지만 나는 마부들의 머릿속이 온통 호랑이에 대한 공포로 가득 차 있음을 알았다.

북한강은 회양군 주동면 신흥리 옥전봉 북쪽 계곡에서 시작된다. 철원을 지나 소양호에서 양구서천을 받아들이고 화천군과 춘천을 지나 소양강과 몸을 합한다. "소양강 나린 물이 어드메로 든단 말고, 고신거국에 백발도 하도 할샤"라고 송강 정철의 〈관동별곡〉을 노래하며 의암호를 지난다.

북한강은 가평군과 설악면을 거쳐 양평군 양서면 양수리에서 남한강과 만나는 한강의 대지류다. 길이가 325.5킬로미터에 이르는 북한강의 하류로 내려오면 의암댐과 청평댐이 있고 주변으로 파로호, 소양호, 의암호 등의 호수가 있으며 남이섬, 청평, 대성리 등의 유원지가 잘 조성되어 있다.

창도군 동북쪽의 단발령을 넘어서

창도군昌道郡은 1952년 행정 구역 개편 당시 김화군의 창도면, 원북면, 금성면, 통구면의 전부와 임남면, 근북면 및 양구군의 수입면과 회양군의 사동면 일부를 떼어 신설된 군으로, 강원도 남부에 있다. 동부는 금강군, 북부는 금강군과 회양군, 서부는 김화군, 남부는 양구군과 접한다.

창도군 창도읍 동북쪽에 단발령斷髮嶺이 있는데, 이 고개를 넘어야 비로소 금강산에 들어서게 된다. 신라의 마의태자麻衣太子가 이 고개를 넘으면서 부처의 도움을 받고자 멀리 솟은 금강산의 여러 봉우리를 바라보며 삭발했다 하여 이러한 이름이 붙었다고 하는데, 《연려실기술》에는 "강원도의 회양과 단발령은 천마산의 금성현 경내에 있다. 속언俗言에 '이 재에 올라 금강산을 본 자는 머리를 깎고 중이 되고자 하므로' 이 이름을 붙였다고 한다"라고 적혀 있다.

참나무와 소나무가 우거진 옥전산과 구단발령봉 사이에 자리한 단발령은 북한강의 지류인 금강천의 상류 계곡으로 통하고, 금강천을 따라 거슬러 올라가면 금강산의 장안사에 이른다. 단발령의 남서쪽에는 오랑동 마을이 있고 북동쪽에는 피목정 마을이 있다. 오랑은 먼 옛날에 산적이 들끓는 이 고개를 지날 때 안내인에게 닷 냥〔五兩〕을 주고 호송을 부탁한 데서 생긴 이름이라고 한다. 철원과 내금강산의 장안사를 연결하는 금강산 전기철도가 개설되고 금강산으로 들어가는 국도가 신설되기 전까지, 단발령을 지나는 도로는 금강산으로 들어가는 유일한 간선도로였다. 그러나 1킬로미터가량의 단발령 터널이 완공되면서 단발령 일대의 교통이 편리해졌다.

온종일 푸르고 빽빽한 산속을 뚫고 간다

《신증동국여지승람》에는 "풍속이 귀신을 숭상한다"라고 기록된 평강군平康郡은 동쪽으로는 만경산, 북부는 세포군과 판교군, 서부는 이천군과 철원군, 남부는 군사 분계선을 경계로 남한의 철원군과 인접한다. 평강군은 고구려 때 부양현斧壤縣 또는 어사내於斯內라 불렀으며, 신라 때는 광평현廣平縣, 고려 때는 평강현이라 고쳤다. 근대에 접어들어 1895년에 평강군으로 개칭하여 춘천부에 편입되었다가 이듬해에 전국이 13도로 개편되면서 강원도에 귀속되었다. 그 후 1945년 광복과 함께 남북이 분단되면서 평강군 전역이 38도선 이북으로 들어갔다. 북한은 1952년 행정 구역 개편을 단행하여 평강군의 일부를 세포군에 넘기고 회영군의 일부를 받았다가 1954년 군 내부의 조정을 거쳐 1961년에는 다시 일부 지역을 세포군에 내준 뒤 오늘에 이르고 있다.

설탄령雪呑嶺은 안변부의 복령福嶺에서 뻗어와 희령산戲靈山의 으뜸이 되는 줄기를 이룬다. 이곳에 안변으로 가는 작은 길이 나 있었다. 산세가 험준하고 막혀 있어 옛날 사람들이 담을 쌓아 오랑캐를 막았던 곳으로, 지금껏 자취가 남아 있다. 민간에서는 막는 담이라는 뜻으로 '방장防墻'이라고 부른다. 설탄령에서 뻗어 내린 희령산은 다시 병산柄山의 으뜸 줄기가 된다. 산세가 높고 끊어질 듯하다. 산 정상에 올라가면 동해의 푸른 바다가 내려다보이고, 청령의 여러 산들이 평평하게 펼쳐져 있다. 날이 가물면 기우제를 지내는 산이다.

이곳 평강에서 유명한 곳이 정자연亭子淵이다. 김화현 당탄 하류에서 흘러와 한탄강이 되어 철원으로 흐르는데, 푸른 절벽으로 둘러싸여 울타리를 이룬다. 그 길이가 무려 2킬로미터나 되며 돌무늬가 그림처럼 뒤섞여 있다. 아래쪽에는 맑은 호수가 있는데, 깊이는 배를 띄울 만하다. 광해군 때 강원 감사를 지낸 황근중黃謹中이 이곳에 창랑정을 지어 정자가 있는 연못이라는 뜻으로 정자연이라 불렀다고 한다. 금강산으로 가는 길에 정자연을 지나다 한눈에 반하여 그림으로 표현한 화가가 바로 겸재謙齋 정선鄭敾이다.

정선은 조선 땅을 발로 탐승하고, 기억에 의존하여 머리로 그림을 그린 진경화가다. 실경을 변형하는 독특한 조형어법으로 보건대, 울림이 큰 가슴과 풍부한 상상력의 소유자였던 것 같다. 누구보다 조선 땅을 지독히 사랑한 결과일 터다. 정선이 완성한 진경산수화는 조선의 대지, 나아가 조선의 명승을 통해 더 나은 이상을 꿈꾼 자들의 회화 형식이다.

미술사학자 이태호의 이 말이 빈말이 아님을 이곳을 그린 정선의 그림을 보면 알 수 있다.

정자연

강원도 평강군 남면 정연리 한탄강에 있는 명소인 정자연은 병풍 같은 암벽이 아름답고
그윽한 풍경을 자아내는 곳으로 겸재 정선이 남긴 그림으로도 유명한 곳이다.

정선은 그의 나이 36세 되던 숙종 37년(1711)에 정자연에 들렀다. 당시의 풍광과 지금이 다른 점은 석벽 건너편에 잘 지어진 기와집 몇 채가 있었다는 것뿐이다. 소나무 몇 그루가 늘어서 있고 한쪽 귀퉁이에는 버드나무 한 그루가 서 있다. 그리고 그 나무 사이에 한 사람이 서서 강물을 바라보고 있다. 몇백 년 전에 그려진 이 한 폭의 그림으로 그 옛날의 풍경을 회상해 볼 따름이다.

한편 평강읍을 흐르는 갑천에는 태봉국의 궁예에 얽힌 일화가 남아 있다. 왕건이 반란을 일으켰다는 소식을 들은 궁예가 몸을 피하다가 이 냇가에 와서 갑옷을 벗고 도망쳐서 갑천甲川이라 했다는 것이다. 궁예는 바위 골짜기로 숨어 이틀 밤을 머물렀는데, 굶주림이 심하여 보리 이삭을 손으로 비벼서 먹다가 부양斧壤 백성들에게 들켜 살해되었다고 한다.

이곳의 세곡이 어떻게 도성에 이르렀는지《여지도서》에는 다음과 같이 실려 있다.

> 평강 지역의 전세는 12월에 거두어들인 뒤 육로로 경기도 연천의 징파도까지 나르는데 그 거리가 120리였다. 배에 싣고 출발해서 장단의 고랑포를 거쳐 용산포로 들어갔는데, 순풍을 만나면 사나흘 만에 군자창에 도착했다.

평강의 서쪽에 있는 이천군

"귀신을 숭상하고, 순박한 사람이 많으며, 농사짓기에 힘쓴다"라고《여지도서》에 실려 있는 이천군伊川郡은 강원도 북서쪽 끝에 자리한 군이다. 군의 면적은 1384제곱킬로미터이며 동쪽은 평강군, 남쪽은 철원군과 황해도 금천군, 서쪽은 황해도 신계군과 곡산군, 북쪽은 함경남도 문천군과 안변군에 접한다.

이천군의 서쪽 경계에 해서정맥과 예성남정맥이 남북으로 뻗어 있고, 북동쪽 군계에는 영암산靈岩山이 자리하고 있어 군내는 대체로 높고 험한 산지를 이룬다. 서부에는 입암산, 선바위산, 명이덕산 등이, 동부에는 백암산, 운봉, 영암산 등의 준봉이 솟아 있다. 군의 중앙부를 남류하는 임진강과 그 지류인 고미탄천이 산지를 침식하여 협곡을 이루어 좁고 긴 이천분지를 형성한다. 내륙 산간 지역에 위치하므로 기온의 일교차 및 연교차가 심한 대륙성 기후를 보인다.

이곳의 진공품을 보면 재미있는 것들이 많다. 과루인(하늘타리의 씨), 선각(매미 허물), 금은화(겨우살이덩굴꽃), 목통(으름덩굴), 연교(개나리 열매), 미후도(다래), 앵속각(양귀비 열매껍질) 등 이름도 처음 들어 보는 것들이 많다. 이런 물품들을 모으기 위해 백성들이 얼마나 많은 노력과 땀을 쏟았을까. 게다가 땔나무와 숯, 꿩 548마리, 닭 898마리까지 보내야 했던 것이 당시 백성들의 의무였다.

이천을 찾았던 조선 전기 문신 김수온金守溫이 객관에 있던 열운정悅雲亭의 기문을 지었다.

> 정자가 어디에 있는가. 이천에 있다. 정자에 어떤 경치가 있는가. 흰 구름이 있다. 괴애자乖崖子(김수온의 호)가 이천현에 말을 멈춘 지가 15일이나 된다.

몹시 구름을 사랑하게 되어 아침이면 새벽부터, 저녁에는 어두울 때까지 항상 이 정자 위에 있었다. 구름이 비록 마음이 없으나 사람에게 애교를 부리는 것 같다. 밤이면 계곡과 골짜기 사이에 자욱하고, 동쪽이 밝기 시작하면 구름도 또한 열려서 흩어진다. 서로 떨어지기도 하고 합하기도 하며, 혹은 동쪽으로 가기도 하고 혹은 서쪽으로 흐르기도 한다. 끌어서 길게 뻗치면 흰 비단 한 필을 산허리에 널어놓은 것 같고, 쌓아서 높아지면 산꼭대기에 높은 갓을 씌워 놓은 것 같다. 조금 뒤에 해가 동쪽 봉우리에 올라오면 상서로운 빛이 그윽하여 환하게 밝았다가 캄캄하게 어두워지곤 한다. 잠깐 사이에 기상이 만 가지 천 가지로 변한다. 바라보면 자욱하여 잡아당길 수 있을 것 같지만 가까이 가면 아득하여 더듬어 찾을 수가 없다. 이것을 산과 못의 호흡이라고 한다면 그것은 곧 사람의 호흡과 같은 것이다. 어찌 내뿜는 숨과 들이마시는 숨이 있겠는가. 이것을 귀신의 변화라고 한다면 그것은 곧 사람의 운용과 같은 것이다. 어찌 형체나 그림자의 자취가 있을 수 있겠는가. (…)

큰 산의 구름은 돌에 부딪혀서 생기고, 한두 치에 일어나는 것이다. 그 일어남은 어디로부터 오는 곳이 없고, 그 흩어짐도 돌아가는 데가 없고, 큰 허공중에서 정처 없이 떠돌아다니는 것이다. 어찌 그 일어남과 흩어지는 것을 말할 수 있겠는가 하니, 곁에 있던 동자가 묻기를 "구름은 과연 생기는 곳이 없습니까?" 하였다. 내가 대답하기를 "생기는 곳에서 생긴다" 하니, 동자가 말하기를 "무슨 말씀입니까?" 하였다. 내가 말하기를 "즉 정이천(송나라의 유학자)이 말한 바와 같이 일어나는 곳에서 일어나는 것이다. 정자와 무슨 상관이 있겠는가" 하였다.

© 권태균

표훈사 보덕암

금강산엔 우리나라 제일의 명승지답게 수많은 사찰이 있었다.
벼랑 끝에 위치한 표훈사를 비롯해 장안사, 신계사 등이 대표적 사찰이다.

이천에 편입된 안협

조선 후기까지 현이었다가 1913년에 강원도 이천군에 편입된 안협군安峽郡은 본래 고구려의 아진압현阿珍押縣이었다. 통일신라 경덕왕 때 안협현으로 고쳐 토산군兎山郡과 동주東州 등에 속했다. 조선 태종 때 경기도 삭녕군과 합하여 안삭군安朔郡이라 했다가 다시 안협현으로 고쳤다. 그 뒤 1895년에 안협군으로 승격했다가 1913년 이천군에 흡수되어 그 일부 지방은 이천군 안협면으로 남았다. 안협 관아에서 서울까지는 240리로 사흘 거리였다고 한다. 이곳의 풍속을 두고 이양은 "들쭉날쭉 마을이 서로 의지하니, 묻노니 주씨朱氏, 진씨陳氏의 몇 세손인가" 했고, 허성은 "갈천씨葛天氏 때 백성의 풍속이 홀로 남았으니, 밭 갈아 밥 먹고 우물 파서 물 마시는 살림살이를 아들과 손자에게 전하네" 했다.

안협의 진산인 만경산은 그 경치가 좋아 사방에 알려진 산이다. 그 산에 석성이 있고 우물이 있었지만 지금은 쓰지 못한다. 고려 후기 문신 허조許操가 안협을 두고 쓴 시 한 편이 있다.

> 산 옆과 물가에 두어 집의 마을이 있는데
> 서로 볼 때 옷차림에 예절이 있네
> 일 년 내내 힘써 농사지어도 부모 섬기고 처자 기르기 어려우니
> 무슨 방법으로 어린 손자 기를지 모르겠네

배환은 "송사訟事받는 뜰에 사람이 고요하니 할 일이 없어, 달 밝은 금

각琴閣에서 거문고를 어루만진다"라고 노래했다. 이 고을 관아의 서쪽에 제당연祭堂淵이라는 연못이 있었다. 이 물이 바로 함경도 안변부 영풍현의 노인현에서 흘러오는 것으로, 바로 임진강이다. 제당연에 전해 오는 이야기가 재미있다. 고려 때 타타르족이 침입하여 이곳에 이르렀는데, 바라보니 기병騎兵 1만여 명이 버티고 서 있어 감히 진격하지 못하고 퇴각했다고 한다. 이 일로 이곳에 사당을 짓고 제사를 지내기 시작했는데, 날이 가물 때 제사를 지내면 효험이 있었다고 한다.

신정일의 신 택리지

북한

2019년 10월 20일 초판 1쇄 발행
지은이 · 신정일
펴낸이 · 김상현, 최세현 | 경영고문 · 박시형

책임편집 · 최세현 | 교정교열 · 신상미
마케팅 · 권금숙, 양봉호, 임지윤, 최의범, 조히라, 유미정
경영지원 · 김현우, 강신우 | 해외기획 · 우정민, 배혜림 | 디지털콘텐츠 · 김명래
펴낸곳 · (주)쌤앤파커스 | 출판신고 · 2006년 9월 25일 제406-2006-000210호
주소 · 서울시 마포구 월드컵북로 396 누리꿈스퀘어 비즈니스타워 18층
전화 · 02-6712-9800 | 팩스 · 02-6712-9810 | 이메일 · info@smpk.kr

ISBN 979-89-6570-872-8 04910
ISBN 979-89-6570-880-3 (세트)

• 이 책의 국립중앙도서관 출판시도서목록은 서지정보유통지원시스템 홈페이지(http://seoji.nl.go.kr)와 국가자료공동목록시스템(http://www.nl.go.kr/kolisnet)에서 이용하실 수 있습니다.
(CIP제어번호:CIP2019036397)